PRINCIPIOS DE INGENIERÍA DE DESARROLLO DE SOFTWARE

Manual de fundamentos, diseño, codificación, pruebas, buenas prácticas y gestión de proyectos

Santiago Guido

Copyright © 2024 Santiago Guido

All rights reserved

The characters and events portrayed in this book are fictitious. Any similarity to real persons, living or dead, is coincidental and not intended by the author.

No part of this book may be reproduced, or stored in a retrieval system, or transmitted in any form or by any means, electronic, mechanical, photocopying, recording, or otherwise, without express written permission of the publisher.

ISBN: 9798344405865

Cover design by: Art Painter
Library of Congress Control Number: 2018675309
Printed in the United States of America

Quiero expresar mi más profundo agradecimiento al amor de mi vida, Nancy, por ser mi inspiración constante, mi mayor apoyo en cada paso de este camino, y, además, por darme dos hijos maravillosos, quienes son mi motor y mi alegría diaria.

A mi madre, quien me inculcó los valores de la generosidad y el esfuerzo, fundamentales en mi vida y en mi trabajo.

A mis hermanos y a mis queridos tíos Araceli, César, Pepe y Lulú, quienes siempre me han acompañado de corazón; su cariño y presencia me acompañan a donde quiera que vaya.

CONTENTS

Title Page
Copyright
Dedication

CAPÍTULO 1	1
CAPÍTULO 1 INTRODUCCIÓN	3
1.1. ¿Qué es la Ingeniería de Desarrollo de Software?	6
1.2. Importancia de los Principios de Software	9
1.3. Estructura del Libro y Objetivos	12
CAPÍTULO 2	17
CAPÍTULO 2 FUNDAMENTOS DE LA INGENIERÍA DE SOFTWARE	18
2.1. Historia y Evolución de la Ingeniería de Software	19
2.2. Tipos de Software	23
2.3. Ciclo de Vida del Desarrollo de Software (SDLC)	27
2.4. Metodologías de Desarrollo: Ágiles, Tradicionales y Híbridas	32
2.5. Software de Legado y su Manejo	37
2.6. Relación entre la Ingeniería de Software y Otras Ingenierías	42
2.7. Prácticas de Documentación y Normativas Internacionales	47
2.8 Conclusiones del Capítulo	52
CAPÍTULO 3	53
CAPÍTULO 3 INGENIERÍA DE REQUISITOS	54
3.1. Fundamentos de Ingeniería de Requisitos	55
3.2. Técnicas Básicas para la Recopilación de Requisitos	59
3.3. Análisis y Priorización de Requisitos	60

3.4. Especificación de Requerimientos Según el Estándar IEEE 830   64

3.5. Especificación de Requisitos de Software (SRS)   68

3.6. Implementación de los Requisitos Especificados en el SRS en el Proceso de Desarrollo del Softwa   72

3.7. Validación y Verificación de Requisitos   76

3.8. Herramientas de Gestión de Requisitos   80

3.9. Beneficios de Utilizar Herramientas de Gestión de Requisitos   84

3.10. Desafíos en el Uso de Herramientas de Gestión de Requisitos   85

3.11. Conclusiones del Capítulo   86

CAPÍTULO 4   87

CAPÍTULO 4 DISEÑO DE SOFTWARE   88

4.1. Principios Básicos del Diseño de Software   89

4.2. Patrones de Diseño: Uso y Ejemplos   93

4.3. Diseño de Interfaces de Usuario   105

4.4. Diseño Orientado a Objetos y Diseño Basado en Componentes   108

4.5. Documentación de Diseño de Software   111

4.6. Principios de Jacob Nielsen para el Desarrollo de Páginas Web e Interfaces Atractivas   114

4.7. Diseño de Bases de Datos Relacionales y NoSQL   117

4.8. Diseño de APIs y Microservicios (SOA)   120

4.9. Conclusiones del Capítulo   123

CAPÍTULO 5   125

CAPÍTULO 5 ARQUITECTURA DE SOFTWARE   126

5.1. Conceptos Fundamentales de la Arquitectura de Software   127

5.2. Patrones Arquitectónicos Comunes   130

5.3. Modelado de la Arquitectura de Software   133

5.4. Evaluación y Selección de Arquitecturas   136

5.5. Arquitectura Basada en Microservicios   140

5.6. Arquitectura Serverless   144

5.7. Arquitecturas Orientadas a Eventos (Event-Driven Architecture)   149

5.8. Escalabilidad y Rendimiento en Arquitecturas de Software	153
5.9. Seguridad en la Arquitectura de Software	157
5.10. Documentación de la Arquitectura de Software	161
5.11. Arquitectura Orientada a Servicios	164
5.12. Prácticas de Arquitectura para Sistemas de Alta Disponibilidad	167
5.13. Conclusiones del capítulo	170
CAPITULO 6	171
Capítulo 6 Principios de Codificación	172
6.1. Fundamentos de Codificación	173
6.2. Lenguajes de Programación más Utilizados	177
6.3. Algoritmos	182
6.4. Lógica de Programación	187
6.5. Patrones de Diseño Básicos	192
6.6. Optimización de Código	197
6.7. Prácticas de Programación Segura	202
6.8. Deuda Técnica	207
6.9. Refactorización de Código	212
6.10. Testing Unitario en la Codificación	217
6.11. Estilos de Programación	222
6.12. Manejo de Errores y Excepciones	226
6.13. Documentación del Código	230
6.14. Estándares de Codificación en la Industria	233
6.15. Integración Continua y su Relación con la Codificación	237
6.16. Conclusiones del capítulo	240
CAPÍTULO 7	241
Capítulo 7 Principios de código limpio	242
7.1. Fundamentos de Código Limpio	243
7.2. Nombrado y Convenciones	246
7.3. Eliminación de Redundancia	249
7.4. Organización del Código	252

7.5. Mantenimiento del Código	255
7.6. Ejemplos prácticos	259
7.7. Técnicas de Simplificación de Código	262
7.8. Refactorización Continua	267
7.9. Conclusiones del capítulo	270
CAPÍTULO 8	271
Capítulo 8 Control de versiones	272
8.1. Introducción al Control de Versiones en Software	273
8.2. Git	276
8.3. GitHub y Repositorios Remotos	279
8.4. Flujo de Trabajo con Git	282
8.5. Estrategias de Branching en Git	285
8.6. Integración de Git con Herramientas CI/CD	288
8.7. Conclusiones del Capítulo	291
CAPÍTULO 9	293
Capítulo 9 Pruebas de software	294
9.1. Tipos de Pruebas de Software: Unitarias, Integración, Funcionales	295
9.2. Automatización de Pruebas: Herramientas y Estrategias	298
9.3. Pruebas de Caja Negra y Caja Blanca	302
9.4. Gestión de Casos de Prueba y Calidad de Software	305
9.5. Pruebas de Seguridad y Desempeño	309
9.6. Pruebas A/B y Usabilidad	313
9.7. Pruebas de Carga y Stress Testing	317
9.8. Conclusiones del Capítulo	321
CAPÍTULO 10	323
Capítulo 10 Buenas prácticas en el desarrollo de software	324
10.1. Principios SOLID	325
10.2. Desarrollo Basado en Pruebas (TDD)	329
10.3. Code Reviews y Programación en Pares	333
10.4. Documentación Efectiva	337

10.5. Six Sigma y Calidad de Software	341
10.6. Modelos y Estándares de Calidad de Software	345
10.7. Gestión de Conocimiento en Equipos de Desarrollo	350
10.8. Implementación de DevSecOps	354
10.9. Conclusiones del Capítulo	358
CAPÍTULO 11	359
Capítulo 11 Gestión de proyectos de software	360
11.1. Formación y Desarrollo de Talento	361
11.2. Herramientas de Gestión de Proyectos: Jira, Trello, etc.	364
11.3. Medición y Seguimiento de Proyectos: KPI y Métricas	368
11.4. Gestión de Riesgos y Planificación	372
11.5. Metodologías Ágiles en la Gestión de Proyectos	375
11.6. Gestión del Alcance y Requisitos del Proyecto	380
11.7. Estimación de Tiempos y Recursos	384
11.8. Gestión de la Calidad en Proyectos de Software	388
11.9. Cierre de Proyectos y Evaluación Post-Mortem	392
11.10. Conclusiones del Capítulo	396
CAPÍTULO 12	397
Capítulo 12 Aspectos éticos y legales	398
12.1. Introducción a la Ética en el Desarrollo de Software	400
12.2. Principios Básicos de la Propiedad Intelectual	403
12.3. Regulaciones y Cumplimiento en Términos Sencillos	406
12.4. Ética en la Inteligencia Artificial y el Machine Learning	409
12.5. Prácticas de Ciberseguridad y Aspectos Legales	412
12.6. Implicaciones Legales del Uso de Software en Diferentes Sectores	415
12.7. Conclusiones del capítulo	418
CAPÍTULO 13	419
Capítulo 13 Tendencias actuales y futuras en la ingeniería de software	420
13.1. Inteligencia Artificial en el Desarrollo de Software	421

13.2. DevOps y CI/CD	424
13.3. Cloud Computing y Desarrollo de Aplicaciones Nativas de la Nube	427
13.4. Futuro de la Ingeniería de Software: Low-Code y No-Code	430
13.5. Edge Computing y su Impacto en el Desarrollo	433
13.6. Aplicaciones en Realidad Aumentada y Virtual	436
13.7. Conclusiones del Capítulo	440
CAPÍTULO 14	441
Capítulo 14 Conclusiones y próximos pasos	442
14.1. Recapitulación de los Principales Conceptos	443
14.2. Habilidades Clave para Desarrolladores de Software	446
14.3. Recursos Recomendados para Profundizar	449
14.4. Despedida y Agradecimientos	452
CAPÍTULO 15	453
Capítulo 15 Anexos	454
15.1. Glosario de Términos	455
15.2. Plantillas de Documentación	458
15.3. Recursos y Herramientas Útiles	470
15.4. Bibliografía	473
About The Author	475

CAPÍTULO 1

INTRODUCCIÓN

CAPÍTULO 1
INTRODUCCIÓN

En la actualidad, la tecnología y el software son fundamentales para el funcionamiento de casi todos los aspectos de nuestra vida, desde las aplicaciones móviles que utilizamos a diario hasta los complejos sistemas que gestionan operaciones empresariales, financieras, educativas, y hasta de entretenimiento. Desde que despertamos y revisamos nuestros teléfonos inteligentes, hasta la manera en que interactuamos con el mundo mediante redes sociales, compras en línea o servicios de transporte, el software se encuentra presente en cada etapa de nuestro día. Esto ha generado una dependencia tan profunda que la estabilidad de muchas de nuestras actividades cotidianas depende de la calidad y el correcto funcionamiento del software.

Las organizaciones modernas, sin importar su tamaño o sector, se apoyan en software para optimizar sus procesos, mejorar la comunicación con sus clientes, gestionar inventarios, controlar la cadena de suministro y muchas otras funciones críticas. Esto ha llevado a que la demanda de sistemas robustos, escalables y seguros haya crecido de manera exponencial en los últimos años. Empresas de todos los sectores, desde startups tecnológicas hasta grandes corporaciones, invierten enormes cantidades de recursos en el desarrollo de software que les permita no solo ser competitivas, sino también innovar y adaptarse rápidamente a los cambios del mercado y las expectativas de los usuarios.

En este contexto, la *Ingeniería de Desarrollo de Software* se ha convertido en una disciplina esencial para la creación de soluciones tecnológicas que no solo sean funcionales, sino que también cumplan con altos estándares de eficiencia, seguridad, y adaptabilidad. A diferencia de la programación tradicional, que se enfoca en la creación de código para cumplir con un objetivo específico, la ingeniería de software aplica un enfoque sistemático y disciplinado para resolver problemas complejos, considerando no solo el desarrollo inicial, sino también la capacidad del software para evolucionar, mantenerse y cumplir con las expectativas a largo plazo.

La *Ingeniería de Desarrollo de Software* aborda los desafíos de construir aplicaciones que no solo respondan a las necesidades inmediatas, sino que también se adapten a un entorno en constante evolución. Esto incluye enfrentar desafíos como la seguridad ante ciberamenazas, la optimización del rendimiento para manejar grandes volúmenes de datos, y la capacidad de escalar las aplicaciones para dar soporte a un número creciente de usuarios. En un entorno donde la obsolescencia tecnológica puede ocurrir rápidamente, la ingeniería de software proporciona las herramientas y metodologías necesarias para crear soluciones que perduren en el tiempo y se adapten a las nuevas realidades del mercado.

Este libro tiene como objetivo proporcionar una guía completa para entender y aplicar los principios y prácticas clave en este campo. Con un enfoque tanto teórico como práctico, busca que el lector no solo adquiera conocimientos sobre cómo diseñar y desarrollar software de manera eficiente, sino que también sea capaz de comprender los fundamentos que hacen que un software sea de alta calidad, escalable y alineado con las mejores prácticas de la industria. Además, se abordan aspectos críticos como la colaboración en equipos de desarrollo, la gestión de proyectos de software, y el uso de herramientas modernas que facilitan el trabajo en entornos de desarrollo ágiles y colaborativos.

Al explorar estos temas, el libro pretende ser un recurso valioso para estudiantes, desarrolladores y profesionales que desean fortalecer su comprensión de la ingeniería de software. Aprenderás a enfrentar los desafíos del desarrollo de software moderno y a aplicar soluciones prácticas que contribuyan al éxito de proyectos tecnológicos de cualquier escala. Desde la creación de un producto mínimo viable para una startup hasta la mejora continua de un sistema complejo para una gran corporación, este libro busca ofrecer los conocimientos necesarios para que cada lector se convierta en un ingeniero de software capaz de crear aplicaciones robustas y con un impacto significativo en el mundo digital.

1.1. ¿QUÉ ES LA INGENIERÍA DE DESARROLLO DE SOFTWARE?

La *Ingeniería de Desarrollo de Software* es una rama de la ingeniería que se encarga del diseño, desarrollo, implementación y mantenimiento de sistemas de software de manera sistemática, controlada y eficiente. A diferencia de la simple programación, que se centra en escribir código para resolver tareas específicas, la ingeniería de software abarca un enfoque más amplio y metódico, donde se aplican principios y prácticas de ingeniería para abordar la creación de software como un proceso integral. Esto implica considerar no solo la funcionalidad básica de un sistema, sino también su escalabilidad, mantenibilidad, seguridad y calidad, de forma que el software no solo funcione, sino que se adapte y evolucione a lo largo del tiempo.

El desarrollo de software moderno involucra la solución de problemas complejos que van más allá de escribir líneas de código. Los ingenieros de software deben ser capaces de analizar los problemas del mundo real y traducirlos en soluciones tecnológicas viables. Esto implica descomponer problemas grandes en componentes más manejables, entender las interacciones entre esos componentes y cómo pueden integrarse para formar un sistema coherente y funcional. Los principios de la ingeniería de software proporcionan un marco de trabajo para abordar estas tareas, asegurando que el software se construya de manera ordenada y con un enfoque a largo plazo.

La ingeniería de software no se limita a la programación, sino que incluye la aplicación de principios de diseño y arquitectura de software para garantizar que el sistema sea modular y que sus partes puedan ser actualizadas, mejoradas o reemplazadas sin afectar el funcionamiento general del sistema. Esto es crucial en un entorno donde la tecnología avanza rápidamente y los sistemas deben ser lo suficientemente flexibles para adaptarse a nuevas demandas y requisitos. Los ingenieros de software, por lo tanto, se enfrentan al desafío de prever cambios futuros y diseñar sistemas que puedan evolucionar sin necesidad de ser reconstruidos desde cero.

Se trata de un proceso integral que abarca desde la definición de los requisitos del sistema hasta su diseño y codificación, seguido de rigurosas pruebas y mantenimiento a lo largo de su ciclo de vida. Este ciclo de vida, conocido como *Ciclo de Vida del Desarrollo de Software (SDLC)*, incluye varias fases que deben ser gestionadas cuidadosamente para asegurar que el proyecto se desarrolle de manera eficiente y cumpla con los estándares de calidad establecidos. La primera fase, la de *recolección y análisis de requisitos*, es fundamental, ya que implica entender a fondo las necesidades del cliente o usuario final y traducirlas en especificaciones técnicas que guiarán el desarrollo del sistema.

Una vez definidos los requisitos, se pasa a la fase de *diseño del sistema*, donde se establece la arquitectura y se planifica cómo los diferentes componentes del software interactuarán entre sí. Esta fase es crucial para garantizar que el sistema sea escalable y que las futuras actualizaciones se puedan realizar sin necesidad de cambios significativos. Posteriormente, la fase de *codificación* convierte el diseño en realidad mediante la escritura del código fuente, mientras que la fase de *pruebas* se asegura de que el software cumpla con los requisitos funcionales y no tenga errores que puedan afectar su desempeño.

El *mantenimiento* es otra parte crítica de la ingeniería de software. A menudo, el ciclo de vida de un sistema no termina con su despliegue inicial; de hecho, muchas veces el verdadero trabajo comienza cuando el software ya está en uso. Las actualizaciones, correcciones de errores, mejoras de rendimiento y adaptación a nuevos requisitos son tareas que forman parte del mantenimiento, garantizando que el software continúe funcionando de manera óptima en el tiempo.

La *Ingeniería de Desarrollo de Software* no solo se enfoca en la creación de código, sino también en la colaboración entre equipos, la planificación meticulosa y la optimización del producto para satisfacer las necesidades del usuario final. En un entorno profesional, es común que los proyectos de software sean desarrollados por equipos multidisciplinarios que incluyen ingenieros de software, diseñadores de experiencia de usuario (UX), especialistas en calidad, y gestores de proyectos. La capacidad de trabajar de manera colaborativa es esencial para el éxito de un proyecto, ya que permite alinear los objetivos técnicos con las expectativas del negocio y las necesidades del usuario final.

Además, la planificación meticulosa es clave para evitar sobrecostos, demoras y problemas de calidad. Esto implica el uso de metodologías de desarrollo, como *Scrum* o *Kanban*, que facilitan la organización de tareas y el seguimiento del progreso, permitiendo a los equipos adaptarse rápidamente a los cambios en los requisitos. A través de un enfoque ágil y colaborativo, la ingeniería de software busca minimizar los riesgos y asegurar que el software entregado no solo cumpla con los requerimientos iniciales, sino que también pueda ser adaptado de manera ágil a las necesidades cambiantes del mercado y los usuarios.

Finalmente, la optimización del producto no se limita a la eficiencia del código, sino que también abarca aspectos como la *usabilidad*, la *seguridad* y la *experiencia del usuario*. Un software eficiente no solo es rápido y consume pocos recursos, sino que también es fácil de usar y brinda una experiencia positiva a quienes interactúan con él. Los ingenieros de software deben ser capaces de balancear la eficiencia técnica con la satisfacción del usuario, garantizando que el producto final no solo sea funcional, sino que también aporte valor y satisfacción a sus usuarios.

En conclusión, la Ingeniería de Desarrollo de Software es mucho más que escribir código: es un proceso disciplinado y colaborativo que busca construir soluciones tecnológicas de alta calidad, orientadas a resolver problemas complejos y a ofrecer productos que evolucionen junto con las necesidades de los usuarios y los avances tecnológicos. Al aplicar principios de ingeniería, los profesionales de esta disciplina aseguran que el software no solo cumpla su propósito inicial, sino que también esté preparado para adaptarse y crecer en un entorno cada vez más dinámico y competitivo.

1.2. IMPORTANCIA DE LOS PRINCIPIOS DE SOFTWARE

Los principios de software son la base para desarrollar aplicaciones y sistemas que no solo funcionen correctamente, sino que también sean sostenibles y evolucionen junto con las necesidades de los usuarios y la industria a lo largo del tiempo. Estos principios sirven como un conjunto de guías que permiten a los desarrolladores tomar decisiones fundamentadas, alinear sus esfuerzos con las mejores prácticas de la industria, y crear software que sea no solo funcional, sino también robusto, adaptable y duradero. Adoptar principios sólidos desde el inicio del desarrollo de software permite a los equipos enfrentar mejor los desafíos de la industria, como la rápida evolución de la tecnología, las demandas cambiantes del cliente, la necesidad de seguridad y calidad en los productos, y la presión por entregar soluciones en tiempos cada vez más ajustados.

La adopción de principios de desarrollo bien establecidos ayuda a mantener un enfoque sistemático, reduciendo la complejidad y mejorando la colaboración entre los equipos. Esto es especialmente importante en proyectos de software de gran escala, donde múltiples desarrolladores y equipos deben trabajar en conjunto, garantizando que el sistema se desarrolle de manera coherente y que las distintas partes del software se integren de forma eficiente. Al seguir principios de software, los equipos pueden minimizar la creación de *deuda técnica*, que se refiere a los compromisos de calidad que se toman para acelerar el desarrollo pero que pueden resultar en problemas de mantenimiento a largo plazo. De esta manera, el enfoque disciplinado en los principios ayuda a prevenir problemas futuros y a crear software que sea más fácil de mantener y escalar.

Entre los beneficios de aplicar estos principios se incluyen:

- **Calidad y Fiabilidad**: Un software bien diseñado minimiza errores y asegura que el sistema funcione correctamente bajo diversas condiciones. Al aplicar principios como la separación de responsabilidades (*Separation of Concerns*) y el diseño modular, los desarrolladores pueden construir software que no solo es más fácil de entender, sino también más fácil de probar y depurar. Esto lleva a un software más confiable, capaz de manejar errores de forma controlada y de mantener su desempeño incluso cuando se enfrenta a escenarios imprevistos. La calidad del software no solo se mide por su funcionalidad, sino también por su capacidad para proporcionar una experiencia de usuario consistente y sin interrupciones, lo cual es esencial en aplicaciones críticas, como aquellas utilizadas en el ámbito financiero, de salud o en infraestructuras públicas.

- **Escalabilidad**: Un enfoque ingenieril permite que el software crezca de manera ordenada, adaptándose a nuevas funcionalidades y a una mayor carga de usuarios. Los principios de diseño, como el *Principio de Abierto/Cerrado* (Open/Closed Principle), ayudan a los desarrolladores a crear software que pueda ser extendido sin necesidad de modificar su núcleo, permitiendo agregar nuevas características sin introducir errores en el sistema existente. Esto es fundamental en un entorno donde la demanda de los usuarios y las expectativas del mercado cambian rápidamente. La escalabilidad no solo implica la capacidad de manejar más usuarios, sino también la adaptabilidad para incorporar nuevas integraciones y servicios que complementen la solución original, haciendo que el software pueda evolucionar en lugar de quedar obsoleto.

- **Mantenibilidad**: Con un diseño y codificación adecuados, es más fácil realizar mejoras y correcciones al software sin comprometer su funcionalidad principal. Principios como el *DRY* (Don't Repeat Yourself) y la *Responsabilidad Única* (Single Responsibility Principle) contribuyen a crear un código limpio y organizado, donde cada parte del sistema tiene un propósito claro y definido. Esto no solo facilita la comprensión del código por parte de nuevos desarrolladores que se unan al equipo, sino que también permite realizar cambios de manera más segura, reduciendo el riesgo de que una modificación en una parte del sistema afecte otras áreas. La mantenibilidad es especialmente valiosa en proyectos de larga duración, donde el software debe ser capaz de adaptarse a nuevas necesidades y tecnologías sin requerir un rediseño completo.

• **Optimización de Recursos**: Al seguir buenas prácticas de desarrollo, se logra un uso eficiente de los recursos del sistema, como el tiempo de procesamiento y la memoria. Esto es particularmente importante en aplicaciones que manejan grandes volúmenes de datos o que deben funcionar en dispositivos con recursos limitados, como smartphones o dispositivos IoT. La aplicación de principios como la *optimización temprana* y la consideración de la eficiencia en la estructura de datos y algoritmos, permite que el software no solo funcione de manera eficiente, sino que también reduzca costos operativos en términos de consumo de energía y capacidad de servidores. Esto puede marcar una diferencia significativa en la rentabilidad de un proyecto de software a largo plazo, especialmente cuando se trata de aplicaciones que deben escalar a miles o millones de usuarios.

Estos principios ayudan a los ingenieros y desarrolladores a tomar decisiones fundamentadas que impacten positivamente en el ciclo de vida del software, asegurando que los productos no solo cumplan con su propósito inicial, sino que también se adapten a los cambios tecnológicos y a las necesidades del negocio. Al establecer una base sólida desde las primeras fases del desarrollo, se logra un software que puede ser extendido y mejorado sin necesidad de grandes reestructuraciones, permitiendo que las empresas y los equipos de desarrollo sean más ágiles en su respuesta a las oportunidades del mercado. Además, la adopción de principios de software contribuye a un desarrollo más sostenible, donde cada línea de código y cada decisión de diseño se realiza pensando en el futuro del software y en el impacto que tendrá en la experiencia del usuario final. En un entorno donde la tecnología y las expectativas de los usuarios avanzan a un ritmo acelerado, contar con una base sólida de principios es clave para el éxito a largo plazo de cualquier proyecto de software.

1.3. ESTRUCTURA DEL LIBRO Y OBJETIVOS

Este libro ha sido estructurado para guiar tanto a los principiantes como a aquellos que buscan profundizar sus conocimientos en la Ingeniería de Desarrollo de Software. A lo largo de sus capítulos, se cubren desde los conceptos básicos hasta prácticas avanzadas, siempre con un enfoque práctico y orientado a la industria. Cada capítulo está diseñado para construir sobre el anterior, proporcionando una visión integral de la ingeniería de software, con el objetivo de formar una base sólida y una comprensión profunda de cada aspecto del desarrollo de software, desde su conceptualización hasta su entrega y mantenimiento.

El enfoque del libro es gradual y secuencial, permitiendo que el lector avance de manera natural desde la comprensión de los conceptos fundamentales hasta la implementación de prácticas más complejas. Se busca que, al finalizar el libro, el lector sea capaz de participar de manera activa en proyectos de desarrollo de software, aplicando tanto conocimientos técnicos como habilidades de gestión. Además, se abordan las mejores prácticas y las tendencias actuales de la industria para que el lector se mantenga actualizado en un campo que evoluciona rápidamente.

Objetivos del Libro:

- **Comprender los Fundamentos**: A través de una explicación detallada de la historia y los principios que rigen la ingeniería de software, los lectores podrán entender cómo ha evolucionado esta disciplina y cuáles son los pilares que la sostienen. Este conocimiento es clave para poder situar cualquier práctica o metodología dentro de un contexto más amplio y comprender por qué ciertas estrategias son más efectivas que otras según el tipo de proyecto.

- **Desarrollar Habilidades de Diseño**: Explorando patrones de diseño y arquitecturas que permitan crear software robusto y escalable. Se enseñará cómo diseñar soluciones que no solo funcionen hoy, sino que también se mantengan relevantes y funcionales en el futuro, adaptándose a las necesidades cambiantes de los usuarios y a la evolución tecnológica. Se abarcarán desde los patrones de diseño más comunes, como *Singleton* o *Factory*, hasta la arquitectura de sistemas más compleja, como *microservicios y arquitecturas orientadas a eventos*.

• **Mejorar la Codificación**: Introduciendo técnicas de codificación limpia y mantenimiento de código para asegurar la sostenibilidad de los proyectos. Esto incluye principios como el *Clean Code*, el uso de buenas prácticas de refactorización y la importancia de escribir pruebas automatizadas para garantizar que el código se mantenga funcional y fácil de entender con el tiempo. Se busca que el lector desarrolle una mentalidad de mejora continua en la escritura de código, con un enfoque en la calidad y la legibilidad.

• **Aplicar Estrategias de Pruebas**: Comprendiendo la importancia de las pruebas de software y cómo estas mejoran la calidad y seguridad del producto final. Las pruebas no solo son una etapa del ciclo de desarrollo, sino que son una herramienta fundamental para asegurar que el software cumpla con los requisitos del cliente y se mantenga libre de errores críticos. El libro aborda desde pruebas unitarias hasta pruebas de integración y automatización de pruebas, mostrando cómo cada tipo de prueba contribuye a un software más robusto y seguro.

• **Adoptar Buenas Prácticas**: Incluyendo metodologías ágiles, principios de programación y enfoques modernos para el desarrollo colaborativo. Se hará hincapié en metodologías como *Scrum* y *Kanban*, así como en la importancia de la comunicación y la colaboración efectiva dentro de los equipos de desarrollo. Además, se explorarán principios como SOLID y la importancia de la revisión de código (*code review*) para mantener un estándar de calidad elevado en los proyectos.

• **Gestionar Proyectos de Software**: Proporcionando herramientas y técnicas para la gestión efectiva de proyectos, desde la planificación hasta la entrega. La gestión de proyectos de software no solo trata de cumplir plazos y presupuestos, sino también de alinear los esfuerzos del equipo con los objetivos del cliente y la visión del producto. En esta sección, se aprenderá a elaborar cronogramas realistas, a gestionar riesgos y a fomentar un ambiente de trabajo colaborativo y motivador para el equipo.

Estructura del Libro:

1. **Fundamentos de la Ingeniería de Software**: Exploraremos la base teórica y práctica que sustenta el desarrollo de software, incluyendo la historia de la ingeniería de software, el ciclo de vida del desarrollo de software (SDLC), y las principales metodologías de desarrollo. Se analizará cómo estos conceptos se aplican a proyectos de software de la vida real.

2. **Diseño de Software**: Analizaremos los enfoques para crear arquitecturas y diseños que respondan a las necesidades del cliente. Se estudiarán desde patrones de diseño básicos hasta arquitecturas más complejas, considerando siempre el impacto en la escalabilidad y la facilidad de mantenimiento del software. La meta es que el lector sea capaz de diseñar soluciones robustas y adaptables.

3. **Codificación y Buenas Prácticas**: Aprenderemos a escribir código limpio y a mantenerlo de manera eficiente, incluyendo principios de codificación que aseguren la legibilidad y mantenibilidad del código a lo largo del tiempo. Se hará énfasis en la importancia de la documentación y en cómo un buen estilo de codificación puede facilitar la colaboración en equipos de desarrollo.

4. **Pruebas de Software**: Describiremos las diferentes pruebas y cómo implementarlas en un ciclo de desarrollo. Se detallarán estrategias para integrar pruebas automatizadas y manuales, así como la forma de construir un entorno de pruebas que refleje de manera precisa el entorno de producción. El objetivo es garantizar que el software entregue una experiencia confiable al usuario final.

5. **Buenas Prácticas en el Desarrollo de Software**: Profundizaremos en principios avanzados y metodologías ágiles, enseñando cómo adoptar un enfoque ágil y adaptable para el desarrollo de software. Se cubrirán aspectos como la iteración rápida, la integración continua (CI), la entrega continua (CD) y la importancia del feedback constante para mejorar el producto.

6. **Gestión de Proyectos de Software**: Abordaremos cómo liderar equipos y gestionar proyectos para alcanzar los

objetivos propuestos. Esta sección proporcionará herramientas para planificar, organizar, y controlar proyectos de desarrollo de software de manera efectiva, alineando las expectativas del cliente con los entregables del equipo.

7. **Tendencias Actuales y Futuras**: Exploraremos las tecnologías emergentes que están transformando la industria del software, como la inteligencia artificial, el desarrollo de aplicaciones nativas de la nube, y la adopción de tecnologías como *DevOps* y *Machine Learning*. Este capítulo ayudará al lector a entender el panorama actual y cómo prepararse para los desafíos futuros.

Con esta estructura, el libro pretende ser un recurso completo para aquellos que buscan no solo aprender, sino también aplicar de manera práctica los principios de la ingeniería de desarrollo de software. Al final de cada capítulo, se incluirán ejercicios y casos de estudio que permitirán al lector aplicar lo aprendido de forma concreta, fortaleciendo así su comprensión y habilidades. Estos ejercicios están diseñados para que el lector enfrente escenarios reales del desarrollo de software, proporcionando una experiencia de aprendizaje inmersiva y enriquecedora.

CAPÍTULO 2

FUNDAMENTOS DE LA INGENIERÍA DE SOFTWARE

CAPÍTULO 2
FUNDAMENTOS DE LA INGENIERÍA DE SOFTWARE

La ingeniería de software es una disciplina esencial para la creación, desarrollo y mantenimiento de aplicaciones y sistemas informáticos. A través de la historia, esta disciplina ha evolucionado, adoptando nuevas metodologías, principios y prácticas que buscan mejorar la eficiencia, calidad y sostenibilidad de los productos de software. Este capítulo aborda los fundamentos de la ingeniería de software, explorando su historia, sus tipos, el ciclo de vida del desarrollo, metodologías, consideraciones éticas, manejo de software de legado, su relación con otras ingenierías y la importancia de la documentación y las normativas internacionales.

2.1. HISTORIA Y EVOLUCIÓN DE LA INGENIERÍA DE SOFTWARE

La historia de la ingeniería de software se remonta a la década de 1960, un período crucial en el que surgió el término "crisis del software". Esta crisis reflejaba los desafíos que enfrentaba la industria a medida que los sistemas de software se volvían más complejos y difíciles de gestionar. Los proyectos de software a menudo excedían sus presupuestos y plazos de entrega, y los productos finales no cumplían con las expectativas de calidad, lo que resultaba en sistemas ineficientes e inestables. Estos problemas pusieron de manifiesto la necesidad de enfoques más sistemáticos y rigurosos para el desarrollo de software, lo que dio origen a la ingeniería de software como una disciplina formal.

2.1.1 Los Primeros Años: 1960-1970

La década de 1960 fue testigo del surgimiento de los primeros conceptos formales de ingeniería de software, motivados principalmente por los proyectos informáticos complejos que surgieron en el contexto de la carrera espacial y los desarrollos militares. La "crisis del software" se hizo evidente cuando los métodos ad-hoc y la falta de estructura resultaron insuficientes para manejar la creciente complejidad de los sistemas. En 1968, la Conferencia de Ingeniería de Software de la OTAN fue un hito importante, donde se discutió la necesidad de un enfoque ingenieril para el desarrollo de software, sentando las bases para definir la disciplina.

Durante esta época, se adoptaron metodologías orientadas a la programación estructurada, que buscaban mejorar la claridad y la gestión del código a través de estructuras de control como bucles y condicionales bien definidos. La programación estructurada permitió a los desarrolladores construir sistemas con un código más legible y fácil de mantener, lo cual fue un paso importante hacia la profesionalización del desarrollo de software.

2.1.2 Los Años 70 y la Programación Estructurada

La década de 1970 fue un período de transición hacia métodos más disciplinados en el desarrollo de software. La programación estructurada, popularizada por Dijkstra y otros pioneros, promovía el uso de estructuras de control claras (como bucles y condicionales) y el diseño modular, lo que facilitó la comprensión y el mantenimiento del código. La introducción de lenguajes como Pascal y C reflejaba estos principios, y el desarrollo de software comenzó a parecerse más a un proceso controlado y metódico, en lugar de un arte intuitivo.

En este período también se empezaron a establecer las bases para la gestión de proyectos de software con modelos más formales, como el Modelo en Cascada, que se convertiría en una referencia durante los años siguientes. Este modelo definía una secuencia de fases para el desarrollo de software, desde la especificación de requisitos hasta el mantenimiento, promoviendo una estructura lineal y predecible para los proyectos.

2.1.3 Los Años 80 y 90: La Orientación a Objetos y la Expansión de la Informática

La década de 1980 trajo consigo un cambio significativo con la introducción de la orientación a objetos, un paradigma que revolucionó la manera de pensar en el diseño de software. Este enfoque, propuesto por lenguajes como Smalltalk y popularizado por C++ y posteriormente Java, permitió a los desarrolladores organizar su código en objetos que representaban entidades del mundo real. Esto mejoró la capacidad de modelar sistemas complejos y de reutilizar componentes de software, un aspecto clave para el desarrollo de software más escalable y mantenible.

La orientación a objetos permitió abordar problemas de software desde una perspectiva más cercana a la realidad, facilitando la comprensión de sistemas complejos y permitiendo una reutilización más efectiva del código. Los principios de encapsulación, herencia y polimorfismo se convirtieron en pilares del diseño de software, lo que permitió a los equipos de desarrollo crear sistemas más robustos y flexibles.

Durante esta misma época, el desarrollo de software se integró cada vez más en el entorno empresarial, y comenzaron a surgir herramientas de gestión de proyectos y de control de versiones que facilitaban el trabajo colaborativo entre equipos. Las organizaciones comenzaron a invertir en metodologías de desarrollo más formales para mejorar la predictibilidad y la calidad de sus proyectos.

2.1.4 Años 2000: La Agilidad y la Adaptación al Cambio

Con la llegada del nuevo milenio, la industria del software enfrentó nuevos desafíos: el auge de Internet y la necesidad de entregar productos más rápido y con una mayor adaptabilidad. Surgieron así las metodologías ágiles, un enfoque que se centraba en la flexibilidad, la entrega rápida de software y la colaboración con el cliente. El Manifiesto Ágil, publicado en 2001, marcó un cambio de paradigma al enfatizar la importancia de la comunicación, el trabajo iterativo y la adaptabilidad ante los cambios de requisitos.

Scrum, Kanban y Extreme Programming (XP) se convirtieron en metodologías populares dentro del desarrollo ágil, proporcionando a los equipos herramientas para gestionar proyectos de forma más eficiente y adaptarse a las necesidades del cliente de manera continua. La agilidad permitió reducir el tiempo de entrega de software funcional, mejorar la satisfacción del cliente y fomentar una cultura de mejora continua dentro de los equipos de desarrollo.

2.1.5 Los Últimos Años: DevOps, Cloud Computing y la Modernización del Desarrollo de Software

En la última década, la evolución de la ingeniería de software ha sido impulsada por la integración del desarrollo y las operaciones a través de DevOps, un enfoque que promueve la colaboración entre los equipos de desarrollo y operaciones para acelerar el ciclo de entrega de software. Las prácticas de DevOps, como la integración continua (CI) y la entrega continua (CD), han transformado la forma en que se despliegan y mantienen las aplicaciones, permitiendo una entrega más rápida y segura.

El auge del *cloud computing* también ha sido un catalizador importante para la evolución de la ingeniería de software, permitiendo a las empresas escalar sus aplicaciones de manera flexible y gestionar grandes volúmenes de datos. Tecnologías como contenedores (Docker) y orquestadores (Kubernetes) han facilitado el desarrollo y despliegue de aplicaciones distribuidas.

En paralelo, el uso de inteligencia artificial y aprendizaje automático ha comenzado a influir en el desarrollo de software, desde la optimización de procesos de desarrollo hasta la creación de software más inteligente y adaptable.

2.1.6 Retos Actuales y el Futuro de la Ingeniería de Software

Hoy en día, la ingeniería de software se enfrenta a nuevos desafíos, como la creciente importancia de la ciberseguridad, la necesidad de crear software sostenible y ético, y la integración de tecnologías emergentes como la inteligencia artificial y la realidad aumentada. A medida que la industria sigue evolucionando, la necesidad de enfoques sólidos, metodologías adecuadas y un compromiso constante con la calidad sigue siendo esencial.

La historia de la ingeniería de software demuestra cómo la disciplina ha evolucionado desde una necesidad urgente de gestionar la complejidad hasta convertirse en un pilar fundamental de la era digital. Con una comprensión clara de sus orígenes y evolución, los ingenieros de software están mejor equipados para afrontar los desafíos del presente y del futuro, construyendo sistemas que no solo cumplan con los estándares actuales, sino que también estén preparados para adaptarse a los cambios tecnológicos y de mercado.

2.2. TIPOS DE SOFTWARE

El software, por su diversidad y versatilidad, se clasifica en distintos tipos según su propósito, funcionalidad y el entorno en el que opera. Esta clasificación permite a los ingenieros de software elegir la mejor aproximación para el desarrollo, adaptando el software a las necesidades de los usuarios y a las especificaciones técnicas del hardware y del entorno en el que será implementado. Las principales categorías de software son:

2.2.1 Software de Sistema

El software de sistema es fundamental para el funcionamiento de las computadoras y dispositivos electrónicos, ya que permite la interacción entre el hardware y el software de aplicación. Este tipo de software actúa como una capa de mediación que controla y coordina el uso del hardware.

- **Sistemas Operativos**: Son el componente más conocido del software de sistema, ejemplo de estos son Windows, macOS, Linux y Android. Un sistema operativo gestiona los recursos del hardware, como la memoria, el procesador y los dispositivos de entrada/salida, proporcionando un entorno donde pueden ejecutarse las aplicaciones de usuario. Además, maneja la seguridad del sistema y la administración de archivos.

- **Controladores de Dispositivos**: Los controladores (drivers) son programas específicos que permiten que el sistema operativo se comunique con el hardware del dispositivo, como impresoras, tarjetas de video, o dispositivos de almacenamiento. Sin ellos, muchos periféricos no serían compatibles con el sistema.

El software de sistema es crucial para la estabilidad y la eficiencia de los dispositivos, garantizando que las aplicaciones puedan ejecutarse sin problemas y que los recursos del sistema se gestionen de manera óptima.

2.2.2 Software de Aplicación

El software de aplicación está diseñado para ayudar a los usuarios a realizar tareas específicas, además, es la categoría de software más visible y conocida por el usuario final.

- **Aplicaciones de Productividad**: Incluyen software como suites de oficina (Microsoft Office, Google Workspace), software de gestión de proyectos, y herramientas de colaboración. Estas aplicaciones son esenciales en entornos de oficina para realizar tareas como la edición de documentos, el manejo de hojas de cálculo y la gestión de correos electrónicos.

- **Navegadores Web**: Son aplicaciones fundamentales para el acceso a internet, permitiendo a los usuarios navegar por la web, como Google Chrome, Mozilla Firefox, y Safari. Su importancia ha crecido exponencialmente con la digitalización, ya que muchas aplicaciones ahora son accesibles desde navegadores.

- **Software Creativo y Multimedia**: Herramientas para el diseño gráfico (Adobe Photoshop, Illustrator), edición de video (Premiere Pro, Final Cut Pro) y modelado 3D (Blender). Son esenciales en industrias creativas como la publicidad, el cine y la animación.

El software de aplicación está diseñado para mejorar la productividad y facilitar tareas específicas, proporcionando una experiencia intuitiva y adaptada a las necesidades de los usuarios finales.

2.2.3. Software Embebido

El software embebido, o *embedded software*, se encuentra integrado en dispositivos electrónicos para realizar funciones específicas, a menudo con un enfoque en la eficiencia y la estabilidad. A diferencia del software de aplicación, el software embebido está profundamente vinculado al hardware en el que opera y es generalmente invisible para el usuario final.

- **Electrodomésticos y Dispositivos de Consumo**: Desde microondas hasta televisores inteligentes, muchos dispositivos de uso diario contienen software embebido que gestiona su funcionamiento interno.

- **Automóviles**: Los automóviles modernos contienen numerosos sistemas de software embebido que controlan desde el motor y los frenos hasta los sistemas de entretenimiento y navegación. Este software debe ser robusto y seguro, ya que a menudo influye en la seguridad de los ocupantes.

• **Dispositivos Médicos**: En el ámbito de la salud, el software embebido se utiliza en dispositivos como marcapasos, máquinas de ultrasonido y sistemas de monitoreo de pacientes. La confiabilidad y la precisión son aspectos críticos en este tipo de software.

El software embebido es esencial para el funcionamiento de dispositivos que requieren una respuesta rápida y eficiente, y su diseño debe considerar las restricciones de memoria y capacidad de procesamiento de los dispositivos donde se implementa.

2.2.4. Software de Desarrollo

El software de desarrollo consiste en herramientas que permiten a los programadores crear otros programas, facilitando el proceso de desarrollo de software. Este tipo de software es esencial para los ingenieros de software, ya que proporciona los recursos necesarios para la escritura, prueba y depuración de código.

• **Entornos de Desarrollo Integrado (IDE)**: Herramientas como Visual Studio, Eclipse y IntelliJ IDEA que combinan un editor de código, un depurador y un compilador, facilitando el proceso de programación al ofrecer una experiencia unificada. Los IDEs aceleran el desarrollo al proporcionar autocompletado, resaltado de sintaxis y gestión de proyectos.

• **Compiladores e Intérpretes**: Transforman el código fuente escrito en un lenguaje de programación a un código que pueda ser ejecutado por la máquina, como los compiladores de C++ o los intérpretes de Python.

• **Sistemas de Control de Versiones**: Git y otras herramientas de control de versiones permiten a los desarrolladores colaborar y gestionar cambios en el código fuente, facilitando el trabajo en equipo y el seguimiento de la evolución de un proyecto.

El software de desarrollo es fundamental para la creación de software de calidad, proporcionando un entorno estructurado y herramientas que mejoran la eficiencia de los desarrolladores.

2.2.5. Software Empresarial

El software empresarial está diseñado para satisfacer las necesidades de grandes organizaciones, ayudándolas a gestionar sus procesos de negocio de manera más eficiente. Este tipo de software suele ser complejo y se integra con múltiples sistemas y bases de datos.

• **ERP (Enterprise Resource Planning)**: Soluciones como SAP y Oracle ERP integran diferentes áreas de una empresa, como la contabilidad, la gestión de recursos humanos, la cadena de suministro y la gestión de inventario. Esto permite una visión integral de las operaciones y facilita la toma de decisiones.

• **CRM (Customer Relationship Management)**: Herramientas como Salesforce y HubSpot permiten gestionar la relación con los clientes, rastrear interacciones, gestionar ventas y analizar datos de comportamiento del cliente. Son esenciales para optimizar el marketing, las ventas y el servicio al cliente.

• **BI (Business Intelligence)**: Aplicaciones de inteligencia de negocio como Tableau y Power BI ayudan a las organizaciones a analizar grandes volúmenes de datos, generando informes y visualizaciones que facilitan la toma de decisiones estratégicas.

El software empresarial optimiza la gestión de recursos, mejora la eficiencia de los procesos internos y permite a las organizaciones adaptarse rápidamente a los cambios del mercado.

2.2.6 La Importancia de la Clasificación del Software
Comprender estas categorías es esencial para los ingenieros de software, ya que cada tipo de software requiere un enfoque distinto durante su desarrollo. Un sistema embebido, por ejemplo, tiene restricciones de recursos que no están presentes en una aplicación de software empresarial, mientras que el software de desarrollo debe ser intuitivo para los programadores que lo utilizarán.

Al reconocer las diferencias entre estos tipos de software, los ingenieros pueden diseñar soluciones más eficientes y adecuadas, alineadas con las expectativas del usuario y las necesidades del mercado. Esta clasificación también ayuda a entender el papel del software en la sociedad moderna, desde la tecnología que usamos a diario hasta los sistemas complejos que operan en el trasfondo de grandes organizaciones y dispositivos críticos.

2.3. CICLO DE VIDA DEL DESARROLLO DE SOFTWARE (SDLC)

El Ciclo de Vida del Desarrollo de Software (SDLC, por sus siglas en inglés) es un marco que describe las etapas sistemáticas que deben seguirse para desarrollar software, desde su concepción inicial hasta su retiro definitivo. Este enfoque estructurado ayuda a garantizar que el software se desarrolle de manera eficiente, cumpla con las expectativas de calidad, y satisfaga las necesidades de los usuarios. Las fases del SDLC proporcionan un plan claro para la gestión del proyecto y permiten que los equipos de desarrollo mantengan el control durante todo el proceso. A continuación, se detalla cada una de las fases más comunes:

2.3.1. Recolección de Requisitos

La fase de recolección de requisitos es el punto de partida del SDLC, en la que se identifican las necesidades y expectativas del cliente o de los usuarios finales. En esta etapa, se definen las funcionalidades que debe tener el software, sus restricciones, y cualquier otro requerimiento técnico o de negocio.

- **Técnicas de Recolección de Requisitos**: Las entrevistas, encuestas, grupos de enfoque y análisis de documentos son algunas de las técnicas empleadas para entender lo que el usuario necesita. Estas técnicas permiten recopilar una lista de requisitos funcionales (lo que el sistema debe hacer) y no funcionales (rendimiento, seguridad, usabilidad).

- **Documentación de Requisitos**: El resultado de esta fase suele ser un documento de especificación de requisitos de software (SRS, por sus siglas en inglés) que actúa como una guía para las siguientes etapas del desarrollo. La calidad de esta documentación es crucial, ya que errores o ambigüedades en los requisitos pueden derivar en problemas durante el desarrollo.

2.3.2. Análisis

Una vez definidos los requisitos, la fase de análisis se centra en evaluar la viabilidad del proyecto y en comprender en profundidad lo que se requiere para desarrollar la solución.

- **Estudio de Viabilidad**: Este estudio analiza si es posible desarrollar el software con los recursos disponibles (tiempo, presupuesto, habilidades técnicas). También evalúa la viabilidad técnica, económica, y operativa del proyecto.

- **Modelado de Casos de Uso**: Los casos de uso son herramientas que describen cómo interactuarán los usuarios con el software. Se crean diagramas que muestran las interacciones entre el usuario y el sistema, facilitando la comprensión de los requisitos desde una perspectiva más detallada.

- **Análisis de Riesgos**: Identificar y evaluar posibles riesgos, como cambios en el alcance del proyecto o problemas técnicos, permite desarrollar planes de contingencia y mitigar problemas antes de que afecten el desarrollo.

2.3.3. Diseño

En la fase de diseño, se crea una hoja de ruta técnica que guiará la construcción del software. Esta etapa convierte los requisitos y el análisis en una arquitectura y un diseño detallado que los desarrolladores puedan seguir.

- **Diseño de Arquitectura del Sistema**: La arquitectura del sistema define la estructura de alto nivel del software, incluyendo su división en módulos y la forma en que interactúan entre sí. Se seleccionan los patrones de diseño y las tecnologías que se utilizarán.

- **Diseño de Interfaz de Usuario (UI)**: Se diseña la experiencia del usuario (UX) y la interfaz gráfica (UI), asegurando que la interacción con el software sea intuitiva y satisfactoria para el usuario final.

- **Diseño Detallado**: Define cómo cada módulo del software será implementado, incluyendo diagramas de clase, de secuencia y de flujo de datos. Esto proporciona un plan claro para la codificación.

2.3.4. Implementación

La fase de implementación, también conocida como desarrollo o codificación, consiste en la programación de las funcionalidades y características descritas en el diseño.

- **Codificación**: Los desarrolladores escriben el código utilizando lenguajes de programación apropiados para la arquitectura definida (como Java, Python, C++). Es importante seguir las mejores prácticas de codificación para asegurar la mantenibilidad del código.

- **Revisión de Código**: Las revisiones de código ayudan a detectar errores tempranamente y aseguran que el código cumpla con los estándares de calidad. Estas revisiones pueden ser formales, mediante herramientas de análisis estático, o informales, a través de revisiones entre pares.

- **Integración Continua**: En proyectos grandes, se utilizan sistemas de integración continua (CI) para integrar el código en un repositorio común y ejecutar pruebas automáticas, garantizando que los nuevos cambios no introduzcan errores.

2.3.5. Pruebas

La fase de pruebas es crucial para verificar que el software funcione correctamente y cumpla con los requisitos definidos. Se realizan diferentes tipos de pruebas para asegurar la calidad del producto.

- **Pruebas Unitarias**: Verifican el funcionamiento de las unidades individuales de código, como funciones y métodos, asegurando que cada componente funcione correctamente por sí solo.

- **Pruebas de Integración**: Se enfocan en verificar la interacción entre diferentes módulos o componentes del software, asegurando que funcionen bien en conjunto.

- **Pruebas de Sistema y Aceptación**: Las pruebas de sistema evalúan el software como un todo, asegurando que cumpla con los requisitos del cliente. Las pruebas de aceptación, a menudo realizadas por el cliente o usuario final, aseguran que el software sea adecuado para su propósito.

Las pruebas ayudan a identificar y corregir defectos antes de que el software llegue a manos de los usuarios, garantizando una mayor satisfacción del cliente y reduciendo los costos de corrección de errores en etapas posteriores.

2.3.6. Despliegue

La fase de despliegue consiste en trasladar el software desde el entorno de desarrollo al entorno de producción, donde estará disponible para los usuarios.

• **Preparación del Entorno de Producción**: Se configuran los servidores y se aseguran las conexiones de red y base de datos para el funcionamiento del software. En algunos casos, se puede realizar un despliegue piloto para un grupo reducido de usuarios antes del lanzamiento general.

• **Despliegue y Migración de Datos**: Incluye la transferencia de los datos de los usuarios desde sistemas anteriores al nuevo software, asegurando que la información se mantenga íntegra y segura durante el proceso.

• **Estrategias de Despliegue**: Se pueden utilizar estrategias como despliegue gradual, despliegue azul-verde, o despliegue continuo, dependiendo del tipo de proyecto y de la tolerancia a interrupciones del servicio.

2.3.7. Mantenimiento

Una vez que el software está en funcionamiento, la fase de mantenimiento asegura que continúe funcionando correctamente, se adapte a nuevos requisitos y se mantenga seguro.

• **Corrección de Errores**: Aunque las pruebas previas al despliegue son exhaustivas, es común que se identifiquen errores durante el uso real del software. Estos errores se corrigen mediante parches y actualizaciones.

• **Actualizaciones y Mejoras**: Con el tiempo, las necesidades del cliente pueden cambiar o surgir nuevas oportunidades de mejora. Las actualizaciones del software permiten agregar nuevas funcionalidades y mejorar las existentes.

• **Mantenimiento Preventivo y Adaptativo**: El mantenimiento preventivo se enfoca en evitar problemas futuros mediante la optimización del código y la mejora del rendimiento. El mantenimiento adaptativo ajusta el software para que continúe siendo compatible con nuevos entornos, como nuevas versiones de sistemas operativos o hardware.

El mantenimiento es una fase continua que asegura la longevidad del software y su capacidad para adaptarse a cambios tecnológicos y de mercado.

2.3.8. Importancia del SDLC en el Desarrollo de Software

Cada fase del SDLC tiene un papel fundamental para el desarrollo de software de alta calidad y para la satisfacción de los usuarios finales. Un enfoque estructurado permite anticipar problemas y mitigar riesgos, asegurando que los proyectos se entreguen a tiempo, dentro del presupuesto y con un nivel de calidad que cumpla con las expectativas. Además, el SDLC es adaptable y puede ajustarse a diferentes metodologías de desarrollo, como las metodologías ágiles, tradicionales o híbridas, permitiendo que los equipos de desarrollo elijan la mejor forma de trabajar según las necesidades de cada proyecto.

2.4. METODOLOGÍAS DE DESARROLLO: ÁGILES, TRADICIONALES Y HÍBRIDAS

Las metodologías de desarrollo son marcos que proporcionan un conjunto de prácticas y procesos para organizar, planificar y ejecutar el desarrollo de software de manera eficiente. La elección de la metodología correcta puede ser un factor determinante para el éxito de un proyecto, ya que cada enfoque ofrece ventajas y limitaciones que se ajustan a diferentes tipos de proyectos y equipos. A continuación, se detallan los tres enfoques principales de desarrollo: las metodologías tradicionales, ágiles y las híbridas.

2.4.1 Metodologías Tradicionales

Las metodologías tradicionales, también conocidas como enfoques predictivos, son aquellas que siguen una secuencia lineal y estructurada en el desarrollo de software. Cada fase del proyecto debe completarse antes de pasar a la siguiente, lo que permite una planificación detallada desde el inicio del proyecto. Entre las metodologías tradicionales más conocidas se encuentran:

• **Modelo en Cascada**: Este modelo fue uno de los primeros enfoques sistemáticos para el desarrollo de software y se caracteriza por una serie de fases secuenciales: requisitos, diseño, implementación, pruebas, despliegue y mantenimiento. Es particularmente útil en proyectos donde los requisitos son claros, completos y poco propensos a cambiar a lo largo del desarrollo.

- **Ventajas**: Su enfoque estructurado facilita la planificación y el seguimiento del progreso. Es adecuado para proyectos con requisitos bien definidos y poco cambiantes, como sistemas críticos donde se necesita una fuerte documentación.

- **Desventajas**: Tiene poca flexibilidad para adaptarse a cambios en los requisitos una vez que la fase de desarrollo ha comenzado. Además, el cliente no ve un producto funcional hasta las últimas etapas del proyecto, lo que puede llevar a expectativas no satisfechas si los requisitos iniciales no fueron precisos.

- **Modelo V**: Similar al modelo en cascada, el modelo V enfatiza la verificación y validación en cada etapa del desarrollo. Por cada fase de desarrollo, existe una fase correspondiente de pruebas, formando una estructura en forma de "V". Esto facilita la detección de errores antes de avanzar a la siguiente etapa.

- **Ventajas**: Proporciona una alta calidad en el desarrollo y las pruebas debido a su enfoque detallado en la verificación y validación. Es ideal para proyectos de software donde la calidad es un aspecto crítico.

- **Desventajas**: Es rígido y, al igual que el modelo en cascada, no es apto para proyectos donde los requisitos pueden cambiar durante el desarrollo.

2.4.2 Metodologías Ágiles

Las metodologías ágiles son enfoques iterativos e incrementales que priorizan la flexibilidad, la entrega rápida de valor y la colaboración constante con el cliente. Este tipo de metodologías surgieron como una respuesta a las limitaciones de los enfoques tradicionales y buscan adaptarse a un entorno de requisitos cambiantes. Algunas de las metodologías ágiles más populares incluyen:

- **Scrum**: Scrum se basa en la realización de iteraciones cortas llamadas *sprints*, que suelen durar entre 2 y 4 semanas. Durante cada sprint, el equipo de desarrollo trabaja en un conjunto específico de funcionalidades que se revisa al final del ciclo para recibir retroalimentación del cliente y ajustar el rumbo del desarrollo.

- **Ventajas**: Facilita la adaptación a cambios en los requisitos y permite al cliente ver y evaluar el progreso de manera continua. Esto reduce el riesgo de desarrollar un producto que no cumpla con las expectativas del cliente.

- **Desventajas**: Requiere una comunicación constante y un compromiso activo por parte del cliente, lo que puede ser difícil de mantener en algunos entornos. Además, sin una adecuada disciplina, es fácil que el alcance del proyecto se descontrole (conocido como *scope creep*).

• **Kanban**: Kanban se centra en la visualización del flujo de trabajo y la gestión del trabajo en curso. Utiliza un tablero que muestra las tareas pendientes, en progreso y completadas, lo que ayuda a identificar cuellos de botella y optimizar el flujo de trabajo.

- **Ventajas**: Kanban es altamente flexible y permite a los equipos de desarrollo adaptarse rápidamente a los cambios. Es ideal para equipos que necesitan mejorar su eficiencia sin la necesidad de adoptar un proceso ágil completo.

- **Desventajas**: Al ser menos estructurado que Scrum, puede ser difícil para algunos equipos gestionar las prioridades sin un marco claro de iteraciones.

• **Extreme Programming (XP)**: Se centra en la mejora continua del código y la colaboración cercana con el cliente. Algunas de sus prácticas incluyen la programación en parejas, las pruebas continuas y la integración frecuente.

Ventajas: Promueve un alto nivel de calidad del código y una respuesta rápida a los cambios en los requisitos.

Desventajas: Requiere un equipo de desarrollo altamente disciplinado y con experiencia para implementar de manera efectiva todas sus prácticas.

2.4.3 Metodologías Híbridas

Las metodologías híbridas combinan elementos de enfoques tradicionales y ágiles, adaptándose a las necesidades específicas de cada proyecto. Estos enfoques buscan aprovechar la estructura y previsibilidad de las metodologías tradicionales junto con la flexibilidad y adaptabilidad de las metodologías ágiles. Ejemplos de metodologías híbridas incluyen:

• **Modelo V-Ágil**: Este enfoque fusiona los principios de verificación y validación del modelo V con la flexibilidad de las iteraciones ágiles. Los requisitos y el diseño se realizan de manera detallada, como en el modelo V, pero la implementación y las pruebas se llevan a cabo en ciclos iterativos.

- **Ventajas**: Permite una planificación detallada y una alta calidad de pruebas al mismo tiempo que permite adaptarse a cambios a través de iteraciones. Es ideal para proyectos con requisitos complejos que, sin embargo, necesitan una mayor flexibilidad durante la implementación.

- **Desventajas**: La combinación de ambos enfoques puede ser complicada de gestionar, especialmente si el equipo no está familiarizado con las prácticas de ambas metodologías.

• **Agile-Waterfall (Cascada Ágil)**: En este enfoque, se utiliza el modelo en cascada para las etapas iniciales del proyecto, como la recolección de requisitos y el diseño, mientras que la implementación y pruebas se realizan de manera iterativa utilizando prácticas ágiles.

- **Ventajas**: Permite una mejor definición de los requisitos al inicio del proyecto, lo que facilita la planificación, mientras que la implementación ágil permite realizar ajustes y mejoras conforme el producto es desarrollado.

- **Desventajas**: Puede ser un reto mantener un equilibrio entre las fases lineales y las iterativas, lo que podría resultar en conflictos entre la planificación inicial y las adaptaciones durante la implementación.

• **Scrumban**: Es una mezcla de Scrum y Kanban, donde se utiliza la estructura de sprints de Scrum para organizar el trabajo, pero con la flexibilidad y el enfoque en la mejora continua de Kanban.

- **Ventajas**: Proporciona un equilibrio entre la organización de Scrum y la adaptabilidad de Kanban, siendo ideal para equipos que necesitan cierta estructura pero que también quieren mejorar la eficiencia del flujo de trabajo.

- **Desventajas**: Puede ser difícil de implementar si el equipo no entiende bien los principios de ambas metodologías, y la falta de un marco rígido puede ser un desafío para proyectos que requieren una planificación más formal.

2.4.4 Elección de la Metodología Adecuada

La elección de la metodología de desarrollo adecuada depende de varios factores, como el tamaño y la experiencia del equipo, la naturaleza del proyecto, la complejidad de los requisitos, y el nivel de involucramiento del cliente. En proyectos donde los requisitos son estables y bien definidos, las metodologías tradicionales pueden ser la mejor opción.

Sin embargo, cuando los requisitos son cambiantes y el cliente necesita ver resultados rápidamente, las metodologías ágiles pueden ofrecer una mayor flexibilidad y adaptabilidad. Por su parte, las metodologías híbridas son útiles en situaciones donde se busca un balance entre estructura y adaptabilidad.

En última instancia, el éxito de un proyecto de desarrollo de software no depende exclusivamente de la metodología seleccionada, sino de la capacidad del equipo para adaptarse, comunicarse y colaborar eficazmente para cumplir con los objetivos del proyecto.

2.5. SOFTWARE DE LEGADO Y SU MANEJO

El software de legado se refiere a sistemas informáticos antiguos que, a pesar de su antigüedad, son fundamentales para las operaciones de muchas organizaciones. Estos sistemas suelen ser críticos para el funcionamiento de las empresas, ya que manejan procesos esenciales, como la gestión de datos financieros, operaciones de producción y otros procesos de negocio. Sin embargo, a medida que las tecnologías avanzan, el software de legado presenta varios desafíos que dificultan su mantenimiento y evolución. Las empresas enfrentan un dilema entre mantener y modernizar estos sistemas, ya que su reemplazo completo es una tarea compleja, costosa y conlleva riesgos significativos.

Por lo anterior, es importante profundizar en el estudio de las principales estrategias y consideraciones para manejar el software de legado de manera eficiente:

2.5.1. Desafíos del Software de Legado
El software de legado plantea una serie de problemas que dificultan su gestión y actualización, entre los cuales se destacan:

• **Obsolescencia Tecnológica**: Estos sistemas suelen estar construidos con tecnologías que ya no se utilizan ni se soportan, lo que dificulta encontrar recursos humanos capacitados para mantenerlos. Lenguajes de programación antiguos y plataformas descontinuadas pueden generar incompatibilidades con las nuevas tecnologías y complicar la integración con sistemas modernos.

• **Alto Costo de Mantenimiento**: La necesidad de corregir errores, realizar adaptaciones y mantener el funcionamiento de un software de legado implica un costo significativo. Este costo puede superar el presupuesto de desarrollo de un nuevo sistema, ya que implica un conocimiento profundo del sistema y tiempo dedicado a tareas de mantenimiento.

• **Problemas de Seguridad**: Dado que los sistemas de legado no se han diseñado con las amenazas de ciberseguridad actuales en mente, suelen ser vulnerables a ataques modernos. La falta de actualizaciones de seguridad y de soporte oficial de los proveedores aumenta el riesgo de exposición a vulnerabilidades.

• **Dependencia Organizacional**: Las organizaciones a menudo dependen profundamente de estos sistemas para su operación diaria, lo que hace que la transición a nuevos sistemas sea un riesgo. La falta de documentación detallada sobre cómo funcionan estos sistemas añade complejidad a cualquier intento de modernización o migración.

2.5.2. Estrategias para la Gestión del Software de Legado

Dado que reemplazar completamente un sistema de legado es un proceso arriesgado y costoso, las organizaciones suelen adoptar estrategias intermedias para mantener su funcionalidad mientras se minimizan los problemas asociados a su obsolescencia. A continuación, se describen las principales estrategias para manejar el software de legado:

• **Refactorización**: La refactorización consiste en mejorar el código del sistema de legado sin cambiar su comportamiento o funcionalidad. Esto implica hacer que el código sea más comprensible, modular y eficiente, lo que facilita su mantenimiento a largo plazo. La refactorización puede involucrar:

- **Mejora de la estructura del código**: Dividir código complejo en módulos más simples, renombrar variables para mayor claridad, y mejorar la organización del código.

- **Optimización del rendimiento**: Identificar y eliminar cuellos de botella en el código que afectan el rendimiento del sistema.

- **Documentación actualizada**: Proporcionar una documentación precisa del código refactorizado, lo que facilita la tarea de mantenimiento futuro.

La refactorización es una opción efectiva cuando el sistema de legado aún cumple con la mayor parte de los requisitos de la organización, pero requiere mejoras en su mantenibilidad y rendimiento.

- **Migración a Nuevas Plataformas**: Esta estrategia implica adaptar el software de legado para que funcione en entornos de hardware o software más modernos. A diferencia de un reemplazo completo, la migración conserva el núcleo funcional del sistema mientras se actualiza el entorno donde se ejecuta. Algunos enfoques de migración incluyen:

- **Rehosteo**: Mover el software de legado a un entorno más moderno (como un servidor en la nube) sin modificar su código subyacente. Esto puede mejorar la escalabilidad y el acceso, pero no resuelve problemas de obsolescencia del código.

- **Replatforming**: Adaptar el software de legado para que funcione en un nuevo sistema operativo o plataforma de base de datos, con algunos cambios mínimos en el código. Esto permite aprovechar características de rendimiento y seguridad de plataformas modernas.

- **Containerización**: En algunos casos, el software de legado puede ser encapsulado en contenedores (por ejemplo, Docker) para facilitar su despliegue en nuevos entornos sin necesidad de modificaciones significativas.

- **Encapsulación**: La encapsulación consiste en utilizar APIs o interfaces para que el software de legado pueda interactuar con sistemas más recientes sin necesidad de modificar su código base. Esto permite que el sistema de legado siga funcionando como un "núcleo" mientras que las funcionalidades nuevas se construyen de manera independiente alrededor de él. Algunos ejemplos de encapsulación incluyen:

- **Creación de APIs REST**: Permitir que el software de legado ofrezca sus servicios a través de APIs REST, lo que facilita la integración con aplicaciones móviles, sistemas web modernos y otros servicios.

- **Integración con Middleware**: Utilizar software de middleware para interconectar el sistema de legado con nuevas aplicaciones y bases de datos, facilitando la comunicación y transferencia de datos entre los diferentes sistemas.

La encapsulación es una solución especialmente útil cuando se desea preservar la funcionalidad del sistema de legado pero también es necesario integrarlo con nuevas tecnologías para extender sus capacidades.

• **Reemplazo Gradual (Modernización Parcial)**: En lugar de reemplazar todo el sistema de legado de una vez, esta estrategia se enfoca en modernizar partes específicas del sistema de manera gradual. Esto puede implicar el rediseño de módulos específicos o la creación de nuevos servicios que reemplazan paulatinamente las funciones del software de legado. A medida que se desarrolla cada módulo, se asegura su integración con el resto del sistema, lo que minimiza los riesgos de una interrupción significativa en las operaciones.

- **Ventajas**: Permite una transición más suave y reduce el riesgo de fallas catastróficas al tener partes del sistema funcionando mientras se modernizan otras.

- **Desventajas**: Puede ser un proceso largo y complejo, ya que requiere de una planificación meticulosa para garantizar que los nuevos componentes funcionen correctamente con los sistemas existentes.

2.5.3. Beneficios de una Gestión Adecuada del Software de Legado

Una adecuada gestión del software de legado no solo permite extender la vida útil de sistemas críticos, sino que también ofrece varios beneficios clave para las organizaciones:

• **Reducción de Riesgos Operativos**: Al mantener y modernizar gradualmente el software de legado, las organizaciones pueden minimizar el riesgo de interrupciones inesperadas y asegurarse de que sus sistemas críticos sigan siendo confiables.

• **Optimización de Costos**: Aunque el mantenimiento y la modernización de software de legado requieren inversión, generalmente son menos costosos que un reemplazo total. Esto es especialmente importante cuando los sistemas de legado están profundamente integrados en las operaciones de la organización.

• **Adaptación a Nuevas Necesidades**: A través de estrategias como la encapsulación y la migración a nuevas plataformas, las organizaciones pueden adaptar sus sistemas de legado a las demandas actuales, como la integración con tecnologías móviles, la conectividad a la nube y la mejora de la experiencia del usuario.

• **Preservación del Conocimiento Organizacional**: Los sistemas de legado suelen contener valioso conocimiento sobre los procesos y la lógica de negocio de la organización. Al mantener estos sistemas actualizados, se preserva ese conocimiento y se facilita la transición hacia nuevas soluciones.

2.5.4. Conclusiones sobre el Software de Legado

El manejo del software de legado es un desafío común en el campo de la ingeniería de software. Si bien estos sistemas presentan dificultades significativas debido a su obsolescencia y complejidad, existen diversas estrategias para optimizar su uso y prolongar su vida útil. Ya sea mediante la refactorización, la migración a nuevas plataformas, la encapsulación, o un reemplazo gradual, la clave está en encontrar el equilibrio entre mantener la funcionalidad crítica del sistema y adoptar las mejoras tecnológicas necesarias para enfrentar los desafíos del futuro. De esta forma, las organizaciones pueden seguir beneficiándose de sus inversiones previas mientras se preparan para las demandas del entorno digital actual.

2.6. RELACIÓN ENTRE LA INGENIERÍA DE SOFTWARE Y OTRAS INGENIERÍAS

La ingeniería de software comparte principios, enfoques y técnicas con otras disciplinas de la ingeniería, lo que facilita la colaboración en proyectos multidisciplinarios y permite crear soluciones integrales que combinan software, hardware y procesos. Esta sinergia es esencial en un entorno tecnológico donde los sistemas requieren la integración de múltiples componentes para funcionar de manera eficiente.

Es importante conocer algunas de las relaciones más destacadas entre la ingeniería de software y otras ramas de la ingeniería:

2.6.1. Ingeniería de Sistemas

La ingeniería de sistemas y la ingeniería de software tienen un enfoque común en la gestión de sistemas complejos que incluyen tanto componentes de software como de hardware. Mientras que la ingeniería de software se centra en el desarrollo y mantenimiento del software, la ingeniería de sistemas aborda el diseño y la integración de todo el sistema, asegurando que cada parte funcione de manera coordinada para lograr los objetivos del proyecto. Esta colaboración es esencial en proyectos como:

- Integración de Hardware y Software: En sistemas que involucran la coordinación de dispositivos físicos y software, como los sistemas de control industrial, automóviles autónomos y redes de telecomunicaciones. En estos casos, la ingeniería de sistemas asegura que el hardware y el software se integren adecuadamente, mientras que la ingeniería de software desarrolla las aplicaciones y controladores necesarios para esa integración.

- Gestión de Requisitos y Modelado de Sistemas: La ingeniería de sistemas ayuda a definir los requisitos generales del sistema y a modelar su comportamiento, lo cual es esencial para que los ingenieros de software diseñen una arquitectura que cumpla con esos requisitos. Esto es común en el desarrollo de sistemas aeronáuticos, donde los requisitos de seguridad y rendimiento son críticos.

- Desarrollo de Sistemas Críticos: En aplicaciones críticas como sistemas de defensa, simulaciones militares o sistemas de control de tráfico aéreo, la ingeniería de sistemas y la ingeniería de software trabajan de la mano para garantizar que cada componente funcione bajo estrictas condiciones de seguridad y confiabilidad.

2.6.2. Ingeniería Electrónica

La relación entre la ingeniería de software y la ingeniería electrónica es particularmente relevante en el desarrollo de sistemas embebidos y dispositivos IoT (Internet de las cosas). Los sistemas embebidos son aquellos en los que el software está diseñado para realizar funciones específicas dentro de un dispositivo que combina hardware y software. Algunas áreas clave de esta colaboración son:

- Desarrollo de Firmware: La ingeniería de software es responsable de desarrollar el firmware que controla el comportamiento de los microcontroladores y procesadores en dispositivos electrónicos. Esto incluye desde electrodomésticos y equipos médicos hasta sistemas de automatización industrial.

- Dispositivos IoT: La integración de sensores, actuadores y comunicación inalámbrica en dispositivos conectados a internet requiere la colaboración de ingenieros electrónicos que diseñen el hardware y de ingenieros de software que desarrollen las aplicaciones y plataformas de control. Esto permite la creación de soluciones para ciudades inteligentes, hogares conectados y monitoreo ambiental.

- Optimización de Recursos: En sistemas con recursos limitados, como los microcontroladores de bajo consumo, los ingenieros de software deben colaborar estrechamente con los ingenieros electrónicos para optimizar el uso de memoria, procesamiento y energía. Esto es fundamental en el diseño de dispositivos portátiles y wearables, donde la duración de la batería y la eficiencia son esenciales.

2.6.3. Ingeniería Industrial

La ingeniería industrial y la ingeniería de software comparten el objetivo de optimizar procesos, aunque en contextos diferentes. Mientras que la ingeniería industrial busca la eficiencia en los procesos de producción y logística, la ingeniería de software se centra en la optimización de los procesos de desarrollo de software. La colaboración entre ambas disciplinas resulta beneficiosa en áreas como:

- Optimización de Procesos de Desarrollo: Los principios de mejora continua y lean manufacturing de la ingeniería industrial son aplicables en el desarrollo de software, especialmente en el marco de metodologías ágiles. Por ejemplo, conceptos como la reducción de desperdicios, la mejora de la productividad y la gestión de la calidad pueden ser implementados para mejorar la eficiencia en la creación de software.

- Gestión de Proyectos de Software: La ingeniería industrial aporta métodos de planificación y control de proyectos, como el análisis de valor ganado y la gestión de riesgos, que son aplicables en la gestión de proyectos de software. Esto ayuda a los equipos de desarrollo a gestionar plazos, recursos y presupuesto de manera más efectiva.

- Automatización de Procesos Empresariales: En proyectos de automatización de procesos de negocio (Business Process Automation), la ingeniería de software desarrolla las herramientas necesarias para digitalizar y optimizar flujos de trabajo, mientras que la ingeniería industrial analiza y define los procesos a automatizar. Esta colaboración es fundamental para la implementación de sistemas ERP (Enterprise Resource Planning) y de automatización robótica de procesos (RPA).

2.6.4. Ingeniería Mecánica y Robótica

La colaboración entre la ingeniería de software y la ingeniería mecánica es esencial en el desarrollo de sistemas automatizados y robóticos. Estos sistemas combinan la mecánica de precisión con algoritmos avanzados de control y software de programación, permitiendo crear soluciones innovadoras como:

- Desarrollo de Sistemas de Control: Los ingenieros de software desarrollan sistemas de control que permiten a los robots y máquinas industriales realizar tareas complejas. Esto incluye desde la programación de trayectorias de movimiento hasta la integración de sensores que permiten la toma de decisiones automatizadas.

- Simulación de Sistemas Mecánicos: La ingeniería de software permite la simulación de sistemas mecánicos para predecir su comportamiento bajo diferentes condiciones, lo cual es fundamental para la ingeniería mecánica en la validación y optimización de diseños antes de su fabricación.
- Automatización Industrial: La programación de controladores lógicos programables (PLC) y la integración de sistemas SCADA (Supervisory Control and Data Acquisition) requieren el trabajo conjunto de ingenieros de software y mecánicos para automatizar procesos de manufactura, mejorar la precisión de las líneas de producción y garantizar la seguridad en entornos industriales.

2.6.5. Ingeniería de Datos y Ciencia de Datos

La ingeniería de software y la ingeniería de datos son cada vez más interdependientes, especialmente en un contexto donde el valor de los datos es fundamental para la toma de decisiones. La ingeniería de software proporciona la infraestructura necesaria para la recopilación, almacenamiento y procesamiento de datos, mientras que la ingeniería de datos se enfoca en la gestión y análisis de grandes volúmenes de información. Algunas áreas de colaboración incluyen:

- Desarrollo de Infraestructuras de Big Data: Los ingenieros de software son responsables de crear arquitecturas escalables para la ingesta y procesamiento de datos, utilizando tecnologías como Hadoop, Spark y bases de datos NoSQL. Los ingenieros de datos, por su parte, diseñan la estructura de los datos y crean pipelines que permiten la extracción de insights valiosos.
- Inteligencia Artificial y Aprendizaje Automático: La implementación de modelos de inteligencia artificial y machine learning depende de la colaboración entre ingenieros de software que desarrollan las plataformas y APIs necesarias y los científicos de datos que entrenan y ajustan los modelos. Esto es crucial en aplicaciones como la predicción de demanda, el análisis de imágenes y el procesamiento de lenguaje natural.
- Integración de Datos Empresariales: La ingeniería de software facilita la integración de diversas fuentes de datos empresariales a través

de APIs y sistemas ETL (Extract, Transform, Load), mientras que la ingeniería de datos organiza y limpia esos datos para que sean útiles en análisis y generación de informes.

La relación entre la ingeniería de software y otras disciplinas de la ingeniería es fundamental para abordar los desafíos complejos del entorno tecnológico actual. Estas colaboraciones permiten crear soluciones robustas que integran componentes de software y hardware, optimizan procesos y proporcionan valor a las organizaciones. El enfoque interdisciplinario no solo facilita la innovación, sino que también asegura que los sistemas sean eficientes, escalables y adaptables a las necesidades cambiantes de las industrias. Entender y aprovechar estas sinergias es clave para los ingenieros de software que buscan desarrollar soluciones que sean no solo técnicamente sólidas, sino también alineadas con los objetivos estratégicos de las organizaciones.

2.7. PRÁCTICAS DE DOCUMENTACIÓN Y NORMATIVAS INTERNACIONALES

La documentación es un pilar fundamental en el desarrollo de software, ya que facilita la comprensión, el mantenimiento y la evolución del sistema tanto para el equipo de desarrollo como para otros interesados, como los usuarios, gerentes de proyectos y personal de soporte. Documentar adecuadamente cada etapa del proceso de desarrollo es crucial para asegurar la calidad, la eficiencia y la transferencia de conocimiento a lo largo del ciclo de vida del software. A continuación, se describen algunas de las prácticas más comunes de documentación y las normativas internacionales que guían estos procesos:

2.7.1. Prácticas de Documentación Comunes

2.7.1.1. Documentación Técnica:

- **Detalles sobre el Diseño y la Arquitectura**: Describe cómo se ha estructurado el software, incluyendo diagramas de arquitectura, diagramas de clases, diagramas de flujo y cualquier otra representación que ayude a entender la estructura y el comportamiento del sistema. Esta documentación es fundamental para que los desarrolladores comprendan la estructura general del sistema y cómo interactúan los diferentes componentes.

- **Documentación de Código**: Incluye comentarios dentro del código fuente que explican el propósito de funciones, clases y módulos, así como documentación externa sobre la estructura y funcionamiento del código. Herramientas como Javadoc (para Java) y Doxygen (para C++) ayudan a generar documentación técnica automáticamente a partir del código comentado.

• **Especificaciones de Interfaces**: Documenta cómo interactúan los distintos módulos del software entre sí y con sistemas externos a través de APIs (Application Programming Interfaces). Esta documentación facilita la integración y la colaboración entre equipos de desarrollo y permite que terceros comprendan cómo utilizar la API.

2.7.1.2. Documentación de Usuario:

• **Guías de Usuario Final**: Describen cómo utilizar el software desde la perspectiva del usuario. Estas guías incluyen instrucciones detalladas sobre las funcionalidades de la aplicación, ejemplos de uso y solución de problemas comunes. Son esenciales para reducir la curva de aprendizaje del software y asegurar que los usuarios puedan aprovechar todas sus funcionalidades.

• **Manuales de Operación**: Están dirigidos a los administradores del sistema y personal de TI que necesiten instalar, configurar y mantener el software en funcionamiento. Esto incluye instrucciones sobre la instalación, configuración del entorno, mantenimiento y actualización de la aplicación.

• **FAQs y Documentación en Línea**: Las preguntas frecuentes y la documentación en línea son complementos importantes de la documentación de usuario. Permiten a los usuarios encontrar respuestas rápidas a problemas comunes y mantenerse actualizados con las nuevas funcionalidades del software a medida que se lanzan actualizaciones.

2.7.1.3. Documentación de Requisitos:

• **Requisitos Funcionales**: Describen las funcionalidades específicas que el software debe cumplir, como las operaciones que debe realizar y los casos de uso que debe cubrir. Estos requisitos permiten entender lo que se espera que haga el software desde la perspectiva del usuario.

• **Requisitos No Funcionales**: Incluyen aspectos como el rendimiento, la seguridad, la escalabilidad y la usabilidad del software. Son esenciales para definir estándares de calidad y asegurar que el software funcione de manera óptima bajo diferentes condiciones.

• **Historias de Usuario y Casos de Uso**: En metodologías ágiles, las historias de usuario ayudan a documentar de manera sencilla lo que el usuario espera del sistema, mientras que los casos de uso detallan las interacciones entre el usuario y el software. Ambos son fundamentales para guiar el desarrollo de las funcionalidades de manera que se ajusten a las necesidades reales del usuario.

2.7.2. Normativas Internacionales

Las normativas internacionales desempeñan un papel crucial en la estandarización de procesos de desarrollo de software, asegurando que se sigan las mejores prácticas y que se mantenga un nivel consistente de calidad en los productos desarrollados. Entre las normativas más destacadas se encuentran:

2.7.2.1. ISO/IEC 12207: Proceso de Ciclo de Vida del Software:

Esta norma internacional establece un marco para el ciclo de vida del software, definiendo procesos, actividades y tareas a realizar durante el desarrollo, mantenimiento y retiro del software. Proporciona un enfoque estandarizado para la documentación y las prácticas a seguir, asegurando que todos los actores involucrados en el proyecto tengan claridad sobre las responsabilidades y la calidad esperada.

ISO/IEC 12207 cubre tanto el desarrollo interno de software como la adquisición de software de terceros, lo que facilita su aplicación en proyectos con diferentes enfoques de desarrollo. Además, promueve la mejora continua del proceso de desarrollo, lo que contribuye a la optimización de la productividad y la calidad del software.

2.7.2.2. ISO/IEC 90003: Gestión de la Calidad en el Software:

Esta norma es una extensión de la ISO 9001 y está enfocada en la gestión de la calidad en el desarrollo y mantenimiento de software. Proporciona directrices para aplicar los principios de la ISO 9001 en un contexto de desarrollo de software, lo que ayuda a las organizaciones a asegurar que sus procesos de desarrollo cumplen con estándares internacionales de calidad.

Al aplicar esta norma, las empresas pueden mejorar la satisfacción del cliente, reducir los errores de software y optimizar los procesos de desarrollo. Además, la ISO/IEC 90003 es útil para proyectos que requieren cumplir con requisitos regulatorios específicos, como aquellos en la industria médica o aeroespacial.

2.7.2.3. CMMI (Capability Maturity Model Integration):

CMMI es un modelo de mejora de procesos que se utiliza para evaluar la madurez de los procesos de desarrollo de software de una organización. Proporciona un marco para identificar las mejores prácticas y guiar a las empresas en la mejora de la calidad de sus productos y procesos de desarrollo.

Este modelo define niveles de madurez que van desde un proceso inicial, caracterizado por una gestión ad-hoc, hasta un proceso optimizado, donde las prácticas son estandarizadas y la mejora continua es un componente esencial. Implementar CMMI ayuda a las organizaciones a gestionar el riesgo, mejorar la planificación de proyectos y alcanzar un nivel alto de calidad en el desarrollo de software.

2.7.2.4. IEEE 830: Documentación de Requisitos de Software:

Esta norma proporciona guías para la creación de documentos de especificación de requisitos de software (SRS, por sus siglas en inglés). Un SRS bien redactado es fundamental para asegurar que los requisitos del cliente y los objetivos del proyecto estén claros desde el inicio, lo cual reduce el riesgo de malentendidos y errores en el desarrollo.

IEEE 830 especifica el contenido, la estructura y el formato que deben tener los documentos de requisitos, promoviendo la creación de una especificación clara y detallada que sirva como base para el diseño, la implementación y la validación del software.

2.7.3. Importancia de la Documentación y las Normativas

La documentación adecuada y el cumplimiento de normativas internacionales no solo mejoran la calidad del software, sino que también facilitan la colaboración y la comunicación entre los diferentes actores de un proyecto. Además, permiten que el software sea más mantenible, facilitando las futuras actualizaciones y modificaciones, y ayudan a minimizar los riesgos asociados con la falta de conocimiento cuando nuevos desarrolladores se integran al equipo.

El uso de normativas como ISO/IEC 12207 o CMMI también ofrece a las empresas una ventaja competitiva en el mercado, ya que demuestran su compromiso con la calidad y la mejora continua, lo cual puede ser un factor decisivo para los clientes al elegir un proveedor de software. En un entorno de desarrollo de software cada vez más regulado y exigente, el dominio de estas prácticas y normas es esencial para el éxito de los proyectos y la satisfacción de los clientes.

En conclusión, la combinación de prácticas de documentación sólidas y el cumplimiento de normativas internacionales es clave para asegurar el éxito en el desarrollo de software. Esto garantiza que los productos entregados cumplan con las expectativas de los usuarios y se mantengan en funcionamiento de manera confiable a lo largo de su ciclo de vida.

2.8 CONCLUSIONES DEL CAPÍTULO

La ingeniería de software es una disciplina que ha evolucionado significativamente desde sus primeros días, adaptándose a los desafíos cambiantes de la tecnología y las demandas del mercado. A lo largo de este capítulo, se ha presentado una visión general de su historia, los distintos tipos de software, y los enfoques estructurados para gestionar el desarrollo de sistemas a través del Ciclo de Vida del Desarrollo de Software (SDLC). Asimismo, se ha destacado la importancia de adoptar metodologías adecuadas para cada proyecto, ya sean ágiles, tradicionales o híbridas, y se ha subrayado la relevancia de los principios éticos en la creación de soluciones tecnológicas responsables y sostenibles.

El manejo del software de legado y la relación de la ingeniería de software con otras disciplinas refuerzan la idea de que el desarrollo de software no se da en aislamiento, sino que requiere una comprensión amplia de su entorno y de las necesidades operativas de las organizaciones. Por último, la documentación y el cumplimiento de normativas internacionales aseguran la coherencia y la calidad de los productos de software, facilitando su mantenimiento y evolución a lo largo del tiempo.

Este capítulo logra sentar las bases para comprender el contexto, los principios y las mejores prácticas que guían la creación de software de calidad. Los temas abordados no solo ofrecen un panorama de los conocimientos esenciales para todo ingeniero de software, sino que también preparan el camino para explorar, en los próximos capítulos, los detalles específicos de cada fase y técnica que componen la ingeniería de software.

CAPÍTULO 3

INGENIERÍA DE REQUISITOS

CAPÍTULO 3 INGENIERÍA DE REQUISITOS

La ingeniería de requisitos es una disciplina fundamental dentro de la ingeniería de software que se encarga de identificar, analizar, documentar, verificar y gestionar los requisitos que un software debe cumplir. Los requisitos definen qué debe hacer el software y bajo qué condiciones debe funcionar, sirviendo como una guía esencial para el diseño y desarrollo. Una adecuada ingeniería de requisitos asegura que el producto final cumpla con las expectativas del cliente y usuarios, y minimiza el riesgo de malentendidos y cambios costosos en etapas avanzadas del proyecto.

3.1. FUNDAMENTOS DE INGENIERÍA DE REQUISITOS

La ingeniería de requisitos es una de las fases más críticas dentro del ciclo de vida del desarrollo de software. Se encarga de entender en profundidad el problema que el software busca resolver y de traducir las necesidades de los usuarios y las expectativas de los stakeholders en especificaciones claras, precisas y manejables. La correcta identificación y documentación de los requisitos establece una base sólida sobre la cual se construirá el resto del sistema, reduciendo el riesgo de malentendidos y de cambios costosos en etapas avanzadas.

El proceso de ingeniería de requisitos no solo abarca la recopilación inicial de necesidades, sino que también incluye la gestión y el seguimiento de esos requisitos a lo largo de todo el ciclo de vida del proyecto. Esto asegura que el software desarrollado se mantenga alineado con los objetivos del cliente y que cualquier cambio en los requisitos pueda ser gestionado de manera eficiente.

3.1.1. Requisitos Funcionales

Los requisitos funcionales son aquellos que describen las funciones, comportamientos y servicios específicos que el sistema debe ofrecer. Se centran en qué debe hacer el software y cómo debe interactuar con los usuarios y otros sistemas. Ejemplos comunes de requisitos funcionales incluyen:

- **Operaciones**: Funciones que el sistema debe realizar, como el procesamiento de transacciones, la creación de informes o la administración de usuarios.

- **Reacciones del Sistema**: Comportamientos esperados ante acciones del usuario, como mostrar un mensaje de error cuando se ingresa un dato incorrecto.

• **Interacciones con otros sistemas**: Especifican cómo el software debe integrarse con otros sistemas externos, como bases de datos, APIs, o servicios web.

La claridad en los requisitos funcionales es esencial para garantizar que el sistema desarrollado cumpla con las expectativas del cliente y brinde las funcionalidades deseadas.

3.1.2. Requisitos No Funcionales

Los requisitos no funcionales, también conocidos como atributos de calidad, se enfocan en cómo debe funcionar el sistema más allá de sus funcionalidades. Se refieren a las expectativas de calidad que los stakeholders tienen sobre el rendimiento, la eficiencia y la experiencia del usuario del sistema. Entre los principales tipos de requisitos no funcionales, se incluyen:

• **Rendimiento**: Velocidad con la que el sistema debe procesar solicitudes o la capacidad de manejar un determinado número de usuarios simultáneos.

• **Seguridad**: Mecanismos para proteger la información, como la autenticación de usuarios, la autorización y el cifrado de datos.

• **Usabilidad**: Facilidad de uso del sistema, lo que incluye aspectos como la experiencia del usuario (UX) y la interfaz de usuario (UI).

• **Escalabilidad**: Capacidad del sistema para crecer y adaptarse a un aumento en la carga de trabajo sin perder eficiencia.

• **Mantenibilidad**: Facilidad con la que el sistema puede ser modificado para corregir errores, realizar mejoras o adaptarse a nuevos entornos.

Aunque los requisitos no funcionales no se centran directamente en las funcionalidades del sistema, son cruciales para el éxito de un proyecto, ya que tienen un impacto significativo en la satisfacción del usuario final y en la longevidad del sistema.

3.1.3. Stakeholders

Los stakeholders son todos aquellos individuos o grupos que tienen un interés en el desarrollo del software. Incluir a todos los stakeholders en el proceso de ingeniería de requisitos es esencial para garantizar que se consideren todas las perspectivas relevantes y para evitar la omisión de requisitos clave. Entre los principales tipos de stakeholders se encuentran:

- **Usuarios Finales**: Aquellos que interactuarán directamente con el software. Su feedback es vital para asegurar que el sistema sea intuitivo y cumpla con sus expectativas.

- **Clientes**: Representan al negocio o a la organización que financia el proyecto y tiene expectativas sobre el retorno de inversión (ROI) del software.

- **Desarrolladores y Equipos Técnicos**: Los encargados de construir el sistema. Su conocimiento técnico puede influir en la viabilidad y la forma de implementar los requisitos.

- **Gerentes de Proyecto**: Supervisan la alineación de los requisitos con los objetivos del proyecto y manejan la planificación y ejecución de las actividades.

- **Reguladores**: En casos donde el software debe cumplir con regulaciones legales o normativas específicas, como la protección de datos personales, los reguladores son stakeholders críticos que pueden influir en los requisitos.

Una identificación y comunicación efectiva con los stakeholders desde las primeras etapas ayuda a evitar malentendidos y garantiza que el software cumpla con las expectativas de todos los involucrados.

3.1.4. Importancia de la Ingeniería de Requisitos

La ingeniería de requisitos es el puente entre la visión del cliente y el desarrollo del sistema. Si se realiza de manera adecuada, proporciona una comprensión clara de lo que se espera del software y establece una base sólida para el diseño y la implementación. Los beneficios más importantes de una buena práctica de ingeniería de requisitos incluyen:

- **Reducción de Riesgos**: Una especificación clara de los requisitos ayuda a identificar y mitigar riesgos antes de que impacten en el desarrollo.

- **Mejora de la Comunicación**: Facilita la comunicación entre el equipo de desarrollo y los stakeholders, minimizando malentendidos y expectativas no alineadas.

- **Optimización del Tiempo y Costos**: Al definir de manera precisa lo que debe hacer el software, se reduce la necesidad de cambios y correcciones en etapas avanzadas del proyecto, ahorrando tiempo y costos.

- **Calidad del Producto Final**: Al asegurarse de que los requisitos reflejan las necesidades reales de los usuarios, se incrementa la probabilidad de que el software final sea útil y valioso para ellos.

La ingeniería de requisitos, por lo tanto, no solo se trata de definir lo que debe hacer el software, sino de crear un entendimiento compartido entre todos los involucrados, asegurando

3.2. TÉCNICAS BÁSICAS PARA LA RECOPILACIÓN DE REQUISITOS

La recopilación de requisitos es un proceso que permite obtener información sobre lo que los stakeholders esperan del sistema. Las técnicas más comunes incluyen:

• **Entrevistas**: Son una de las formas más directas de recopilar requisitos, al permitir la interacción cara a cara con los stakeholders para explorar sus necesidades y expectativas.

• **Cuestionarios y Encuestas**: Se utilizan para obtener información de un gran número de usuarios, permitiendo identificar patrones y tendencias en sus necesidades.

• **Talleres de Requisitos**: Reúnen a diferentes stakeholders en sesiones colaborativas donde se discuten y acuerdan los requisitos del sistema.

• **Observación Directa**: Implica analizar cómo los usuarios interactúan con el sistema actual, lo que ayuda a entender mejor sus necesidades.

• **Análisis de Documentación Existente**: Revisar documentos, manuales y reportes anteriores puede proporcionar información valiosa sobre los requisitos previos y los problemas existentes.

3.3. ANÁLISIS Y PRIORIZACIÓN DE REQUISITOS

Una vez recopilados los requisitos, el siguiente paso crucial en la ingeniería de requisitos es su análisis y priorización. Esta etapa garantiza que los requisitos sean completos, consistentes y viables, y que no haya ambigüedades que puedan afectar la implementación del software. El objetivo del análisis es entender la relación entre los diferentes requisitos, identificar conflictos potenciales y asegurar que los requisitos estén alineados con los objetivos del proyecto. Además, la priorización de los requisitos permite al equipo de desarrollo enfocar sus esfuerzos en aquellos aspectos que son más valiosos para los stakeholders, maximizando el impacto del proyecto en función de los recursos disponibles.

3.3.1. Análisis de Requisitos

El análisis de requisitos implica una serie de actividades que ayudan a profundizar en los detalles de cada requerimiento. Las actividades principales incluyen:

- **Validación de Requisitos**: Se verifica que los requisitos sean claros, precisos y comprensibles para todos los stakeholders. También se evalúa si los requisitos son viables dentro de las limitaciones del proyecto, como el presupuesto, los plazos y las capacidades tecnológicas.

- **Detección de Conflictos**: Durante el análisis, es común encontrar requisitos que pueden entrar en conflicto entre sí. Por ejemplo, un requisito de alto rendimiento podría contradecir otro de seguridad que implique encriptar datos, lo cual puede ralentizar el sistema. Detectar estos conflictos desde el inicio permite tomar decisiones informadas y equilibradas antes de que afecten el desarrollo.

- **Modelado de Requisitos**: Utilizar diagramas como casos de uso, diagramas de flujo o diagramas de entidad-relación puede ayudar a visualizar cómo los diferentes requisitos se relacionan entre sí y con el sistema. Esto facilita la comprensión del alcance de cada requisito y ayuda a identificar posibles omisiones.

El análisis detallado de los requisitos proporciona una visión más clara del alcance del proyecto y de los retos que podrían surgir durante el desarrollo, permitiendo al equipo de desarrollo planificar de manera efectiva.

3.3.2. Priorización de Requisitos

La priorización de los requisitos es esencial para gestionar los recursos de forma eficiente, asegurando que el equipo de desarrollo se centre primero en las funcionalidades más importantes y críticas. Esto es especialmente útil cuando el tiempo o los recursos son limitados. Existen varias técnicas para priorizar requisitos, entre las más utilizadas se encuentran:

- Método MoSCoW (Must Have, Should Have, Could Have, Won't Have):

- **Must Have** (Imprescindibles): Requisitos críticos que deben estar presentes para que el sistema funcione mínimamente.

- **Should Have** (Deseables): Requisitos importantes pero no críticos, cuya ausencia no comprometería la funcionalidad principal del software.

- **Could Have** (Opcionales): Requisitos que pueden mejorar la experiencia del usuario pero que no son esenciales para la funcionalidad básica.

- **Won't Have** (No Incluir): Requisitos que no se considerarán para la versión actual del proyecto, pero que pueden ser relevantes para futuras actualizaciones.

El método MoSCoW es muy útil para gestionar expectativas y para que los stakeholders comprendan las limitaciones y prioridades del proyecto.

- Análisis de Ponderación:

Consiste en asignar una puntuación a cada requisito basada en su importancia para los usuarios y la dificultad de implementación. Por ejemplo, un requisito que tenga un alto valor para los stakeholders pero que sea técnicamente complejo puede tener una prioridad diferente a uno que sea sencillo de implementar pero de menor valor.

Este método permite balancear entre lo que es valioso para el cliente y lo que es factible para el equipo de desarrollo, lo que facilita la toma de decisiones durante la planificación.

• Análisis de Costo-Beneficio:

Esta técnica evalúa el impacto positivo de implementar cada requisito frente a los costos y recursos necesarios para hacerlo. Implica analizar cuánto valor agrega un requisito al sistema y si ese valor justifica el esfuerzo de implementación.

Es especialmente útil para decisiones de negocio, ya que permite a los stakeholders identificar aquellos requisitos que generan un alto retorno de inversión (ROI) y priorizar aquellos que son más rentables.

• Método Kano:

Clasifica los requisitos en tres categorías: básicos, de desempeño y delicia. Los requisitos básicos son aquellos que los usuarios dan por sentados, mientras que los de desempeño aumentan la satisfacción a medida que se cumplen mejor. Los requisitos delicia, por otro lado, son aquellos que no son esperados por los usuarios, pero cuya inclusión genera una gran satisfacción.

Este enfoque permite entender cuáles son los requisitos que realmente sorprenden y satisfacen a los usuarios, ayudando a diseñar un producto que no solo cumpla con lo esperado, sino que genere una experiencia positiva.

3.3.3. Importancia de un Análisis y Priorización Efectiva

El análisis y la priorización de requisitos permiten a los equipos de desarrollo alinear mejor las expectativas de los stakeholders con la realidad técnica y las capacidades del proyecto. Algunas de las ventajas de realizar estas actividades de manera adecuada incluyen:

• **Optimización de Recursos**: Al concentrarse primero en los requisitos de mayor valor, se garantiza que los recursos disponibles, como el tiempo y el presupuesto, se utilicen de la forma más eficiente posible.

- **Reducción de Retrabajos**: Identificar y resolver conflictos en las primeras etapas evita que se deban realizar modificaciones costosas durante el desarrollo.

- **Alineación de Expectativas**: La priorización ayuda a que los stakeholders comprendan qué funcionalidades estarán disponibles en cada fase del desarrollo, evitando malentendidos y frustraciones.

- **Facilidad de Adaptación a Cambios**: Un enfoque de priorización flexible permite que el equipo de desarrollo responda mejor a cambios en los requisitos durante el proceso de desarrollo, lo que es especialmente relevante en proyectos ágiles.

El análisis y la priorización de requisitos son, por tanto, pasos fundamentales para el éxito de cualquier proyecto de desarrollo de software. Establecen una base sólida para la planificación, aseguran que el equipo esté enfocado en lo más importante y facilitan la entrega de un producto que cumpla con las expectativas del cliente y los usuarios.

3.4. ESPECIFICACIÓN DE REQUERIMIENTOS SEGÚN EL ESTÁNDAR IEEE 830

El estándar IEEE 830 proporciona un marco detallado para la creación de documentos de Especificación de Requisitos de Software (SRS, por sus siglas en inglés), que busca estandarizar la forma en que se describen y comunican los requisitos de un proyecto de software. Al seguir este estándar, se garantiza que el SRS sea claro, conciso, completo y comprensible tanto para el equipo técnico como para los stakeholders, asegurando que todos tengan una visión común del sistema a desarrollar.

3.4.1. Elementos Clave del Estándar IEEE 830

El estándar IEEE 830 establece que un documento de especificación de requisitos de software debe estar estructurado en tres secciones principales: Introducción, Descripción General y Requisitos Específicos. Cada una de estas secciones cumple un papel fundamental en la comunicación y entendimiento de las necesidades del software.

1) Introducción:

- **Propósito**: Describe el propósito del documento de requisitos, indicando quiénes son los usuarios previstos del documento y cómo se espera que lo utilicen. Esto ayuda a definir el alcance del SRS y a clarificar las expectativas de los stakeholders.

- **Alcance**: Define qué se incluirá y qué no se incluirá en el sistema. Especifica los límites del sistema y su relación con otros sistemas, proporcionando una visión global del software a desarrollar.

- **Definiciones, Acrónimos y Abreviaturas**: Proporciona una lista de términos técnicos y abreviaciones utilizadas en el documento. Esto facilita la comprensión y asegura que todos los stakeholders compartan un vocabulario común.

- **Referencias**: Enumera cualquier documento relevante o estándar que se haya utilizado como referencia en la elaboración del SRS, como otros documentos de diseño, análisis de viabilidad, u otros estándares aplicables.

- **Descripción General del Documento**: Explica la estructura del documento y qué se encontrará en cada sección, permitiendo que los lectores naveguen por el documento de manera eficiente.

2) Descripción General:

- **Perspectiva del Producto**: Describe cómo el sistema interactúa con otros sistemas, definiendo su contexto y las interfaces con otros módulos o sistemas externos. Esto ayuda a entender cómo el software se integrará en el entorno operativo.

- **Funcionalidades del Producto**: Proporciona un resumen de las funcionalidades que ofrecerá el sistema. A este nivel, no se detallan cada una de las funciones, sino que se da una visión general que permita a los stakeholders entender el valor del producto.

- **Características de los Usuarios**: Identifica a los usuarios del sistema, describiendo sus habilidades y necesidades. Esto es crucial para diseñar interfaces y experiencias de usuario adecuadas.

- **Restricciones**: Define cualquier limitación técnica, normativa o de diseño que el equipo debe considerar. Ejemplos incluyen restricciones de hardware, de compatibilidad, o de cumplimiento con normativas específicas.

- **Suposiciones y Dependencias**: Establece las suposiciones hechas durante la elaboración del SRS y las dependencias del software con otros sistemas, herramientas o procesos. Esto ayuda a identificar riesgos y a planificar estrategias de mitigación.

3) Requisitos Específicos:

- **Requisitos Funcionales**: Describen de manera detallada las funcionalidades que debe cumplir el sistema, especificando qué acciones debe ser capaz de realizar y bajo qué condiciones. A menudo se documentan utilizando casos de uso, diagramas de flujo o historias de usuario para ilustrar el comportamiento esperado.

• **Requisitos No Funcionales**: Detallan los atributos de calidad del software, como la seguridad, el rendimiento, la escalabilidad y la usabilidad. Estos requisitos son fundamentales para definir el éxito del sistema más allá de sus funcionalidades.

• **Interfaces Externas**: Especifican cómo el software se conectará con otros sistemas, describiendo interfaces de usuario, APIs, protocolos de comunicación y otras interacciones externas. Esto asegura una integración fluida con otras aplicaciones o sistemas.

• **Restricciones de Diseño**: Incluyen cualquier limitación que afecte las decisiones de diseño, como restricciones de arquitectura, tecnologías específicas que deben utilizarse, o políticas de seguridad que deben cumplirse.

• **Requisitos de Interoperabilidad y Compatibilidad**: Describen cómo el sistema debe interactuar con otros entornos y plataformas, asegurando que el software funcione correctamente en diferentes configuraciones.

3.4.2. Ventajas de Utilizar el Estándar IEEE 830

La adopción del estándar IEEE 830 para la especificación de requisitos ofrece varios beneficios que impactan directamente en la calidad del proyecto de software:

• **Claridad y Consistencia**: Al seguir una estructura definida, se garantiza que todos los aspectos importantes del sistema estén cubiertos, lo que facilita la comprensión y evita interpretaciones ambiguas. Esto es fundamental para que el equipo de desarrollo, los testers y los stakeholders tengan una visión compartida del proyecto.

• **Facilita la Comunicación**: Un SRS bien estructurado actúa como un contrato entre los desarrolladores y los stakeholders, especificando qué se debe construir y cómo debe funcionar el sistema. Esto minimiza malentendidos y asegura que las expectativas estén alineadas.

• **Base para el Diseño y las Pruebas**: El SRS es la referencia principal para el diseño del sistema y para la creación de planes de pruebas. Cada requisito especificado debe ser trazable a través del diseño y las pruebas, garantizando que el software cumpla con las necesidades descritas.

- **Gestión de Cambios**: Un documento de requisitos detallado facilita la gestión de cambios, ya que cualquier modificación en los requisitos puede ser rastreada y su impacto evaluado antes de ser implementado. Esto es especialmente útil en proyectos de larga duración donde los requisitos pueden evolucionar con el tiempo.

3.4.3. Buenas Prácticas al Redactar un SRS según el IEEE 830

Para que un documento SRS sea efectivo, es importante seguir ciertas buenas prácticas durante su redacción:

- **Ser Claro y Preciso**: Cada requisito debe ser redactado de manera que no haya lugar para interpretaciones. Esto incluye el uso de lenguaje claro y la especificación de términos técnicos de forma precisa.

- **Evitar Ambigüedades**: Es fundamental que los requisitos no contengan términos ambiguos que puedan ser malinterpretados. Por ejemplo, en lugar de decir que una funcionalidad debe ser "rápida", es mejor especificar que debe responder en "menos de 2 segundos".

- **Trazabilidad**: Cada requisito debe ser identificable y rastreable a través de todo el ciclo de vida del proyecto, permitiendo saber cómo y dónde se aborda cada necesidad en el diseño y desarrollo.

- **Incluir Ejemplos y Diagramas**: El uso de ejemplos, diagramas de flujo, casos de uso y otros elementos gráficos ayuda a clarificar los requisitos y a facilitar la comprensión de los mismos por parte de todos los interesados.

El estándar IEEE 830 es una herramienta fundamental para la especificación de requisitos de software, ya que asegura una documentación detallada, clara y coherente. Utilizar este estándar permite que todos los participantes en un proyecto tengan una comprensión común de las expectativas y funcionalidades del sistema, lo cual es clave para el éxito en el desarrollo de software. Además, establece una base sólida para las siguientes etapas del desarrollo, como el diseño, la codificación y las pruebas, asegurando que el producto final cumpla con las necesidades del cliente y los usuarios.

3.5. ESPECIFICACIÓN DE REQUISITOS DE SOFTWARE (SRS)

El documento de Especificación de Requisitos de Software (SRS) es esencial para el desarrollo de un sistema de software, ya que establece de manera estructurada y precisa los requisitos del sistema y actúa como una referencia integral durante todo el ciclo de desarrollo. Un SRS bien elaborado ayuda a alinear las expectativas entre los stakeholders y el equipo de desarrollo, asegurando que el producto final cumpla con las necesidades planteadas y facilite la toma de decisiones durante el proceso de diseño, desarrollo, y pruebas. Los elementos clave de un SRS son los siguientes:

3.5.1. Elementos Principales de un SRS

1) Requisitos Funcionales Detallados:

• **Descripción Específica de Funcionalidades**: Los requisitos funcionales describen en detalle cada función o comportamiento que el sistema debe realizar. Esto incluye, por ejemplo, cómo el software debe procesar datos, interactuar con otros sistemas y responder a determinadas entradas del usuario. Cada requisito funcional debe estar bien definido y desglosado para que no haya ambigüedades en su interpretación.

• **Casos de Uso y Diagramas**: Para clarificar estos requisitos, es común utilizar casos de uso y diagramas de interacción, como diagramas de secuencia. Los casos de uso proporcionan ejemplos prácticos de cómo los usuarios interactuarán con el sistema, lo cual ayuda a los desarrolladores y testers a entender el contexto de cada funcionalidad.

2) Interfaces del Usuario:

• **Descripción de la Interfaz**: Este apartado detalla cómo será la interacción entre el usuario y el sistema, incluyendo los elementos de la interfaz gráfica (GUI), flujos de navegación, y diseño de pantallas. Esto es crucial para garantizar que el sistema sea intuitivo y fácil de usar para los usuarios finales.

• **Prototipos de Interfaz y Wireframes**: Para representar la experiencia del usuario, el SRS puede incluir prototipos de baja fidelidad, wireframes o incluso mockups de las pantallas del software. Estos elementos visuales ayudan a los stakeholders a visualizar cómo será el producto final y a identificar posibles mejoras antes de que comience la fase de desarrollo.

• **Diagramas de Flujo de Usuario**: Los diagramas de flujo de usuario son útiles para mostrar cómo los usuarios navegarán a través del sistema y qué acciones estarán disponibles en cada paso. Esto ayuda a diseñar un flujo de trabajo eficiente y a identificar puntos críticos en la experiencia del usuario.

3.) Restricciones y Suposiciones:

• **Restricciones Técnicas**: Estas son limitaciones impuestas por el entorno tecnológico, como restricciones de hardware, software, compatibilidad con sistemas operativos específicos, y otros requisitos técnicos. Por ejemplo, si el software debe funcionar en una plataforma específica o debe ser compatible con un sistema legado.

• **Restricciones Normativas y Legales**: Si el software debe cumplir con regulaciones específicas, como normativas de protección de datos (por ejemplo, GDPR o HIPAA), estas deben documentarse en el SRS. Esto asegura que el desarrollo se lleve a cabo de manera conforme a la normativa vigente y evita problemas legales en el futuro.

• **Suposiciones sobre el Entorno**: El SRS debe también describir las suposiciones bajo las cuales se ha diseñado el sistema, como el entorno operativo, la disponibilidad de recursos y el perfil de los usuarios. Estas suposiciones son importantes, ya que cualquier cambio en ellas podría impactar en el desarrollo o funcionamiento del software.

4) Requisitos de Calidad:

• **Expectativas de Rendimiento**: Los requisitos de rendimiento especifican cómo debe comportarse el software bajo ciertas condiciones, como la velocidad de respuesta, el tiempo de carga, y la capacidad de manejar un número determinado de usuarios concurrentes. Estos requisitos aseguran que el sistema proporcione una experiencia de usuario satisfactoria, incluso bajo alta demanda.

• **Seguridad y Privacidad**: En este apartado se detallan las medidas de seguridad que el sistema debe implementar, como la autenticación de usuarios, el cifrado de datos sensibles y la protección contra vulnerabilidades de seguridad. La privacidad de los datos de los usuarios también es un aspecto crítico, especialmente en aplicaciones que manejan información personal.

• **Escalabilidad y Mantenibilidad**: La capacidad del sistema para escalar a medida que crecen las necesidades de los usuarios es un aspecto clave, especialmente para sistemas que se esperan que crezcan con el tiempo. Asimismo, se debe asegurar que el software sea fácil de mantener y actualizar, describiendo aspectos como la estructura modular del código y la facilidad para implementar cambios futuros.

• **Usabilidad y Accesibilidad**: La usabilidad hace referencia a qué tan fácil es para los usuarios aprender a usar y operar el sistema. Los requisitos de accesibilidad aseguran que el software pueda ser utilizado por personas con discapacidades, cumpliendo con normativas como la WCAG (Web Content Accessibility Guidelines).

3.5.2. Importancia del SRS en el Ciclo de Desarrollo

La correcta elaboración de un SRS ofrece beneficios significativos a lo largo del ciclo de vida del software:

• **Comunicación Clara**: El SRS actúa como un documento de referencia para todos los miembros del proyecto, asegurando que todos, desde los desarrolladores hasta los testers y gerentes de proyecto, entiendan de manera uniforme los requisitos del sistema. Esto minimiza malentendidos y evita que se desarrollen funcionalidades que no sean las esperadas.

• **Base para el Diseño y las Pruebas**: Cada requisito del SRS debe ser trazable a través de las fases de diseño y pruebas. Esto significa que durante el diseño, se puede verificar que cada aspecto del sistema responde a un requisito definido, y durante las pruebas se puede asegurar que cada funcionalidad cumple con los requisitos especificados.

- **Gestión de Cambios**: A medida que avanza el desarrollo, es común que surjan nuevas necesidades o que se modifiquen los requisitos originales. Tener un SRS bien documentado facilita la evaluación de estos cambios, ya que permite analizar cómo impactarán en el sistema y tomar decisiones informadas sobre su implementación.

En conclusión, un documento de Especificación de Requisitos de Software (SRS) claro y completo es un componente esencial para el éxito de cualquier proyecto de desarrollo de software. Define de manera precisa qué debe hacer el sistema y qué condiciones debe cumplir, proporcionando una base sólida para el diseño, la implementación y las pruebas. Al seguir estándares como el IEEE 830, se asegura que el SRS sea un documento estructurado y de alta calidad, que facilite la colaboración entre todos los involucrados y garantice que el software final cumpla con las expectativas y necesidades de los usuarios y clientes.

3.6. IMPLEMENTACIÓN DE LOS REQUISITOS ESPECIFICADOS EN EL SRS EN EL PROCESO DE DESARROLLO DEL SOFTWARE

La implementación de los requisitos especificados en el documento de Especificación de Requisitos de Software (SRS) es una fase crucial dentro del ciclo de desarrollo, ya que define cómo las necesidades y expectativas de los usuarios se transforman en código y funcionalidades concretas. Esta fase requiere una planificación detallada y un enfoque metodológico para asegurar que el producto final cumpla con las especificaciones iniciales. A continuación, se desglosan las principales actividades involucradas en esta fase:

3.6.1. Planificación de Sprints (en metodologías ágiles)

• **Descomposición de Requisitos en Historias de Usuario**: En enfoques ágiles, los requisitos definidos en el SRS se desglosan en historias de usuario. Cada historia de usuario representa una funcionalidad desde la perspectiva del usuario final y permite una implementación incremental. Esto facilita que el equipo de desarrollo se enfoque en entregar valor rápidamente.

• **Estimación de Esfuerzo y Planificación de Tareas**: Las historias de usuario se priorizan y se estiman en términos de esfuerzo (por ejemplo, en puntos de historia). Posteriormente, se agrupan en sprints, que son iteraciones cortas de desarrollo (generalmente de 2 a 4 semanas). Durante la planificación del sprint, se definen las tareas específicas para cada historia de usuario, asegurando que se avance en el desarrollo de forma estructurada.

- **Ajuste a Cambios**: La planificación de sprints también permite ajustar los requisitos según el feedback recibido de los stakeholders. Esto es particularmente útil cuando surgen nuevas necesidades o cuando se detectan errores en la interpretación inicial de los requisitos.

3.6.2. Diseño de Software

- **Arquitectura del Sistema**: Una vez definidos los requisitos, se diseña la arquitectura del sistema, que establece cómo los diferentes componentes interactúan entre sí y cómo se integran con las tecnologías seleccionadas (bases de datos, APIs, servicios, etc.). Esto asegura que el diseño técnico responda a los requisitos funcionales y no funcionales especificados en el SRS.

- **Diseño Detallado de Módulos**: A partir de la arquitectura general, se desarrolla un diseño detallado de cada módulo del sistema, incluyendo diagramas de clases, diagramas de secuencia y flujos de datos. Estos diagramas ayudan a traducir los requisitos en una estructura técnica que los desarrolladores puedan seguir durante la codificación.

- **Consideraciones de Diseño para Requisitos No Funcionales**: Se deben tener en cuenta aspectos como la seguridad, el rendimiento y la escalabilidad desde la fase de diseño. Por ejemplo, si un requisito no funcional especifica que el sistema debe soportar una alta concurrencia, la arquitectura debe incluir técnicas como balanceo de carga o el uso de cachés.

3.6.3. Codificación y Desarrollo

- **Implementación de Módulos de Funcionalidad**: Durante esta etapa, los desarrolladores crean el código necesario para cada módulo, siguiendo las especificaciones y el diseño detallado. Es importante que el código sea claro, mantenible y esté alineado con los principios de codificación establecidos (por ejemplo, utilizando el principio DRY - Don't Repeat Yourself).

- **Integración Continua**: La integración continua (CI) permite que los desarrolladores integren frecuentemente sus cambios en un repositorio compartido, donde se ejecutan automáticamente pruebas para asegurar que el código cumple con los requisitos funcionales. Esto ayuda a identificar problemas tempranamente y garantiza que cada parte del sistema funcione correctamente en conjunto.

• **Revisión de Código**: Las revisiones de código son una práctica esencial para garantizar que el software cumple con los requisitos especificados en el SRS. A través de revisiones de código, los desarrolladores pueden asegurar que cada función implementada sigue las mejores prácticas y que se alinea con las necesidades descritas.

• **Uso de Pruebas Unitarias**: Las pruebas unitarias verifican que las funciones individuales de cada módulo cumplan con los requisitos esperados. Esto permite asegurar que los componentes básicos del sistema están alineados con las especificaciones del SRS antes de ser integrados en un entorno de pruebas más amplio.

3.6.4. Rastreo de Requisitos y Gestión de Cambios

• **Trazabilidad de Requisitos**: A medida que se avanza en la implementación, es fundamental mantener la trazabilidad de los requisitos. Esto significa que cada módulo o componente del sistema debe poder relacionarse con los requisitos originales del SRS. Esto permite verificar que todos los requisitos se han implementado correctamente y facilita la identificación de cualquier requerimiento que aún no se haya abordado.

• **Gestión de Cambios**: Durante el proceso de desarrollo, pueden surgir cambios en los requisitos debido a nuevas necesidades o ajustes en el alcance del proyecto. Un buen sistema de gestión de cambios permite evaluar cómo un cambio en un requisito impactará en el desarrollo y coordinar su implementación sin afectar la consistencia del producto final.

3.6.5. Pruebas y Validación

• **Pruebas de Aceptación**: Para verificar que los requisitos especificados en el SRS se han implementado correctamente, se realizan pruebas de aceptación con los stakeholders. Estas pruebas validan que el software cumple con las expectativas de los usuarios y que las funcionalidades desarrolladas responden a los escenarios definidos en el SRS.

• **Pruebas de Integración y Pruebas de Sistema**: Además de las pruebas de aceptación, es fundamental realizar pruebas de integración para asegurar que los diferentes módulos del sistema funcionan de manera conjunta. Las pruebas de sistema evalúan el comportamiento del software completo, asegurando que cumple con los requisitos no funcionales como el rendimiento y la usabilidad.

3.6.6. Documentación y Retroalimentación

- **Actualización de la Documentación Técnica**: A medida que se desarrollan los diferentes módulos y se implementan los requisitos, la documentación técnica debe actualizarse para reflejar el estado actual del sistema. Esto incluye cualquier ajuste realizado durante el proceso de implementación.

- **Recopilación de Feedback de los Stakeholders**: La retroalimentación de los stakeholders durante la fase de implementación es valiosa para asegurar que el producto cumple con sus expectativas. Esto permite realizar ajustes oportunos antes de que el sistema esté completamente terminado.

3.6.7. Importancia de la Implementación Adecuada de los Requisitos del SRS

La implementación de los requisitos especificados en el SRS con precisión es clave para el éxito del proyecto. Si los desarrolladores comprenden y traducen adecuadamente cada requisito en funcionalidades, el software final será capaz de satisfacer las necesidades de los usuarios, evitando costosos retrabajos y ajustes de última hora. Además, una implementación alineada con el SRS facilita la realización de pruebas efectivas y reduce la probabilidad de errores críticos, lo que contribuye a la entrega de un producto de calidad dentro de los plazos y el presupuesto establecidos.

3.7. VALIDACIÓN Y VERIFICACIÓN DE REQUISITOS

La validación y verificación de requisitos son procesos críticos en la ingeniería de software que buscan garantizar que el software desarrollado no solo cumple con las especificaciones técnicas establecidas, sino que también satisface las necesidades y expectativas de los usuarios finales. Ambos procesos complementarios aseguran que el proyecto se mantenga alineado con los objetivos iniciales y que se minimicen los riesgos de errores y malentendidos durante el desarrollo. A continuación, se detallan los aspectos clave de cada proceso:

3.7.1. Verificación

La verificación es el proceso de evaluar si los requisitos se han definido de manera correcta y si cada uno de ellos se ha implementado conforme a lo especificado en el SRS. Se enfoca en la consistencia y la integridad del documento de requisitos y su relación con el producto desarrollado, asegurando que cada aspecto técnico esté debidamente considerado. Entre las actividades comunes de la verificación se encuentran:

- **Revisión de la Documentación**: Los documentos de especificación de requisitos se revisan de manera detallada para asegurar que estén completos, coherentes y libres de ambigüedades. Esto incluye la revisión de los requisitos funcionales, no funcionales, y cualquier diagrama o modelo que se haya incluido para describir el sistema.

- **Análisis de Trazabilidad**: Se establece un mapa de trazabilidad que conecta cada requisito del SRS con los elementos del diseño, las pruebas y el código correspondiente. Esto facilita comprobar que cada requisito ha sido considerado durante el desarrollo y que no se ha omitido nada importante.

- **Pruebas Estáticas**: Se realizan sin ejecutar el software, e incluyen actividades como revisiones por pares, auditorías técnicas, y análisis de código. Estas pruebas permiten identificar problemas tempranamente, como inconsistencias en la interpretación de requisitos por parte de los desarrolladores.

- **Prototipos y Modelos**: La creación de prototipos puede ser útil para verificar la interpretación de los requisitos antes de la fase de codificación. Estos prototipos pueden incluir interfaces de usuario o diagramas que muestren cómo se espera que funcione el sistema.

3.7.2. Validación

La validación es el proceso que asegura que el software cumple con las necesidades del usuario final y que su comportamiento es acorde a lo esperado en escenarios de uso real. Se centra en la evaluación del producto desde la perspectiva del cliente o usuario final, para confirmar que el sistema es útil y adecuado para el problema que se busca resolver. Las principales actividades de la validación incluyen:

- **Pruebas de Usuario**: Estas pruebas involucran a los usuarios finales para que interactúen con el software y verifiquen que cumple con sus expectativas. A menudo, los usuarios proporcionan retroalimentación directa sobre la experiencia de uso, lo que permite detectar problemas de usabilidad y funcionalidad que podrían haber pasado desapercibidos durante la fase de desarrollo.

- **Pruebas de Aceptación**: Estas pruebas son esenciales para confirmar que el software cumple con todos los requisitos descritos en el SRS antes de su despliegue. Las pruebas de aceptación son, generalmente, la última etapa antes de liberar el software al entorno de producción. Se basan en escenarios de prueba que simulan las tareas diarias de los usuarios.

- **Simulación de Entornos Reales**: Se crea un entorno de prueba que simule lo más fielmente posible el entorno real en el que el software operará. Esto permite validar que el sistema no solo funciona en condiciones de laboratorio, sino que también es capaz de manejar las condiciones y volúmenes de trabajo reales.

- **Prototipos Funcionales**: Los prototipos de alta fidelidad o versiones beta del software pueden ser validados por los usuarios para asegurar que las funcionalidades clave están correctamente implementadas antes del lanzamiento final.

3.7.3. Diferencias entre Verificación y Validación

Aunque la verificación y la validación comparten el objetivo de asegurar la calidad del software, existen diferencias clave entre ambos procesos:

• **Enfoque**: La verificación se centra en verificar la corrección del producto respecto a las especificaciones (¿hicimos las cosas bien?), mientras que la validación se enfoca en confirmar que el producto cumple con las expectativas y necesidades del usuario final (¿hicimos lo que el cliente necesita?).

• **Método**: La verificación suele ser un proceso más técnico y orientado a la revisión de documentación, código y diseños, mientras que la validación implica pruebas y revisiones que involucran a los usuarios y stakeholders.

• **Momento de Aplicación**: La verificación se realiza durante todo el proceso de desarrollo, mientras que la validación suele enfocarse más hacia el final del ciclo de desarrollo, cuando el software está en un estado cercano a su forma final.

3.7.4. Beneficios de la Validación y Verificación de Requisitos

Implementar adecuadamente las actividades de validación y verificación de requisitos aporta varios beneficios al proceso de desarrollo de software:

• **Reducción de Retrabajos**: Identificar problemas o malentendidos en etapas tempranas del desarrollo evita la necesidad de realizar costosos ajustes cuando el software ya está avanzado o en producción.

• **Mejora de la Satisfacción del Cliente**: Al asegurar que el software desarrollado cumple con las necesidades del usuario, la satisfacción del cliente aumenta, lo que puede traducirse en una mayor lealtad y en un mejor posicionamiento del producto en el mercado.

• **Mejora de la Calidad del Software**: Un enfoque riguroso en la validación y verificación ayuda a mejorar la calidad del software, ya que garantiza que cada requisito se ha implementado correctamente y que el sistema es robusto, seguro y eficiente.

- **Facilitación de la Aceptación del Proyecto**: Los stakeholders pueden confiar más en el producto cuando se ha seguido un proceso claro de validación y verificación, lo que facilita la aprobación y aceptación del software.

3.7.5. Desafíos en la Validación y Verificación de Requisitos

A pesar de sus beneficios, la validación y verificación de requisitos también presentan desafíos:

- **Ambigüedad en los Requisitos**: Los requisitos mal definidos pueden llevar a interpretaciones erróneas y a un desarrollo que no cumple con las necesidades reales. La revisión constante de los requisitos y la claridad en su redacción son fundamentales para evitar este problema.

- **Involucramiento de los Stakeholders**: La validación depende en gran medida de la participación de los usuarios finales y stakeholders. Si ellos no están disponibles o no se involucran activamente, se corre el riesgo de que el software no cumpla con sus expectativas.

- **Adaptación a Cambios**: En proyectos donde los requisitos cambian frecuentemente, mantener la trazabilidad de los cambios y adaptar las pruebas de verificación y validación puede ser complejo, requiriendo un enfoque ágil y flexible.

En conclusión, la validación y verificación de requisitos son procesos complementarios que ayudan a asegurar que el software desarrollado cumpla con lo especificado en el SRS y que satisfaga las expectativas de los usuarios finales. Su correcta ejecución contribuye a la entrega de productos de alta calidad y a la reducción de riesgos y costos a lo largo del ciclo de vida del desarrollo de software.

3.8. HERRAMIENTAS DE GESTIÓN DE REQUISITOS

Las herramientas de gestión de requisitos son esenciales para facilitar la organización, rastreo y mantenimiento de los requisitos a lo largo del ciclo de vida del desarrollo de software. Estas herramientas ayudan a asegurar que los requisitos sean accesibles, estén actualizados y mantengan la trazabilidad desde la etapa de definición hasta su implementación y validación. A continuación, se detallan algunas de las herramientas más populares y sus características:

3.8.1. Jira

- Popular entre equipos ágiles, Jira es ampliamente utilizado para la gestión de historias de usuario, tareas y defectos, permitiendo una visión clara de los requisitos del proyecto.

- Ofrece integración con herramientas como Confluence para documentación y Git para control de versiones, lo que facilita la trazabilidad desde la especificación del requisito hasta el código.

- Permite la creación de tableros Kanban y Scrum para visualizar el progreso de los requisitos a lo largo de las diferentes etapas de desarrollo, asegurando una gestión eficiente del backlog y la priorización de tareas.

- Su flexibilidad para configurar flujos de trabajo personalizados lo hace adaptable a diversos tipos de proyectos, desde simples hasta complejos.

3.8.2. IBM Rational DOORS

- Es una herramienta robusta diseñada para proyectos de gran escala, especialmente útil en industrias reguladas como la aeroespacial, automotriz y de defensa.

• Proporciona un entorno colaborativo donde los equipos pueden definir, analizar y gestionar requisitos, con la capacidad de manejar grandes volúmenes de datos.

• Rational DOORS facilita la trazabilidad bidireccional, lo que permite relacionar cada requisito con sus pruebas, diseños y casos de uso, asegurando que todos los aspectos del desarrollo estén alineados con las especificaciones iniciales.

• Incluye funcionalidades avanzadas de reporting, lo que facilita la creación de informes detallados sobre el estado de los requisitos y su cumplimiento.

3.8.3. Confluence

• Es una herramienta de documentación que complementa a Jira, ideal para la colaboración en la redacción y discusión de requisitos.

• Confluence permite crear espacios de trabajo donde los equipos pueden documentar especificaciones de requisitos, discutir cambios y mantener registros históricos de las revisiones.

• Gracias a sus plantillas y macros, los equipos pueden estructurar la documentación de forma clara y legible, lo que facilita la creación de especificaciones técnicas, diagramas de flujo y notas de reuniones.

• Su integración con otras herramientas de Atlassian, como Jira, facilita la vinculación de los requisitos documentados con las tareas de desarrollo, mejorando la visibilidad y el control del proyecto.

3.8.4. Azure DevOps

• Ofrece un conjunto completo de herramientas para la gestión de proyectos de software, desde la planificación hasta el despliegue.

• En la gestión de requisitos, Azure DevOps permite crear elementos de trabajo, definir historias de usuario y tareas, y asociarlas directamente con commits de código y pipelines de integración continua.

• Proporciona una trazabilidad total desde la definición del requisito hasta su entrega en producción, lo que facilita la identificación de cualquier cambio en los requisitos y su impacto en el desarrollo.

- Además, su capacidad para integrarse con otras herramientas como GitHub y sus funcionalidades de automatización para pruebas y despliegue hacen que sea una opción poderosa para proyectos que buscan una gestión de requisitos alineada con DevOps.

3.8.5. Jama Connect

- Una herramienta centrada en la gestión de requisitos, pruebas y riesgos, ideal para proyectos complejos que requieren un control riguroso de la trazabilidad.

- Jama Connect permite la colaboración en la definición y validación de requisitos, ofreciendo un entorno visual para relacionar requisitos con pruebas y casos de uso.

- Su sistema de notificaciones y revisiones asegura que los equipos estén siempre al tanto de los cambios en los requisitos, facilitando la aprobación de modificaciones por parte de los stakeholders.

- Es particularmente útil en entornos donde la conformidad con normativas es crítica, proporcionando auditorías detalladas de cada cambio en los requisitos y la documentación.

3.8.6. ReqSuite RM

- Es una herramienta de gestión de requisitos que se destaca por su facilidad de uso y su enfoque en la automatización del proceso de recopilación y análisis de requisitos.

- Permite definir y gestionar requisitos de manera colaborativa, ofreciendo flujos de trabajo predefinidos que facilitan el seguimiento de cambios y la validación de requisitos.

- ReqSuite RM ofrece integraciones con herramientas de desarrollo populares como Jira y Azure DevOps, lo que facilita su uso en diferentes entornos de desarrollo.

- Sus capacidades de exportación e importación de documentos en formatos como Excel y Word facilitan la comunicación con stakeholders que prefieren revisar los requisitos en formatos más tradicionales.

3.8.7. Helix RM (Perforce)

- Diseñada para gestionar de manera efectiva los requisitos en proyectos de software y sistemas complejos, Helix RM es una opción popular en la industria para gestionar la trazabilidad de requisitos y cambios.

• Facilita la creación de matrices de trazabilidad, que permiten a los equipos visualizar cómo los requisitos están vinculados a diferentes artefactos de desarrollo, como casos de prueba y elementos de diseño.

• Ofrece una interfaz intuitiva que permite a los equipos visualizar el estado de los requisitos y sus dependencias, asegurando que se identifiquen y resuelvan posibles conflictos antes de que afecten el desarrollo.

• Es especialmente valiosa en proyectos que requieren un alto grado de colaboración y una gestión rigurosa de la configuración de requisitos.

3.9. BENEFICIOS DE UTILIZAR HERRAMIENTAS DE GESTIÓN DE REQUISITOS

El uso de estas herramientas en la gestión de requisitos aporta numerosos beneficios, entre los que se destacan:

- **Mejora de la Colaboración**: Facilitan la colaboración entre equipos, permitiendo a desarrolladores, analistas y stakeholders acceder y actualizar la información de manera centralizada.

- **Trazabilidad Completa**: Aseguran que cada requisito esté vinculado con su implementación, pruebas y validación, lo que permite un seguimiento claro del progreso del proyecto y una rápida identificación de problemas.

- **Reducción de Errores**: Al automatizar el seguimiento de cambios y mantener un historial detallado de los requisitos, se minimizan los errores y malentendidos que pueden surgir por cambios en las especificaciones.

- **Facilidad de Auditoría y Cumplimiento**: Muchas de estas herramientas permiten generar informes detallados que facilitan la auditoría y el cumplimiento de normativas, lo que es fundamental en industrias reguladas.

3.10. DESAFÍOS EN EL USO DE HERRAMIENTAS DE GESTIÓN DE REQUISITOS

Aunque las herramientas de gestión de requisitos ofrecen muchas ventajas, también presentan ciertos desafíos:

• **Curva de Aprendizaje**: Algunas herramientas, especialmente las más robustas como IBM Rational DOORS, pueden ser complejas de configurar y usar, requiriendo capacitación adicional para el equipo.

• **Costo**: Las licencias de herramientas avanzadas pueden ser costosas, lo que puede ser un impedimento para equipos pequeños o startups con presupuestos ajustados.

• **Integración con Otros Sistemas**: Asegurar que las herramientas de gestión de requisitos se integren adecuadamente con otras herramientas de desarrollo y pruebas es fundamental para evitar la duplicación de esfuerzos y datos.

En conclusión, la selección de la herramienta de gestión de requisitos adecuada depende de las necesidades específicas del proyecto, el tamaño del equipo y la complejidad del sistema a desarrollar. Utilizar estas herramientas de manera eficaz puede marcar la diferencia en la calidad del producto final y la satisfacción de los stakeholders, asegurando un desarrollo de software más alineado con las expectativas del cliente y los objetivos del negocio.

3.11. CONCLUSIONES DEL CAPÍTULO

La ingeniería de requisitos es un componente esencial del desarrollo de software, ya que define la hoja de ruta que guiará al equipo de desarrollo. Una correcta especificación y gestión de requisitos reduce el riesgo de desviaciones durante el proyecto y asegura que el software final cumpla con las expectativas del cliente. Al utilizar técnicas adecuadas de recopilación, priorización y especificación, así como al apoyarse en herramientas de gestión, se puede mantener el enfoque en las necesidades reales del usuario y lograr un producto final de alta calidad. La colaboración constante con los stakeholders y la adopción de estándares como IEEE 830 garantizan un proceso ordenado y consistente, lo que facilita la entrega de software que no solo satisface, sino que supera las expectativas del mercado.

CAPÍTULO 4

DISEÑO DE SOFTWARE

CAPÍTULO 4 DISEÑO DE SOFTWARE

El diseño de software es una fase fundamental en el desarrollo de sistemas, ya que establece la estructura y la arquitectura de la solución antes de comenzar con la implementación. Un buen diseño asegura que el software sea eficiente, mantenible y escalable, facilitando su evolución a lo largo del tiempo. A continuación, se detallan los aspectos más relevantes del diseño de software:

4.1. PRINCIPIOS BÁSICOS DEL DISEÑO DE SOFTWARE

Los principios básicos del diseño de software son fundamentales para la creación de sistemas robustos, escalables y fáciles de mantener. Estos principios ayudan a los desarrolladores a organizar el código de manera que sea comprensible y adaptable a los cambios futuros, garantizando la calidad del software. A continuación, se describen algunos de los principios más importantes:

4.1.1. Modularidad

La modularidad implica dividir el sistema en módulos o componentes independientes que realizan una funcionalidad específica. Esto facilita la comprensión del sistema, ya que cada módulo puede ser analizado de manera aislada. Además, permite realizar cambios y actualizaciones sin afectar al resto del sistema. La modularidad mejora:

- **Reutilización de Código**: Al crear módulos que son independientes, estos pueden ser reutilizados en otros proyectos o partes del sistema.

- **Mantenimiento**: Los errores pueden ser identificados y corregidos más fácilmente cuando están localizados en un módulo específico.

- **Pruebas**: Los módulos pueden ser probados de forma individual (pruebas unitarias), lo que simplifica el proceso de verificación de funcionalidades.

4.1.2. Abstracción

La abstracción consiste en enfocarse en los aspectos esenciales de un sistema, ocultando los detalles de implementación. Esto permite a los desarrolladores trabajar a un nivel de alto nivel sin preocuparse por cómo se implementan los detalles internos. Beneficios de la abstracción:

• **Simplicidad**: Al ocultar la complejidad, se logra un diseño más limpio y entendible.

• **Flexibilidad**: Facilita el cambio de la implementación interna sin afectar a quienes utilizan la abstracción.

• **Interfaces Claras**: Las abstracciones bien diseñadas permiten definir interfaces que facilitan la interacción entre distintos componentes del sistema.

4.1.3. Acoplamiento y Cohesión

Estos dos conceptos son claves para evaluar la calidad del diseño:

• **Cohesión**: Se refiere al grado en que las responsabilidades de un módulo están relacionadas entre sí. Un módulo con alta cohesión realiza una tarea específica y está enfocado en un solo propósito, lo cual facilita su mantenimiento y comprensión.

• **Acoplamiento**: Es el grado de dependencia entre módulos. Se busca un bajo acoplamiento para minimizar el impacto de cambios en un módulo sobre otros. Esto se traduce en sistemas más flexibles y fáciles de modificar.

Un diseño ideal busca alcanzar alta cohesión y bajo acoplamiento, lo que contribuye a un sistema más robusto y adaptable.

4.1.4. Principio de Responsabilidad Única (SRP)

El Principio de Responsabilidad Única establece que cada módulo, clase o función debe tener una única razón para cambiar, es decir, una única responsabilidad. Esto contribuye a un código más limpio y organizado, ya que:

• **Claridad**: Cada módulo se encarga de una tarea específica, lo que hace que el código sea más fácil de leer y entender.

• **Facilidad de Pruebas**: Al tener responsabilidades claras, es más sencillo crear pruebas unitarias que verifiquen el comportamiento de cada módulo.

• **Reducción de Riesgo de Errores**: Si un cambio es necesario, solo afectará a la parte del código que corresponde a esa responsabilidad, minimizando el riesgo de errores en otras partes del sistema.

4.1.4. Principio Abierto/Cerrado (OCP)

El Principio Abierto/Cerrado sugiere que las entidades de software (clases, módulos, funciones) deben estar abiertas para la extensión, pero cerradas para la modificación. Esto significa que se deben poder agregar nuevas funcionalidades sin modificar el código existente, lo cual se logra a través de la herencia y el uso de interfaces. Este principio es esencial para:

• **Extensibilidad**: Permite adaptar el sistema a nuevos requerimientos sin tener que modificar el código base.

• **Mantenimiento Seguro**: Al no modificar las clases existentes, se reduce el riesgo de introducir errores en funcionalidades que ya han sido probadas.

• **Uso de Polimorfismo**: En la programación orientada a objetos, el uso de interfaces y clases abstractas facilita la creación de nuevos comportamientos sin necesidad de alterar las clases base.

4.1.5. Principio de Sustitución de Liskov (LSP)

Este principio establece que las clases derivadas deben ser intercambiables con sus clases base sin alterar el comportamiento del sistema. Es decir, si una clase B hereda de una clase A, debe poder ser utilizada donde se espera una instancia de A sin problemas. Beneficios del LSP:

• **Intercambiabilidad**: Facilita el uso de polimorfismo y mejora la flexibilidad del sistema.

• **Garantía de Correctitud**: Al asegurarse de que las subclases mantengan el comportamiento esperado, se reducen los errores en la interacción entre objetos.

4.1.6. Principio de Segregación de Interfaces (ISP)

El ISP sugiere que los clientes no deben estar forzados a depender de interfaces que no utilizan. En otras palabras, es mejor tener varias interfaces específicas para un propósito que una única interfaz general. Esto permite que las clases implementen solo los métodos que realmente necesitan:

- **Modularidad Mejorada**: Facilita la creación de clases que tienen solo las funcionalidades que requieren, reduciendo el código innecesario.

- **Flexibilidad**: Permite una mayor personalización en la implementación de interfaces.

- **Reducción de Dependencias**: Minimiza la carga de dependencias, mejorando la mantenibilidad del código.

4.1.7. Principio de Inversión de Dependencias (DIP)

Este principio establece que los módulos de alto nivel no deben depender de módulos de bajo nivel, sino que ambos deben depender de abstracciones. A su vez, las abstracciones no deben depender de detalles concretos, sino que los detalles deben depender de las abstracciones. Esto se logra utilizando interfaces y clases abstractas:

- **Desacoplamiento**: Al depender de abstracciones en lugar de implementaciones concretas, se reduce la dependencia entre los componentes.

- **Facilidad para Probar**: El uso de interfaces facilita la creación de pruebas unitarias, ya que es posible simular los comportamientos de las clases mediante mocks.

- **Mantenimiento**: Permite cambiar la implementación de un módulo sin afectar a otros, mejorando la flexibilidad del sistema.

La aplicación de estos principios básicos en el diseño de software permite crear sistemas que sean robustos, adaptables a cambios y más fáciles de mantener a lo largo del tiempo. Al adoptar enfoques como la modularidad, la abstracción y la gestión de acoplamiento y cohesión, se construyen sistemas que no solo cumplen con los requisitos actuales, sino que también pueden evolucionar para satisfacer nuevas necesidades de manera eficiente.

4.2. PATRONES DE DISEÑO: USO Y EJEMPLOS

Los patrones de diseño son soluciones probadas y reutilizables para problemas comunes que se presentan en el desarrollo de software. Actúan como plantillas que pueden ser aplicadas en diversas situaciones, lo que facilita la creación de sistemas más eficientes y mantenibles. Se dividen en tres categorías principales: patrones creacionales, patrones estructurales y patrones de comportamiento.

4.2.1. Patrones Creacionales

Los patrones creacionales se centran en la creación de objetos y ayudan a desacoplar la lógica de instanciación de las clases. Esto permite a los desarrolladores cambiar el tipo de objetos que se crean sin afectar al código que los utiliza. Algunos ejemplos destacados son:

-Singleton

El patrón Singleton garantiza que una clase tenga solo una instancia y proporciona un punto de acceso global a ella. Esto es útil cuando se necesita controlar el acceso a recursos compartidos, como conexiones de base de datos o configuraciones de aplicación.

Uso:

- Almacenar la configuración global de una aplicación.
- Manejar conexiones a recursos externos como bases de datos.

Ejemplo:

class Singleton:

_instance = None

def __new__(cls):

   if cls._instance is None:

      cls._instance = super(Singleton, cls).__new__(cls)

   return cls._instance

singleton1 = Singleton()

singleton2 = Singleton()

assert singleton1 is singleton2

Ambas variables apuntan a la misma instancia

Este código implementa el patrón de diseño *Singleton*, que asegura que una clase tenga solo una instancia y proporciona un punto de acceso global a esa instancia.

1. **Definición de la clase** Singleton: Se define una clase llamada Singleton.
2. **Variable de clase** _instance: Se inicializa una variable de clase llamada _instance, que se utiliza para almacenar la única instancia de la clase.
3. **Método new**: Este método especial es responsable de crear una nueva instancia de la clase. Se redefine para controlar la creación de instancias:

• if cls._instance is None: Comprueba si ya existe una instancia de la clase. Si _instance es None, significa que no se ha creado ninguna instancia aún.

• cls._instance = super(Singleton, cls).**new**(cls): Si no existe una instancia, se crea una nueva utilizando el método **new** de la clase base.

• return cls._instance: Finalmente, devuelve la instancia, ya sea la nueva creada o la que ya existía.

4. Creación de instancias:

- singleton1 = Singleton(): Se crea la primera instancia de Singleton.

- singleton2 = Singleton(): Se intenta crear una segunda instancia. Sin embargo, debido al patrón Singleton, esta línea no crea una nueva instancia, sino que devuelve la misma instancia que ya fue creada.

5. **Verificación de la instancia**: La línea assert singleton1 is singleton2 comprueba que ambas variables (singleton1 y singleton2) apuntan a la misma instancia. Si esto es cierto, no se produce ningún error; si no lo es, se lanzaría una excepción.

Este ejemplo de código asegura que cualquier intento de crear una nueva instancia de la clase Singleton devuelva siempre la misma instancia, garantizando que solo haya un único objeto de esa clase en toda la aplicación.

-Factory Method

El patrón Factory Method define una interfaz para crear objetos, pero permite que las subclases decidan qué clase instanciar. Esto promueve la flexibilidad y la reutilización del código, ya que se pueden crear diferentes tipos de objetos sin especificar la clase exacta.

Uso:

• Crear objetos de diferentes tipos que implementen la misma interfaz.

• Proveer una lógica de instanciación que puede ser cambiada sin afectar a otros componentes.

Ejemplo:

```
class Product:
def operation(self):
pass

class ConcreteProductA(Product):
def operation(self):
return "Resultado de Producto A"
```

```python
class ConcreteProductB(Product):
    def operation(self):
        return "Resultado de Producto B"

class Creator:
    def factory_method(self):
        pass

class ConcreteCreatorA(Creator):
    def factory_method(self):
        return ConcreteProductA()

class ConcreteCreatorB(Creator):
    def factory_method(self):
        return ConcreteProductB()
```

Este código implementa el patrón de diseño *Factory Method*, que proporciona una forma de crear objetos sin especificar la clase exacta del objeto que se va a crear.

1. **Clase base** Product: Se define una clase llamada Product que tiene un método llamado operation. Este método está vacío (con pass) porque servirá como una interfaz para los productos concretos que se derivarán de esta clase.
2. Clases concretas de productos:

• ConcreteProductA: Hereda de Product y implementa el método operation, devolviendo un string específico ("Resultado de Producto A").

• ConcreteProductB: También hereda de Product y implementa el método operation, devolviendo otro string específico ("Resultado de Producto B").

3. **Clase base** Creator: Se define una clase llamada Creator, que tiene un método llamado factory_method. Este método también está vacío, ya que se implementará en las subclases concretas.

4. Clases concretas de creadores:

• ConcreteCreatorA: Hereda de Creator y implementa el método factory_method, creando y devolviendo una instancia de ConcreteProductA.

• ConcreteCreatorB: Hereda de Creator y implementa el método factory_method, creando y devolviendo una instancia de ConcreteProductB.

El patrón *Factory Method* permite que las clases ConcreteCreatorA y ConcreteCreatorB creen objetos de tipo ConcreteProductA y ConcreteProductB, respectivamente, sin que el cliente tenga que conocer la clase exacta del objeto que se está creando. Esto hace que el código sea más flexible y fácil de extender, ya que se pueden añadir nuevos productos y creadores sin modificar el código existente.

4.2.2. Patrones Estructurales

Los patrones estructurales facilitan la composición de objetos y clases para formar estructuras más complejas. Permiten que los desarrolladores construyan sistemas flexibles y escalables. Algunos ejemplos son:

-Adapter

El patrón Adapter permite que dos clases incompatibles trabajen juntas mediante una interfaz común. Esto se logra creando un adaptador que traduce las llamadas entre las dos clases.

Uso:

• Integrar sistemas existentes con nuevas implementaciones.

• Permitir que diferentes interfaces trabajen en conjunto.

Ejemplo:

class Target:

```python
def request(self):
    return "Solicitud del Target"

class Adaptee:
    def specific_request(self):
        return "Solicitud específica del Adaptee"

class Adapter(Target):
    def **init**(self, adaptee):
        self.adaptee = adaptee

    def request(self):
        return self.adaptee.specific_request()
```

Este código implementa el patrón de diseño *Adapter*, que permite que dos interfaces incompatibles trabajen juntas.

1. **Clase** Target: Esta es la interfaz que el cliente espera utilizar. Tiene un método llamado request que devuelve un string: "Solicitud del Target". Esta clase representa el "objetivo" que se quiere alcanzar.

2. **Clase** Adaptee: Esta clase tiene un método llamado specific_request, que devuelve un string diferente: "Solicitud específica del Adaptee". Esta es la clase cuyo comportamiento se quiere adaptar para que funcione con el Target.

3. **Clase** Adapter:

• Hereda de Target, lo que significa que puede ser utilizada donde se espera un objeto de tipo Target.

• En el método **init**, recibe una instancia de Adaptee y la guarda como un atributo (self.adaptee).

• Su método request llama al método specific_request de la instancia de Adaptee y devuelve su resultado.

El patrón *Adapter* permite que el cliente use un objeto de tipo Adaptee a través de la interfaz Target. Cuando el cliente llama al método request del Adapter, este traduce esa solicitud a una specific_request que puede manejar el Adaptee. Así, se logra que dos clases incompatibles puedan trabajar juntas sin modificar su código original.

-Decorator

El patrón Decorator permite añadir funcionalidad a un objeto de manera dinámica sin modificar su estructura original. Este patrón es útil para extender las capacidades de los objetos de forma flexible y controlada.

Uso:

• Añadir características adicionales a los objetos sin alterar el código existente.

• Implementar funcionalidades de forma condicional.

Ejemplo:

```
class Component:
    def operation(self):
        pass

class ConcreteComponent(Component):
    def operation(self):
        return "Comportamiento básico"

class Decorator(Component):
    def __init__(self, component):
        self._component = component

    def operation(self):
        return f"Decorado: {self._component.operation()}"
```

Este código implementa el patrón de diseño *Decorator*, que permite añadir funcionalidades adicionales a un objeto de forma dinámica.

1. **Clase** Component: Esta es una clase base que define un método operation. Esta clase representa un componente que puede ser decorado.

2. **Clase** ConcreteComponent: Hereda de Component y proporciona una implementación concreta del método operation, que devuelve un string: "Comportamiento básico". Esta clase representa el objeto original que se desea decorar.

3. **Clase** Decorator:

• También hereda de Component y se utiliza para agregar funcionalidades al ConcreteComponent.

• En su método **init**, recibe un objeto de tipo Component (el componente a decorar) y lo guarda como un atributo (self._component).

• Su método operation llama al método operation del componente original y añade un prefijo al resultado, devolviendo así un string decorado: "Decorado: [resultado del componente]".

El patrón *Decorator* permite extender el comportamiento de un objeto sin modificar su estructura. En este caso, puedes crear un ConcreteComponent y luego envolverlo en un Decorator para añadirle nuevas funcionalidades. Cuando llamas al método operation del decorador, obtienes el comportamiento original, pero con la funcionalidad extra que proporciona el decorador.

4.2.3. Patrones de Comportamiento

Los patrones de comportamiento se centran en la comunicación entre objetos y en la asignación de responsabilidades. Ayudan a definir cómo interactúan los objetos entre sí, mejorando la organización del código. Algunos ejemplos son:

-Observer

El patrón Observer define una relación de dependencia entre objetos para que cuando uno cambie, los demás sean notificados automáticamente. Esto es especialmente útil en aplicaciones donde múltiples componentes necesitan reaccionar ante eventos.

Uso:

- Implementar eventos en interfaces gráficas.
- Sincronizar estados en sistemas distribuidos.

Ejemplo:

```
class Observer:
    def update(self, message):
        pass

class Subject:
    def __init__(self):
        self._observers = []

    def attach(self, observer):
        self._observers.append(observer)

    def notify(self, message):
        for observer in self._observers:
            observer.update(message)
```

Este código implementa el patrón de diseño *Observer*, que permite que un objeto (el sujeto) notifique a otros objetos (los observadores) sobre cambios en su estado.

1. **Clase Observer**: Esta clase define el método update, que es llamado cuando el sujeto notifica a los observadores. En este caso, no tiene implementación (se define como un método vacío), ya que cada observador específico implementará su propia lógica de actualización.

2. **Clase** Subject:

• **Atributo** _observers: Es una lista que almacena los observadores que están interesados en recibir actualizaciones del sujeto.

• **Método** attach: Permite añadir un nuevo observador a la lista de observadores. Cuando se llama a este método, el observador se agrega a la lista _observers.

• **Método** notify: Se encarga de notificar a todos los observadores sobre un cambio, pasando un mensaje como argumento. Este método recorre la lista de observadores y llama a su método update, enviándoles el mensaje.

El patrón *Observer* permite a un sujeto mantener un conjunto de observadores y notificarles automáticamente cuando hay un cambio en su estado. Esto es útil en situaciones donde múltiples objetos necesitan reaccionar a eventos en un objeto central sin necesidad de que estén directamente acoplados.

-Strategy

El patrón Strategy permite que una familia de algoritmos sea intercambiable, permitiendo variar su comportamiento sin modificar el código del cliente. Este patrón promueve la separación de algoritmos y mejora la flexibilidad.

Uso:

• Implementar algoritmos de forma intercambiable, como diferentes estrategias de búsqueda o ordenamiento.

• Facilitar la selección de comportamientos en tiempo de ejecución.

Ejemplo:

```
class Strategy:
    def execute(self):
        pass

class ConcreteStrategyA(Strategy):
```

```python
    def execute(self):
        return "Ejecución de Estrategia A"

class ConcreteStrategyB(Strategy):
    def execute(self):
        return "Ejecución de Estrategia B"

class Context:
    def __init__(self, strategy):
        self._strategy = strategy

    def execute_strategy(self):
        return self._strategy.execute()
```

Este código implementa el patrón de diseño *Strategy*, que permite seleccionar una estrategia o algoritmo en tiempo de ejecución.

1. **Clase** Strategy: Esta es una clase base abstracta que define el método execute. Este método es el que se implementará en las clases concretas de estrategia.
2. **Clases** ConcreteStrategyA **y** ConcreteStrategyB: Estas son implementaciones concretas de la clase Strategy. Ambas implementan el método execute:

• ConcreteStrategyA devuelve la cadena "Ejecución de Estrategia A".

• ConcreteStrategyB devuelve la cadena "Ejecución de Estrategia B".

3. **Clase** Context:

• **Constructor** init: Recibe un objeto de tipo Strategy (una de las estrategias concretas) y lo almacena en el atributo _strategy.

• **Método** execute_strategy: Llama al método execute de la estrategia almacenada y devuelve el resultado.

El patrón *Strategy* permite definir una familia de algoritmos (en este caso, ConcreteStrategyA y ConcreteStrategyB), encapsular cada uno de ellos y hacerlos intercambiables en el contexto de uso. Esto permite que el comportamiento de un objeto (en este caso, el Context) se adapte en función de la estrategia seleccionada, facilitando la extensibilidad y el mantenimiento del código.

En resumen, los patrones de diseño son herramientas poderosas que permiten a los desarrolladores abordar problemas recurrentes en el desarrollo de software de manera estructurada y eficiente. Al adoptar estos patrones, se logra un código más limpio, modular y fácil de mantener, lo que contribuye a la calidad y sostenibilidad del software a lo largo del tiempo. La elección del patrón adecuado depende de la naturaleza del problema y de los requisitos específicos del proyecto, pero el conocimiento de estos patrones proporciona un marco sólido para la toma de decisiones en el diseño de software.

4.3. DISEÑO DE INTERFACES DE USUARIO

El diseño de interfaces de usuario (UI) es fundamental para la experiencia del usuario (UX), ya que una buena interfaz no solo debe ser estéticamente agradable, sino también intuitiva y accesible. La calidad del diseño de UI influye directamente en la satisfacción del usuario y en la eficacia del software. Para lograr un diseño de UI exitoso, es necesario considerar varios aspectos clave:

- Prototipos de Baja y Alta Fidelidad

Los prototipos son herramientas esenciales en el proceso de diseño, ya que permiten a los diseñadores y desarrolladores visualizar la interfaz antes de su implementación completa. Estos se dividen en dos categorías:

- **Prototipos de Baja Fidelidad**: Son representaciones simples y esquemáticas de la interfaz que se utilizan para explorar ideas de diseño y flujos de navegación. Pueden ser creados con papel y lápiz o herramientas digitales básicas. Su objetivo es facilitar la discusión y obtener retroalimentación inicial sin entrar en detalles específicos.

- **Prototipos de Alta Fidelidad**: Se acercan más al diseño final, incluyendo detalles gráficos, colores, tipografías y la disposición real de los elementos. Estos prototipos permiten simular la interacción del usuario con la interfaz y son útiles para pruebas de usabilidad más avanzadas. Pueden ser creados utilizando herramientas especializadas como Adobe XD, Figma o Sketch.

4.3.1. Principios de Diseño Centrado en el Usuario

El diseño centrado en el usuario (UCD, por sus siglas en inglés) es un enfoque que prioriza las necesidades, comportamientos y expectativas del usuario final durante todo el proceso de diseño. Algunos principios clave del UCD incluyen:

- **Investigación de Usuarios**: Comprender quiénes son los usuarios y cuáles son sus necesidades. Esto se puede lograr mediante entrevistas, encuestas y estudios de comportamiento.

- **Usabilidad**: Asegurarse de que la interfaz sea fácil de usar, intuitiva y eficiente. Esto implica minimizar la carga cognitiva y garantizar que los usuarios puedan navegar y realizar tareas sin frustraciones.

- **Accesibilidad**: Considerar a todos los usuarios, incluidas las personas con discapacidades. Esto significa seguir pautas como las WCAG (Web Content Accessibility Guidelines) para garantizar que la interfaz sea utilizable para la mayor cantidad de personas posible.

- **Iteración y Pruebas**: Probar la interfaz con usuarios reales y hacer ajustes basados en su retroalimentación. El diseño debe ser un proceso iterativo, donde se realicen mejoras continuas en función de la experiencia del usuario.

4.3.2. Wireframes y Mockups

Wireframes y mockups son herramientas clave que ayudan a definir la estructura y disposición de los elementos en la interfaz, facilitando la comunicación entre diseñadores y desarrolladores.

- **Wireframes**: Son representaciones de bajo detalle que muestran la estructura básica de la interfaz, incluyendo la disposición de los elementos, como botones, menús y campos de texto. Los wireframes se centran en la funcionalidad y la jerarquía visual, sin preocuparse demasiado por el diseño visual o los colores.

- **Mockups**: Son representaciones más detalladas y realistas de la interfaz que incluyen colores, tipografías y elementos visuales. Los mockups permiten a los stakeholders visualizar cómo se verá el producto final y son útiles para obtener aprobación antes de comenzar el desarrollo.

4.3.3. Guías de Estilo y Diseño

La creación de guías de estilo es otra práctica recomendada que asegura la coherencia visual y funcional de la interfaz. Estas guías establecen:

- **Colores y Tipografías**: Definición de la paleta de colores y las fuentes que se utilizarán en la interfaz para mantener una identidad visual consistente.

- **Componentes de UI**: Establecimiento de patrones de diseño para botones, formularios, menús y otros elementos de la interfaz, garantizando que todos los componentes se comporten de manera coherente.

- **Espaciado y Alineación**: Normas sobre el espaciado entre elementos y su alineación para crear un diseño limpio y organizado.

4.3.4. Responsive Design

El diseño responsivo asegura que la interfaz funcione bien en una variedad de dispositivos y tamaños de pantalla, adaptándose automáticamente al entorno del usuario. Esto implica:

- **Uso de CSS Flexible**: Utilizar técnicas como el diseño de rejillas (grid layout) y unidades relativas para que la interfaz se ajuste a diferentes tamaños de pantalla.

- **Pruebas en Dispositivos**: Realizar pruebas en múltiples dispositivos y resoluciones para garantizar que la experiencia del usuario sea óptima sin importar cómo acceda al software.

El diseño de interfaces de usuario es un componente esencial en la creación de software exitoso. Al enfocarse en la usabilidad, la accesibilidad y la estética, los diseñadores pueden crear experiencias que no solo satisfacen las necesidades del usuario, sino que también fomentan la lealtad y la satisfacción a largo plazo. Implementar prototipos, principios de diseño centrado en el usuario, wireframes y mockups son pasos fundamentales en este proceso, asegurando que el producto final no solo funcione bien, sino que también sea atractivo y fácil de usar.

4.4. DISEÑO ORIENTADO A OBJETOS Y DISEÑO BASADO EN COMPONENTES

El diseño orientado a objetos (OOD) y el diseño basado en componentes son enfoques ampliamente utilizados para crear sistemas modulares, escalables y reutilizables. A continuación se amplían las definiciones y características de cada uno:

4.4.1. Diseño Orientado a Objetos (OOD)

El OOD es un paradigma de programación que se centra en el uso de **clases** y **objetos** para representar y manipular entidades del mundo real. Este enfoque tiene varias características clave:

• **Clases y Objetos**: Una clase es una plantilla que define las propiedades y comportamientos de un tipo de objeto. Un objeto es una instancia de una clase, que contiene datos y métodos. Esto permite organizar el código de manera lógica y relacionada con el dominio del problema.

- Principios del OOD:

• **Encapsulamiento**: Los datos y métodos relacionados se agrupan en un solo componente (la clase), y se controla el acceso a ellos mediante modificadores de acceso. Esto protege el estado interno del objeto y oculta los detalles de implementación.

• **Herencia**: Permite crear nuevas clases basadas en clases existentes, facilitando la reutilización del código. Las clases derivadas heredan características de las clases base y pueden añadir nuevas funcionalidades o modificar el comportamiento heredado.

- **Polimorfismo**: Permite que diferentes clases implementen métodos con el mismo nombre de manera diferente. Esto permite tratar objetos de diferentes clases de una manera uniforme, simplificando la lógica del programa.

- Ventajas del OOD:

- Reutilización de código: Las clases pueden ser reutilizadas en diferentes proyectos.

- Mantenimiento simplificado: El encapsulamiento y la modularidad facilitan el mantenimiento y la evolución del software.

- Mejor comprensión: El modelado de objetos del mundo real facilita la comprensión del sistema.

4.4.2. Diseño Basado en Componentes

El diseño basado en componentes (CBD) es un enfoque que organiza el sistema en componentes independientes y reutilizables. Este enfoque se utiliza comúnmente en la construcción de aplicaciones de software modernas, especialmente en arquitecturas de microservicios y en el desarrollo de interfaces web. Sus características principales incluyen:

- **Componentes**: Un componente es una unidad independiente que encapsula una funcionalidad específica y expone interfaces bien definidas para interactuar con otros componentes. Esto permite desarrollar, probar y mantener cada componente de manera separada.

- **Interoperabilidad**: Los componentes pueden ser diseñados para comunicarse entre sí a través de interfaces, lo que facilita su integración en diversas plataformas y entornos.

- **Reutilización**: Al igual que en OOD, los componentes pueden ser reutilizados en diferentes contextos y aplicaciones. Esto reduce el tiempo y el esfuerzo de desarrollo al aprovechar funcionalidades ya implementadas.

- **Escalabilidad y Flexibilidad**: La arquitectura basada en componentes permite escalar sistemas fácilmente al agregar o eliminar componentes según las necesidades, lo que es especialmente útil en aplicaciones en la nube y arquitecturas de microservicios.

- **Desarrollo Ágil**: El CBD se adapta bien a metodologías ágiles, donde se prioriza la entrega rápida de funcionalidades a través del trabajo en paralelo en diferentes componentes.

4.4.3. Comparación entre OOD y CBD

• **Enfoque**: OOD se centra en la creación de clases y objetos, mientras que CBD se basa en componentes reutilizables y autónomos.

• **Reutilización**: Ambos enfoques promueven la reutilización, pero OOD lo hace a través de herencia y polimorfismo, mientras que CBD lo logra mediante la encapsulación de funcionalidades en componentes.

• **Mantenimiento**: OOD puede resultar más complicado de mantener en sistemas grandes debido a las dependencias entre clases, mientras que CBD permite un mantenimiento más sencillo y escalable gracias a la independencia de los componentes.

4.4.4. Conclusión

El diseño orientado a objetos y el diseño basado en componentes son enfoques complementarios que ayudan a los desarrolladores a crear sistemas modulares y reutilizables. La elección entre uno u otro depende de los requisitos del proyecto, la arquitectura deseada y las preferencias del equipo de desarrollo.

4.5. DOCUMENTACIÓN DE DISEÑO DE SOFTWARE

La documentación del diseño de software es un elemento crucial en el proceso de desarrollo, ya que proporciona una guía clara sobre la estructura y lógica del sistema, facilitando la colaboración entre los miembros del equipo y garantizando que los requisitos se traduzcan de manera efectiva en soluciones funcionales. A continuación se amplían los principales componentes de esta documentación:

4.5.1. Diagramas UML

Los **diagramas de Lenguaje Unificado de Modelado (UML)** son herramientas visuales que ayudan a representar diversos aspectos del diseño del software. Algunos de los diagramas más utilizados incluyen:

- **Diagramas de Clases**: Muestran las clases en el sistema, sus atributos, métodos y las relaciones entre ellas (como herencia y asociaciones). Estos diagramas son esenciales para comprender la estructura del sistema y cómo interactúan los diferentes objetos.

- **Diagramas de Secuencia**: Ilustran la interacción entre objetos a lo largo del tiempo, mostrando cómo se envían mensajes y en qué orden. Son útiles para visualizar el flujo de control y cómo se llevan a cabo las operaciones dentro del sistema.

- **Diagramas de Casos de Uso**: Representan las interacciones entre los usuarios (o actores) y el sistema, describiendo las funcionalidades que ofrece. Esto ayuda a entender los requerimientos del usuario y cómo se espera que el sistema responda a distintas acciones.

4.5.2. Especificación de Arquitectura

La **especificación de arquitectura** es un documento que describe la estructura general del sistema, proporcionando una visión de alto nivel de los componentes principales y sus interacciones. Incluye:

• **Componentes Principales**: Identificación de los módulos, servicios o componentes clave del sistema, junto con una breve descripción de sus funciones.

• **Relaciones entre Componentes**: Detalles sobre cómo los diferentes componentes interactúan entre sí, incluidos los protocolos de comunicación y las dependencias.

• **Integración**: Descripción de cómo los componentes se integran en un sistema más amplio, incluyendo la infraestructura subyacente, bases de datos y otras interfaces externas.

• **Tecnologías Utilizadas**: Una lista de las tecnologías, frameworks y lenguajes de programación que se emplearán en el desarrollo del sistema.

4.5.3. Guías de Estilo y Convenciones de Código

Las **guías de estilo y convenciones de código** son documentos que establecen normas para la escritura y organización del código. Estas guías son esenciales para mantener la coherencia en el trabajo del equipo y asegurar que el código sea:

• **Legible**: Las convenciones de nombres, la organización de archivos y la indentación ayudan a que el código sea más fácil de leer y entender.

• **Mantenible**: Seguir un estilo consistente facilita la identificación y corrección de errores, así como la incorporación de nuevas funcionalidades sin introducir bugs.

• **Colaborativo**: Cuando todos los miembros del equipo siguen las mismas convenciones, se facilita la colaboración y revisión del código, lo que resulta en un proceso de desarrollo más fluido.

4.5.4. Importancia de la Documentación del Diseño

La documentación del diseño de software no solo sirve como referencia durante el desarrollo, sino que también es útil en las siguientes etapas:

• **Onboarding de Nuevos Miembros**: Facilita la incorporación de nuevos desarrolladores al proporcionar una comprensión clara de la arquitectura y el funcionamiento del sistema.

- **Mantenimiento a Largo Plazo**: Una buena documentación reduce la curva de aprendizaje y los costos de mantenimiento al permitir a los desarrolladores entender rápidamente el sistema existente.

- **Evolución del Software**: Ayuda a identificar áreas que pueden ser mejoradas o ampliadas, ya que proporciona una visión clara de cómo está diseñado el sistema.

4.5.5. Conclusión

La documentación del diseño de software es un componente esencial que garantiza que todos los miembros del equipo tengan una comprensión clara y coherente de la estructura y el funcionamiento del sistema. Invertir tiempo en crear y mantener esta documentación desde las primeras etapas del desarrollo puede conducir a un proceso más eficiente, menos errores y una mayor satisfacción del usuario final.

4.6. PRINCIPIOS DE JACOB NIELSEN PARA EL DESARROLLO DE PÁGINAS WEB E INTERFACES ATRACTIVAS

Jacob Nielsen, un experto en usabilidad y diseño de interacción, ha establecido una serie de principios fundamentales que ayudan a crear interfaces de usuario efectivas y atractivas. Estos principios no solo mejoran la experiencia del usuario, sino que también contribuyen a la eficacia general de las aplicaciones y sitios web. A continuación, se amplían los principios más relevantes de Nielsen:

1. Visibilidad del Estado del Sistema

La **visibilidad del estado del sistema** es crucial para mantener a los usuarios informados sobre lo que está sucediendo en la aplicación. Esto se puede lograr mediante:

• **Mensajes de Retroalimentación**: Proporcionar notificaciones y mensajes claros cuando el sistema realiza una acción, como guardar un archivo o cargar información. Por ejemplo, un mensaje que diga "Cargando datos..." mientras se espera la respuesta de un servidor.

• **Indicadores de Progreso**: Utilizar barras de carga o íconos de espera que muestren el progreso de las operaciones, lo que ayuda a los usuarios a entender que el sistema está trabajando y que deben esperar.

• **Estado Activo/Desactivado**: Indicar claramente cuáles son las opciones disponibles en cada momento, como botones que cambian de estado según la acción que el usuario esté realizando.

2. Consistencia y Estándares

La **consistencia y los estándares** son esenciales para que los usuarios se sientan cómodos y seguros al interactuar con el sistema. Esto implica:

• **Diseño Uniforme**: Utilizar colores, tipografías y estilos visuales similares en todas las páginas o secciones de la aplicación. Esto ayuda a los usuarios a familiarizarse con el entorno y a navegar sin confusión.

• **Terminología Común**: Emplear un lenguaje y términos que sean consistentes en todo el sistema, evitando la mezcla de diferentes palabras o frases para describir la misma acción o elemento.

• **Cumplimiento de Normativas**: Adherirse a las convenciones de diseño de plataformas populares (como Android o iOS) para que los usuarios puedan aplicar su experiencia previa al nuevo sistema.

3. Flexibilidad y Eficiencia de Uso

La **flexibilidad y eficiencia de uso** permiten a los usuarios personalizar su experiencia y acceder a las funciones más rápidamente. Para lograr esto, se pueden implementar:

• **Accesos Directos**: Proporcionar teclas de acceso rápido o gestos para usuarios experimentados, permitiéndoles realizar acciones comunes de manera más eficiente.

• **Opciones de Personalización**: Permitir a los usuarios ajustar la configuración de la interfaz según sus preferencias, como el tamaño de la fuente, los colores y la disposición de los elementos.

• **Asistentes y Sugerencias**: Ofrecer opciones que se adapten al nivel de experiencia del usuario, con guías para principiantes y características avanzadas para usuarios más experimentados.

4. Prevención de Errores

La **prevención de errores** es un principio clave para mejorar la usabilidad, que se logra mediante:

• **Diseño Preventivo**: Crear interfaces que minimicen la posibilidad de que los usuarios cometan errores. Por ejemplo, deshabilitar botones que no se pueden usar en ciertas condiciones o validar la entrada de datos en tiempo real.

- **Mensajes de Error Claros**: Si ocurre un error, es importante proporcionar mensajes de error claros y comprensibles que expliquen qué salió mal y cómo corregirlo. Los mensajes deben ser específicos y no vagos.

- **Confirmaciones Antes de Acciones Críticas**: Implementar confirmaciones cuando el usuario realiza acciones que pueden tener consecuencias significativas, como eliminar un archivo o realizar una compra. Esto proporciona una oportunidad para revisar y cancelar la acción si es necesario.

Conclusión

Los principios de Jacob Nielsen son fundamentales para el desarrollo de páginas web e interfaces atractivas y efectivas. Al aplicar estos principios, los desarrolladores pueden crear experiencias de usuario que sean no solo agradables visualmente, sino también intuitivas y funcionales. Esto no solo aumenta la satisfacción del usuario, sino que también contribuye a la eficacia del sistema, fomentando un uso más fluido y eficiente de la aplicación. Implementar estas directrices desde las primeras etapas del diseño puede resultar en un producto final más exitoso y alineado con las expectativas del usuario.

4.7. DISEÑO DE BASES DE DATOS RELACIONALES Y NOSQL

El diseño de bases de datos es un aspecto fundamental para el rendimiento y la escalabilidad de un sistema de software. La elección entre bases de datos relacionales y NoSQL depende de la naturaleza de los datos que se manejan y de los requisitos específicos del proyecto.

1. Bases de Datos Relacionales

Las **bases de datos relacionales** (RDBMS) son un enfoque tradicional para almacenar y gestionar datos. Estas bases de datos utilizan un modelo tabular, organizando los datos en tablas compuestas por filas y columnas. Algunas características y conceptos clave incluyen:

• **Estructura de Tablas**: Cada tabla representa una entidad (por ejemplo, clientes, productos) y cada fila contiene un registro único, mientras que las columnas representan atributos de esos registros. Esta estructura es ideal para datos bien definidos y relaciones complejas.

• **Integridad Referencial**: Las bases de datos relacionales permiten establecer relaciones entre tablas mediante claves primarias y foráneas, lo que garantiza la integridad de los datos y permite realizar consultas complejas que involucren múltiples tablas.

• **Ejemplos**: Algunos de los sistemas más populares de bases de datos relacionales incluyen MySQL, PostgreSQL y Microsoft SQL Server. Estas plataformas son ampliamente utilizadas en aplicaciones que requieren transacciones complejas y manejo riguroso de datos.

-Normalización

• **Normalización**: Es un proceso fundamental en el diseño de bases de datos relacionales que consiste en organizar los datos para minimizar la redundancia y mejorar la integridad. La normalización implica dividir los datos en tablas y establecer relaciones adecuadas entre ellas. Existen varias formas normales (1NF, 2NF, 3NF, etc.), cada una con sus propias reglas y objetivos para lograr un diseño óptimo.

-Modelado ER (Entidad-Relación)

• **Modelado ER (Entidad-Relación)**: Esta técnica se utiliza para representar gráficamente la estructura lógica de la base de datos. A través de diagramas de entidad-relación, los diseñadores pueden identificar entidades, sus atributos y las relaciones entre ellas. Esto ayuda a visualizar el esquema de la base de datos antes de su implementación y a asegurar que se aborden todas las necesidades del sistema.

2. Bases de Datos NoSQL

Las **bases de datos NoSQL** surgen como una solución para manejar datos no estructurados y para aquellos escenarios donde se requiere alta escalabilidad horizontal. Este tipo de bases de datos son más flexibles en comparación con las bases de datos relacionales y se dividen en varias categorías:

• **Estructura de Datos Flexible**: A diferencia de las bases de datos relacionales, las NoSQL permiten una estructura de datos más dinámica. Esto significa que no es necesario definir un esquema rígido antes de almacenar los datos, lo que facilita la adaptación a cambios en los requisitos del sistema.

• **Ejemplos**: Algunas de las bases de datos NoSQL más populares son MongoDB, Cassandra y Couchbase. Estas bases de datos son ideales para aplicaciones que requieren una gran velocidad de escritura y lectura, así como para manejar grandes volúmenes de datos no estructurados.

-Modelado de Documentos

• **Modelado de Documentos**: Este enfoque es característico de las bases de datos orientadas a documentos, como MongoDB. En lugar de almacenar datos en tablas, cada registro se guarda como un documento JSON o BSON, lo que permite anidar datos y almacenar estructuras complejas. Esto es útil para aplicaciones que necesitan flexibilidad en la forma en que se estructuran y acceden a los datos.

-Bases de Datos de Grafos

• **Bases de Datos de Grafos**: Este tipo de base de datos está diseñado para aplicaciones que requieren modelar relaciones complejas, como redes sociales, sistemas de recomendaciones o gestión de fraudes. Utilizan nodos y aristas para representar entidades y sus relaciones, lo que permite realizar consultas eficientes sobre las conexiones entre datos. Ejemplos de bases de datos de grafos incluyen Neo4j y Amazon Neptune.

En conclusión, el diseño adecuado de bases de datos es crucial para el rendimiento, la escalabilidad y la mantenibilidad de un sistema de software. Al comprender las diferencias entre bases de datos relacionales y NoSQL, así como los conceptos clave asociados con cada tipo, los desarrolladores pueden tomar decisiones informadas que se alineen con los objetivos del proyecto. Esto asegura que la base de datos elegida no solo maneje eficientemente los datos actuales, sino que también sea capaz de escalar y adaptarse a futuras necesidades.

4.8. DISEÑO DE APIS Y MICROSERVICIOS (SOA)

El diseño de APIs (Interfaces de Programación de Aplicaciones) y microservicios es esencial en la creación de sistemas modernos que sean escalables, mantenibles y que puedan evolucionar de manera ágil. Estos enfoques permiten a los desarrolladores construir aplicaciones distribuidas que facilitan la comunicación entre componentes y servicios.

1. APIs RESTful

Las **APIs RESTful** son un estándar ampliamente utilizado para crear servicios web que permiten la comunicación entre aplicaciones a través del protocolo HTTP. Algunas características clave incluyen:

• **Orientación a Recursos**: En REST, cada recurso (como un usuario, un producto, etc.) se identifica mediante una URL única. Las operaciones sobre estos recursos se realizan utilizando los métodos HTTP estándar: GET (obtener), POST (crear), PUT (actualizar) y DELETE (eliminar).

• **Stateless**: Cada petición de cliente a servidor es independiente, lo que significa que el servidor no mantiene información del estado del cliente entre las peticiones. Esto mejora la escalabilidad y la simplicidad en la gestión de la infraestructura.

• **Formato de Respuesta**: Las APIs RESTful suelen utilizar formatos de intercambio de datos como JSON o XML, lo que facilita la integración con diferentes plataformas y lenguajes de programación.

2. GraphQL

GraphQL es una alternativa a las APIs RESTful que proporciona a los clientes una mayor flexibilidad y eficiencia en la obtención de datos:

• **Consultas Específicas**: Con GraphQL, los clientes pueden solicitar exactamente los datos que necesitan, evitando la sobrecarga de información que a menudo ocurre con las respuestas de las APIs REST. Esto permite optimizar las consultas y reducir la cantidad de datos transferidos.

- **Un Solo Endpoint**: A diferencia de REST, donde cada recurso puede tener su propio endpoint, GraphQL opera a través de un único endpoint que maneja todas las solicitudes. Esto simplifica la estructura de la API y mejora la organización del código.

- **Tipado Estricto**: GraphQL utiliza un sistema de tipos que permite a los desarrolladores definir la estructura de los datos disponibles, facilitando la validación y el autocompletado en herramientas de desarrollo.

3. Arquitectura de Microservicios

La **arquitectura de microservicios** es un enfoque que divide una aplicación en pequeños servicios independientes, cada uno de los cuales es responsable de una funcionalidad específica:

- **Independencia**: Cada microservicio puede desarrollarse, desplegarse y escalarse de forma autónoma, lo que permite un desarrollo ágil y una mejor gestión del ciclo de vida del software. Esto también significa que un equipo puede trabajar en un microservicio sin afectar a otros.

- **Tecnologías Diversas**: Los microservicios pueden utilizar diferentes tecnologías, lenguajes de programación y bases de datos según las necesidades específicas de cada servicio, lo que otorga flexibilidad en la elección de herramientas.

- **Escalabilidad**: La arquitectura de microservicios facilita la escalabilidad, ya que cada servicio puede escalarse de manera independiente según la demanda. Esto es especialmente útil en entornos donde ciertas funcionalidades requieren más recursos en momentos específicos.

4. Service-Oriented Architecture (SOA)

La **Service-Oriented Architecture (SOA)** es un enfoque más amplio que también se centra en la creación de aplicaciones distribuidas mediante el uso de servicios:

- **Integración de Servicios**: SOA permite la integración de diferentes servicios a través de un bus de servicios (Enterprise Service Bus,

ESB), facilitando la comunicación entre aplicaciones heterogéneas. Esto es particularmente útil en entornos empresariales donde múltiples sistemas deben interactuar.

- **Interoperabilidad**: Los servicios en una arquitectura SOA están diseñados para ser interoperables, lo que significa que pueden funcionar juntos independientemente de las plataformas en las que se ejecuten. Esto se logra mediante el uso de estándares abiertos y protocolos de comunicación.

- **Facilidad de Mantenimiento**: Al igual que en la arquitectura de microservicios, SOA promueve la separación de preocupaciones, lo que facilita la evolución y el mantenimiento del sistema. Los cambios en un servicio no afectan directamente a otros, siempre que se respeten los contratos de servicio.

Conclusión

El diseño de APIs y microservicios, junto con enfoques como SOA, son fundamentales en el desarrollo de aplicaciones modernas. Permiten la creación de sistemas escalables, eficientes y mantenibles, adaptándose a las necesidades cambiantes del negocio y mejorando la experiencia del usuario. A medida que la tecnología evoluciona, la implementación de estas arquitecturas se convierte en un estándar para la construcción de software robusto y flexible.

4.9. CONCLUSIONES DEL CAPÍTULO

El diseño de software es un proceso iterativo que traduce los requisitos en una solución técnica viable, equilibrando la usabilidad, la eficiencia y la mantenibilidad del sistema. Un buen diseño no solo facilita el desarrollo, sino que también asegura que el sistema pueda adaptarse a cambios futuros y responder a las necesidades del usuario de manera efectiva. La combinación de principios sólidos, el uso de patrones de diseño adecuados y la correcta documentación son claves para crear sistemas de alta calidad.

CAPÍTULO 5

ARQUITECTURA DE SOFTWARE

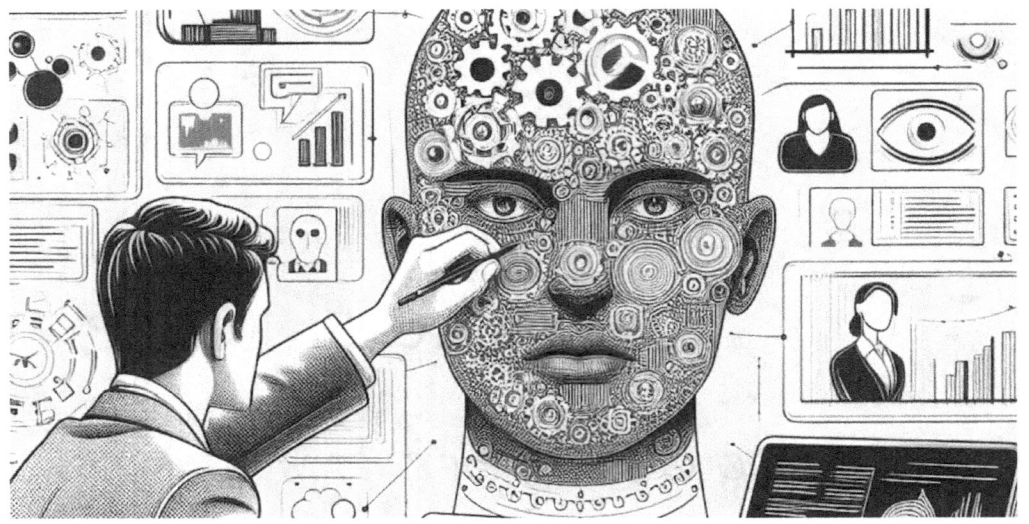

CAPÍTULO 5
ARQUITECTURA
DE SOFTWARE

La arquitectura de software es la estructura fundamental de un sistema de software y define cómo se organizan y comunican sus componentes. Este capítulo explora los conceptos y patrones clave que ayudan a los arquitectos de software a diseñar soluciones efectivas y escalables.

5.1. CONCEPTOS FUNDAMENTALES DE LA ARQUITECTURA DE SOFTWARE

La arquitectura de software es un marco conceptual que define la estructura y organización de un sistema de software. Es un aspecto crítico del desarrollo de software, ya que establece las bases sobre las cuales se construirán los componentes y se definirán sus interacciones. A continuación, se detallan los conceptos fundamentales que forman la base de la arquitectura de software:

5.1.1. Componentes

Los **componentes** son las piezas individuales que componen un sistema de software. Cada componente tiene una función específica y puede ser considerado como una unidad modular que encapsula su propia lógica, datos y comportamiento. Los componentes pueden ser:

• **Módulos**: Agrupaciones de funciones y procedimientos que forman una parte cohesiva del sistema. Por ejemplo, un módulo de autenticación que gestiona el inicio de sesión de los usuarios.

• **Servicios**: Funciones autónomas que pueden ser invocadas por otros componentes. Por ejemplo, un servicio de pago que procesa transacciones.

• **Bases de datos**: Almacenes de datos que permiten la persistencia y recuperación de información.

• **Interfaces de usuario**: Elementos que permiten la interacción entre el usuario y el sistema.

Los componentes deben ser diseñados de tal manera que promuevan la reutilización y la separación de preocupaciones, lo que facilita el mantenimiento y la escalabilidad del sistema.

5.1.2. Conectores

Los **conectores** son los mecanismos que permiten la comunicación e interacción entre los componentes del sistema. Actúan como intermediarios que facilitan el intercambio de datos y el control de flujo entre diferentes partes del sistema. Los conectores pueden ser de varios tipos:

- **Protocolos de comunicación**: Normas que definen cómo se transmiten los datos entre los componentes. Ejemplos incluyen HTTP, WebSocket y MQTT.

- **Colas de mensajes**: Sistemas que permiten la comunicación asíncrona entre componentes, como RabbitMQ o Apache Kafka. Estos permiten que los mensajes se envíen entre componentes sin que ambos deban estar disponibles al mismo tiempo.

- **API (Interfaz de Programación de Aplicaciones)**: Conjuntos de reglas que permiten que diferentes software se comuniquen entre sí. Las APIs definen los métodos y los datos que se pueden intercambiar.

La elección adecuada de conectores es crucial para asegurar la eficiencia y la fiabilidad en la comunicación del sistema, lo que a su vez influye en la calidad del software.

5.1.3. Estilos Arquitectónicos

Los **estilos arquitectónicos** son patrones generales que definen la organización y las relaciones entre componentes en un sistema de software. Cada estilo tiene sus propias características y ventajas, y la selección de un estilo adecuado es fundamental para el éxito del proyecto. Algunos ejemplos de estilos arquitectónicos incluyen:

- **Arquitectura en Capas**: Este estilo organiza el sistema en capas jerárquicas, donde cada capa tiene una responsabilidad específica. Las capas superiores se comunican con las inferiores a través de interfaces bien definidas. Este enfoque promueve la separación de preocupaciones y facilita el mantenimiento.

- **Arquitectura Basada en Servicios (SOA)**: En este estilo, los componentes del sistema son servicios independientes que se comunican a través de interfaces bien definidas. Este enfoque permite la reutilización de servicios y la integración de diferentes aplicaciones.

- **Microservicios**: Un enfoque más moderno que divide una aplicación en múltiples servicios pequeños e independientes que se implementan y escalan por separado. Esto permite una gran flexibilidad y agilidad en el desarrollo.

- **Arquitectura Orientada a Eventos**: En este estilo, los componentes se comunican mediante eventos, lo que permite una alta escalabilidad y una respuesta rápida a cambios en el sistema. Es ideal para sistemas distribuidos y en tiempo real.

5.1.4. Impacto en la Calidad, Rendimiento y Mantenimiento

La arquitectura de software no solo se trata de diseñar componentes y definir interacciones; también implica tomar decisiones estratégicas que impactan en varios aspectos del sistema:

- **Calidad**: Una buena arquitectura puede ayudar a garantizar la calidad del software, ya que promueve la coherencia, la reutilización y la escalabilidad.

- **Rendimiento**: La forma en que se organizan y comunican los componentes afecta directamente el rendimiento del sistema. Por ejemplo, una arquitectura que minimiza la latencia y optimiza el uso de recursos puede mejorar significativamente la experiencia del usuario.

- **Mantenimiento**: Un diseño arquitectónico bien pensado facilita el mantenimiento del software, lo que permite realizar cambios y mejoras sin afectar negativamente al sistema en su conjunto.

En resumen, la arquitectura de software es un pilar fundamental en el desarrollo de sistemas de software complejos. Al comprender los conceptos básicos de componentes, conectores y estilos arquitectónicos, los desarrolladores pueden tomar decisiones más informadas que afecten positivamente la calidad, rendimiento y capacidad de mantenimiento de sus aplicaciones.

5.2. PATRONES ARQUITECTÓNICOS COMUNES

En el desarrollo de software, los patrones arquitectónicos son soluciones recurrentes a problemas comunes que surgen en el diseño de sistemas. Cada patrón ofrece un enfoque estructurado para resolver desafíos específicos, lo que permite a los desarrolladores implementar aplicaciones más efectivas y mantenibles. A continuación se detallan algunos de los patrones arquitectónicos más comunes:

5.2.1. Modelo-Vista-Controlador (MVC)

El **Modelo-Vista-Controlador (MVC)** es uno de los patrones más utilizados en el desarrollo de aplicaciones, especialmente en el ámbito de las aplicaciones web. Este patrón separa la aplicación en tres componentes principales:

- **Modelo**: Representa la lógica de negocio y la gestión de datos. Es responsable de recuperar, almacenar y manipular los datos de la aplicación, asegurándose de que la información esté en un estado consistente.

- **Vista**: Se encarga de la presentación de la interfaz de usuario. Su función es mostrar la información del modelo al usuario y enviar las interacciones del usuario al controlador.

- **Controlador**: Actúa como intermediario entre el modelo y la vista. Procesa las entradas del usuario, actualiza el modelo y notifica a la vista sobre los cambios que deben reflejarse.

Este patrón facilita el mantenimiento y la escalabilidad, ya que los desarrolladores pueden trabajar en componentes individuales sin afectar el sistema en su totalidad. Además, fomenta la reutilización de código y la separación de preocupaciones, lo que resulta en aplicaciones más limpias y organizadas.

5.2.2. Arquitectura en Capas

La **arquitectura en capas** divide el sistema en capas jerárquicas, donde cada capa tiene una responsabilidad específica. Las capas típicas son:

- **Capa de Presentación**: Maneja la interfaz de usuario y la interacción con el usuario. Se encarga de mostrar la información y recibir las entradas del usuario.

- **Capa de Negocio**: Contiene la lógica de negocio de la aplicación, procesando los datos y aplicando las reglas de negocio necesarias.

- **Capa de Acceso a Datos**: Se encarga de la interacción con la base de datos y otros sistemas de almacenamiento. Proporciona una interfaz para que la capa de negocio acceda a los datos de manera consistente.

Este patrón promueve la separación de responsabilidades y facilita la gestión de cambios. Por ejemplo, si se requiere una nueva interfaz de usuario, los desarrolladores pueden modificar la capa de presentación sin afectar la lógica de negocio o el acceso a datos.

5.2.3. Microservicios

La arquitectura de **microservicios** es un enfoque moderno que distribuye una aplicación en servicios pequeños e independientes. Cada microservicio es responsable de una funcionalidad específica y se puede desarrollar, desplegar y escalar de forma autónoma. Las características clave incluyen:

- **Independencia**: Cada microservicio puede ser desarrollado en diferentes lenguajes de programación y tecnologías, permitiendo la flexibilidad en la elección de herramientas.

- **Escalabilidad**: Los microservicios pueden escalar de manera independiente, lo que permite a las organizaciones optimizar el uso de recursos según la demanda.

- **Resiliencia**: Si un microservicio falla, no necesariamente afecta a toda la aplicación, lo que mejora la disponibilidad del sistema.

Sin embargo, esta arquitectura también presenta desafíos, como la complejidad en la gestión de múltiples servicios y la necesidad de una comunicación eficiente entre ellos, a menudo utilizando APIs REST o eventos.

5.2.4. Arquitectura Orientada a Servicios (SOA)

La **arquitectura orientada a servicios (SOA)** es un patrón que utiliza servicios como componentes principales para permitir la comunicación entre aplicaciones y sistemas. Las características principales incluyen:

- **Interoperabilidad**: Los servicios pueden comunicarse entre diferentes plataformas y lenguajes, lo que permite integrar aplicaciones heredadas y nuevas sin problemas.

- **Reutilización**: Los servicios son diseñados para ser reutilizados en diferentes contextos, lo que reduce la duplicación de esfuerzos en el desarrollo.

- **Desacoplamiento**: Los servicios están desacoplados, lo que significa que pueden ser modificados o reemplazados sin afectar a otras partes del sistema.

En una arquitectura SOA, los servicios pueden estar basados en diferentes tecnologías y estándares, como SOAP o REST, y se comunican a través de redes. Este enfoque es ideal para entornos empresariales donde la integración de múltiples sistemas es crucial.

5.2.5. Conclusión

La elección del patrón arquitectónico adecuado depende de varios factores, incluyendo los requisitos del proyecto, el tamaño del equipo y las tecnologías disponibles. Comprender estos patrones y sus ventajas permite a los desarrolladores tomar decisiones informadas que influyan en el éxito del proyecto y en la calidad del software final. Cada patrón presenta oportunidades y desafíos únicos, y una combinación de estos puede ser la solución más efectiva para satisfacer las necesidades específicas de una aplicación.

5.3. MODELADO DE LA ARQUITECTURA DE SOFTWARE

El **modelado de la arquitectura de software** es un proceso crucial que involucra la creación de representaciones visuales y conceptuales de un sistema para facilitar la comprensión, el análisis y la comunicación de su estructura y componentes. Este proceso no solo es esencial para los arquitectos de software, sino que también es beneficioso para todos los interesados en el proyecto, incluidos desarrolladores, gerentes de proyecto y clientes. A continuación se detallan los aspectos más relevantes y las herramientas asociadas al modelado de la arquitectura de software.

5.3.1. Representaciones Visuales de la Arquitectura

Los diagramas son herramientas clave en el modelado de la arquitectura de software. Algunos de los más utilizados incluyen:

• **Diagramas de Clases**: Utilizados principalmente en el contexto de la programación orientada a objetos, estos diagramas representan las clases del sistema, sus atributos, métodos y las relaciones entre ellas. Son fundamentales para entender la estructura de datos y la lógica de negocio.

• **Diagramas de Componentes**: Estos diagramas muestran cómo se organizan y se interrelacionan los componentes de un sistema. Incluyen detalles sobre las interfaces y las dependencias entre componentes, lo que facilita la identificación de los puntos de integración y comunicación dentro del sistema.

• **Diagramas de Flujo**: Representan el flujo de control y datos en un sistema, ayudando a visualizar cómo se procesan las entradas y salidas.

Son útiles para describir procesos complejos y la lógica detrás de las decisiones.

• **Diagramas de Despliegue**: Utilizados para representar la distribución física de los componentes de software en hardware específico. Incluyen información sobre servidores, bases de datos y redes, lo que es crucial para entender la infraestructura del sistema.

5.3.2. Beneficios del Modelado de la Arquitectura

El modelado de la arquitectura de software ofrece numerosos beneficios que son esenciales para el desarrollo y la gestión del software:

• **Visualizar**: Los diagramas proporcionan una representación clara y comprensible de cómo se organizan los componentes del sistema. Esto ayuda a todos los interesados a tener una visión común de la arquitectura y facilita la comunicación entre los equipos. Una buena visualización permite identificar rápidamente áreas de interés, como cuellos de botella en el rendimiento o posibles puntos de fallo.

• **Documentar**: Los modelos arquitectónicos actúan como un registro histórico de las decisiones arquitectónicas tomadas durante el desarrollo del software. Esta documentación es invaluable para futuras referencias, especialmente durante el mantenimiento del sistema o la incorporación de nuevos miembros al equipo. También proporciona un contexto para entender las elecciones realizadas en términos de diseño y tecnología.

• **Analizar**: A través del modelado, se pueden evaluar los efectos de los cambios propuestos en la arquitectura antes de implementarlos. Esto permite identificar problemas potenciales, como la complejidad excesiva o las dependencias innecesarias, lo que puede ayudar a reducir riesgos y costos asociados con el desarrollo. Además, permite realizar simulaciones para prever el comportamiento del sistema bajo diferentes condiciones y configuraciones.

5.3.3. Herramientas de Modelado de Arquitectura

Existen varias herramientas y lenguajes de modelado que pueden ayudar en la creación de estos diagramas y modelos, como:

• **UML (Unified Modeling Language)**: Un lenguaje estándar que proporciona un conjunto de notaciones gráficas para describir los aspectos de diseño de un sistema. UML es ampliamente utilizado en el modelado de la arquitectura de software debido a su versatilidad y capacidad para representar diferentes perspectivas del sistema.

• **Archimate**: Un lenguaje específico para modelar arquitecturas empresariales, que permite describir la estructura y el comportamiento de un sistema de manera coherente.

• **PlantUML**: Herramienta que permite crear diagramas a partir de texto, facilitando la documentación en entornos de desarrollo ágil.

• **Microsoft Visio, Lucidchart y Draw.io**: Herramientas gráficas que permiten crear diagramas personalizados y visuales para la documentación y el modelado.

5.3.4. Mejores Prácticas en el Modelado de la Arquitectura

Algunas mejores prácticas para un modelado efectivo incluyen:

• **Mantener la simplicidad**: Evitar la sobrecarga de detalles en los diagramas para que sean fácilmente comprensibles.

• **Actualizar los modelos**: Asegurarse de que los modelos reflejen los cambios en el sistema a lo largo del tiempo.

• **Involucrar a los interesados**: Incluir a los miembros del equipo y otras partes interesadas en el proceso de modelado para garantizar que todos estén alineados con la visión arquitectónica.

• **Usar un lenguaje común**: Adoptar un enfoque de modelado que todos los involucrados en el proyecto comprendan para mejorar la comunicación y evitar malentendidos.

5.3.5. Conclusión

El modelado de la arquitectura de software es una actividad esencial que ayuda a estructurar y comunicar la complejidad de los sistemas de software. A través de representaciones visuales, permite a los equipos comprender y documentar la arquitectura de un sistema, evaluar sus implicaciones y facilitar decisiones informadas sobre su desarrollo y evolución. Implementar un enfoque riguroso y bien documentado para el modelado de la arquitectura no solo mejora la calidad del software, sino que también contribuye al éxito general del proyecto.

5.4. EVALUACIÓN Y SELECCIÓN DE ARQUITECTURAS

La evaluación y selección de arquitecturas es un proceso crítico en la ingeniería de software que requiere un enfoque sistemático y estratégico. Este proceso busca identificar la arquitectura más adecuada para un sistema específico, considerando diversos factores que pueden influir en su rendimiento, sostenibilidad y alineación con los objetivos del negocio. A continuación se amplían los aspectos clave involucrados en la evaluación y selección de arquitecturas.

5.4.1. Factores Clave en la Evaluación de Arquitecturas

1. Requisitos del Sistema:

• **Necesidades Funcionales**: Se refieren a las capacidades específicas que el sistema debe ofrecer, como la gestión de usuarios, el procesamiento de datos o la integración con otras aplicaciones. Es crucial entender estos requisitos para elegir una arquitectura que soporte adecuadamente la funcionalidad deseada.

• **Necesidades No Funcionales**: Incluyen aspectos como el rendimiento, la disponibilidad, la seguridad, la mantenibilidad y la usabilidad. Estos requisitos no funcionales pueden ser determinantes en la elección de la arquitectura, ya que influyen en cómo el sistema se comportará en el entorno real. Por ejemplo, si un sistema requiere alta disponibilidad, una arquitectura de microservicios podría ser más adecuada que una arquitectura monolítica.

2. Escalabilidad:

• La escalabilidad se refiere a la capacidad de un sistema para manejar un aumento en la carga de trabajo o en el número de usuarios sin comprometer su rendimiento. Al evaluar arquitecturas, es fundamental considerar cómo cada opción permite escalar horizontal o verticalmente.

• **Escalabilidad Horizontal**: Implica agregar más máquinas o instancias para manejar la carga. Este enfoque es común en arquitecturas de microservicios, donde cada servicio puede escalar de forma independiente.

• **Escalabilidad Vertical**: Se refiere a aumentar los recursos (como CPU o memoria) de una única instancia. Algunas arquitecturas pueden ser más adecuadas para la escalabilidad vertical, pero pueden llegar a ser limitadas a medida que crecen las demandas.

3. Costos:

• La evaluación de costos incluye tanto la implementación inicial como los costos de mantenimiento a largo plazo. Esto abarca no solo los costos monetarios, sino también el tiempo y los recursos humanos necesarios para desarrollar, implementar y mantener la arquitectura.

• **Costos de Implementación**: Pueden incluir gastos en hardware, software, capacitación del personal y tiempo de desarrollo. Es esencial hacer un análisis de costo-beneficio para determinar si la arquitectura elegida justifica la inversión.

• **Costos de Mantenimiento**: Involucran el esfuerzo necesario para realizar actualizaciones, correcciones de errores y adaptaciones a cambios en los requisitos. Una arquitectura más compleja puede requerir un mayor esfuerzo de mantenimiento, lo que incrementa los costos a largo plazo.

4. Riesgos:

• Identificar y evaluar los riesgos asociados con diferentes arquitecturas es una parte fundamental del proceso de selección. Esto incluye analizar posibles puntos de fallo, vulnerabilidades de seguridad y la complejidad de la implementación.

• **Riesgos Técnicos**: Como la dependencia de tecnologías específicas que pueden no estar bien soportadas o que podrían volverse obsoletas.

• **Riesgos de Gestión**: Involucran la falta de habilidades en el equipo para implementar y mantener la arquitectura seleccionada, lo que puede conducir a retrasos y costos adicionales.

- **Riesgos de Cambio**: Si se requiere un cambio significativo en la arquitectura más adelante, esto puede resultar en un alto costo y un impacto negativo en el proyecto.

5.4.2. Proceso de Evaluación y Selección

La evaluación y selección de arquitecturas puede seguir un proceso estructurado que incluye:

1. Recolección de Requisitos:

- Realizar reuniones con partes interesadas para comprender las necesidades y expectativas del sistema.

2. Identificación de Alternativas:

- Investigar y generar una lista de arquitecturas potenciales que puedan satisfacer los requisitos del sistema.

3. Evaluación de Opciones:

- Utilizar matrices de decisión o modelos de puntuación para evaluar cada arquitectura en función de los factores clave mencionados anteriormente.

- Comparar las arquitecturas frente a una serie de criterios establecidos (por ejemplo, coste, escalabilidad, requisitos funcionales, etc.).

4. Pruebas de Concepto (PoC):

- Desarrollar prototipos o pruebas de concepto para las arquitecturas más prometedoras, permitiendo una evaluación práctica de su rendimiento y viabilidad.

5. Toma de Decisiones:

- Con base en la evaluación y los resultados de las pruebas de concepto, seleccionar la arquitectura que mejor se alinee con los requisitos y objetivos del proyecto.

6. Documentación:

- Documentar las decisiones tomadas, junto con las razones detrás de cada elección, para futuras referencias y como parte del proceso de gestión del conocimiento.

5.4.3. Conclusiones

La evaluación y selección de arquitecturas es un proceso vital que impacta significativamente en el éxito de un proyecto de software. Al considerar los requisitos del sistema, la escalabilidad, los costos y los riesgos asociados, se puede tomar una decisión informada que optimice el rendimiento y la sostenibilidad del software a lo largo de su ciclo de vida. Una selección adecuada no solo mejora la calidad del producto final, sino que también contribuye a la satisfacción del cliente y a la eficacia del equipo de desarrollo.

5.5. ARQUITECTURA BASADA EN MICROSERVICIOS

La arquitectura basada en microservicios es un enfoque de diseño de software que descompone aplicaciones complejas en pequeños servicios independientes que pueden ser desarrollados, desplegados y escalados de forma autónoma. Este paradigma ha ganado popularidad en los últimos años debido a su capacidad para manejar la complejidad de las aplicaciones modernas y su alineación con metodologías ágiles y DevOps. A continuación, se detallan sus beneficios, desafíos y consideraciones clave.

5.5.1. Beneficios de la Arquitectura Basada en Microservicios

1. Escalabilidad:

• **Escalado Independiente**: Cada microservicio puede escalarse de manera independiente según la demanda. Por ejemplo, si un servicio relacionado con la gestión de usuarios experimenta un aumento en la carga, solo ese servicio necesita ser escalado sin afectar a los demás.

• **Optimización de Recursos**: Este enfoque permite a las organizaciones optimizar sus recursos de infraestructura, ya que pueden asignar más capacidad solo a aquellos servicios que lo requieran en momentos de alta demanda, mejorando la eficiencia operativa.

2. Mantenibilidad:

• **Equipos Independientes**: Los microservicios permiten la creación de equipos de desarrollo independientes que pueden trabajar en diferentes servicios sin interferencias. Esto facilita la implementación de nuevas funciones y la corrección de errores sin afectar a toda la aplicación.

- **Reducción de Complejidad**: La complejidad del código se reduce al dividir una aplicación monolítica en componentes más pequeños y manejables. Cada microservicio tiene su propio código base, lo que simplifica las pruebas, el mantenimiento y la comprensión del sistema.

3. Flexibilidad:

- **Tecnologías Diversas**: Los microservicios permiten utilizar diferentes tecnologías y lenguajes de programación para cada servicio. Esto significa que los equipos pueden seleccionar la mejor herramienta para el trabajo específico que están realizando, lo que puede llevar a un desarrollo más eficiente y a la adopción de nuevas tecnologías según sea necesario.

- **Facilidad para Adoptar Nuevas Herramientas**: La implementación de nuevas herramientas y tecnologías puede ser más fácil en un entorno de microservicios, ya que cada servicio puede ser actualizado o reemplazado de forma independiente.

4. Despliegue Continuo:

- Los microservicios favorecen la implementación de prácticas de integración continua y entrega continua (CI/CD). Como cada microservicio se puede implementar de forma independiente, es más fácil y rápido desplegar actualizaciones y nuevas funcionalidades sin interrumpir toda la aplicación.

5.5.2. Desafíos de la Arquitectura Basada en Microservicios

1. Gestión de la Comunicación entre Servicios:

- La comunicación entre microservicios puede ser compleja y requerir el uso de protocolos de red adecuados (como REST, gRPC, o mensajería basada en eventos). La gestión de esta comunicación, así como la sincronización de datos entre servicios, puede ser un desafío significativo.

- **Latencia y Fallos**: La necesidad de comunicación entre servicios introduce la posibilidad de latencia y fallos en la red. Es crucial implementar estrategias de resiliencia, como circuit breakers y patrones de reintento, para manejar estos problemas.

2. Complejidad en la Orquestación:

- A medida que se añaden más microservicios, la orquestación se vuelve más compleja. Necesidades de despliegue, escalado y supervisión deben ser gestionadas de manera efectiva para asegurar que todos los servicios funcionen juntos como se espera.

- **Herramientas de Orquestación**: Se requiere el uso de herramientas de orquestación (como Kubernetes) para gestionar el ciclo de vida de los microservicios, lo que puede aumentar la curva de aprendizaje y la complejidad operativa.

3. Monitoreo y Depuración:

- La naturaleza distribuida de los microservicios hace que el monitoreo y la depuración sean más desafiantes. La identificación de problemas a través de múltiples servicios puede ser complicada, lo que requiere herramientas avanzadas de monitoreo y trazabilidad.

- **Consistencia de Datos**: Mantener la consistencia de los datos a través de varios microservicios es un reto. Las estrategias como la eventual consistencia y la gestión de transacciones distribuidas deben ser consideradas y planificadas adecuadamente.

4. Seguridad:

- La seguridad en un entorno de microservicios puede ser más difícil de gestionar que en una aplicación monolítica. Cada microservicio puede tener diferentes puntos de acceso que deben ser asegurados, y la implementación de una política de seguridad coherente es fundamental.

- **Autenticación y Autorización**: Implementar mecanismos de autenticación y autorización centralizados, como OAuth2 o OpenID Connect, puede ayudar a gestionar la seguridad de forma más eficaz.

5.5.3. Conclusiones

La arquitectura basada en microservicios ofrece un enfoque poderoso y flexible para el desarrollo de software moderno, permitiendo a las organizaciones responder rápidamente a las necesidades del mercado y mejorar la eficiencia operativa. Sin embargo, también presenta desafíos significativos que requieren una planificación cuidadosa, herramientas adecuadas y prácticas sólidas de gestión y monitoreo. Con un enfoque estratégico, la implementación de microservicios puede resultar en sistemas altamente escalables y mantenibles que se adaptan a un entorno tecnológico en constante evolución.

5.6. ARQUITECTURA SERVERLESS

La arquitectura serverless, también conocida como "función como servicio" (FaaS), es un modelo de diseño que permite a los desarrolladores construir y ejecutar aplicaciones sin tener que preocuparse por la gestión de servidores o la infraestructura subyacente. Este enfoque se basa en la idea de que los desarrolladores pueden concentrarse en escribir código y en la lógica de negocio, mientras que el proveedor de servicios en la nube se encarga de todos los aspectos operativos relacionados con la infraestructura. A continuación se detallan las características, beneficios, desventajas y consideraciones clave de la arquitectura serverless.

5.6.1. Características de la Arquitectura Serverless

1. Ejecución Bajo Demanda:

• **Event-Driven**: En un entorno serverless, las funciones se ejecutan en respuesta a eventos, como solicitudes HTTP, cambios en bases de datos, colas de mensajes, y otros disparadores. Esto significa que las funciones solo se activan cuando son necesarias, lo que optimiza el uso de recursos.

• **Sin Aprovisionamiento**: Los desarrolladores no necesitan aprovisionar ni gestionar servidores. El proveedor de la nube se encarga de toda la infraestructura, lo que permite a los equipos centrarse en el desarrollo y la implementación.

2. Escalabilidad Automática:

• **Adaptación a la Carga**: La infraestructura en una arquitectura serverless se escala automáticamente en función de la carga de trabajo. Cuando hay picos de demanda, el sistema puede iniciar instancias adicionales de funciones en segundos, y cuando la demanda disminuye, reduce automáticamente los recursos utilizados.

- **Manejo de Tráfico Variable**: Este modelo es particularmente efectivo para aplicaciones con patrones de tráfico variables o impredecibles, donde la capacidad de escalar según la demanda es crucial.

3. Costo Eficiente:

- **Pago por Uso**: En lugar de pagar por una cantidad fija de recursos o por servidores que pueden estar inactivos, el modelo serverless permite a las organizaciones pagar solo por el tiempo de ejecución de las funciones. Esto puede resultar en ahorros significativos, especialmente para aplicaciones con cargas de trabajo esporádicas o fluctuantes.

- **Eliminación de Costos de Infraestructura**: Al no tener que mantener servidores, las empresas pueden reducir costos operativos y de infraestructura, permitiendo que los recursos se utilicen más eficientemente.

5.6.2. Beneficios de la Arquitectura Serverless

1. Reducción del Tiempo de Desarrollo:

- Los desarrolladores pueden concentrarse en la lógica de negocio en lugar de en la gestión de la infraestructura, lo que acelera el tiempo de desarrollo y permite la implementación más rápida de nuevas características.

- Las funciones pueden ser desarrolladas y desplegadas de manera independiente, lo que facilita la iteración y el uso de metodologías ágiles.

2. Flexibilidad y Agilidad:

- La arquitectura serverless permite a las empresas adaptarse rápidamente a cambios en el mercado o en la demanda, ya que pueden modificar y desplegar funciones sin preocuparse por la infraestructura.

- Facilita la experimentación, ya que los desarrolladores pueden probar nuevas ideas sin inversiones significativas en infraestructura.

3. Manejo Simplificado de Infraestructura:

- Los proveedores de servicios en la nube se encargan de la configuración, el aprovisionamiento, la gestión y la seguridad de la infraestructura, lo que permite a los desarrolladores enfocarse en crear valor a través de su código.

5.6.3. Desafíos de la Arquitectura Serverless

1. Diseño de Eventos y Funciones:

• Aunque la arquitectura serverless ofrece muchos beneficios, requiere un diseño cuidadoso de eventos y funciones. Los desarrolladores deben definir claramente los disparadores y cómo las funciones interactúan entre sí y con otros servicios.

• **Complejidad en el Desarrollo**: La necesidad de manejar múltiples funciones y su interacción puede introducir complejidad en el desarrollo y la depuración.

2. Limitaciones de Ejecución:

• Muchas plataformas serverless imponen límites en el tiempo de ejecución de las funciones, lo que puede no ser adecuado para tareas que requieren procesamiento intensivo o que tardan mucho tiempo.

• **Dependencias y Gestión de Estado**: Las funciones serverless son inherentemente efímeras y sin estado. Los desarrolladores deben gestionar el estado de la aplicación a través de otros servicios, como bases de datos, lo que puede complicar el diseño.

3. Monitoreo y Trazabilidad:

• La naturaleza distribuida de la arquitectura serverless puede dificultar el monitoreo y la trazabilidad. Es esencial implementar soluciones adecuadas de monitoreo y registro para rastrear el comportamiento y el rendimiento de las funciones.

• **Dificultades en la Depuración**: La depuración de funciones individuales puede ser complicada, ya que el contexto de ejecución puede variar, y la interdependencia entre funciones puede complicar la identificación de problemas.

4. Problemas de Seguridad:

• Aunque los proveedores de servicios en la nube manejan gran parte de la seguridad, las aplicaciones serverless todavía pueden ser vulnerables a ataques. Es crucial implementar prácticas de seguridad adecuadas y seguir las mejores prácticas de desarrollo seguro.

• **Gestión de Accesos**: La gestión de permisos y accesos es fundamental para proteger los recursos en un entorno serverless, ya que cada función puede requerir diferentes niveles de acceso.

5.6.4. Consideraciones Clave al Implementar Arquitectura Serverless

1. Seleccionar el Proveedor Adecuado:

• Es importante evaluar diferentes proveedores de servicios en la nube (como AWS Lambda, Google Cloud Functions, Azure Functions) y sus características, limitaciones y precios antes de seleccionar uno.

• La compatibilidad con otros servicios y la facilidad de integración son factores a tener en cuenta al elegir un proveedor.

2. Planificación del Diseño:

• Un diseño arquitectónico sólido es fundamental para el éxito de una implementación serverless. Esto incluye definir eventos y funciones, gestionar la comunicación entre ellas y establecer la estrategia de manejo de datos.

• La utilización de patrones de diseño adecuados y la consideración de la gestión de la resiliencia son cruciales.

3. Pruebas y Monitoreo:

• Es vital establecer un entorno de pruebas robusto para garantizar la calidad del código antes de implementarlo. Las pruebas unitarias y de integración deben ser parte del ciclo de vida del desarrollo.

• Implementar soluciones de monitoreo y alertas para rastrear el rendimiento y la salud de las funciones es esencial para la administración eficaz de aplicaciones serverless.

5.6.5. Conclusión

La arquitectura serverless representa un enfoque innovador para el desarrollo de aplicaciones que puede mejorar la eficiencia y reducir los costos operativos. Al permitir a los desarrolladores enfocarse en el código y la lógica de negocio, en lugar de gestionar la infraestructura, este modelo se adapta perfectamente a aplicaciones modernas con cargas de trabajo variables. Sin embargo, para aprovechar al máximo sus beneficios, es esencial comprender sus desafíos y realizar una planificación cuidadosa en su diseño e implementación. Con las mejores prácticas y un enfoque estratégico, la arquitectura serverless puede transformar la forma en que se desarrollan y gestionan las aplicaciones en la actualidad.

5.7. ARQUITECTURAS ORIENTADAS A EVENTOS (EVENT-DRIVEN ARCHITECTURE)

Las arquitecturas orientadas a eventos (Event-Driven Architecture, EDA) son un enfoque de diseño que permite a los sistemas de software reaccionar a eventos en tiempo real, promoviendo una comunicación asíncrona entre los componentes del sistema. Esta arquitectura es particularmente útil en contextos donde se requiere un alto grado de interactividad, flexibilidad y escalabilidad. A continuación, se exploran las características, beneficios y desafíos de la arquitectura orientada a eventos.

5.7.1. Características de la Arquitectura Orientada a Eventos

1. Desacoplamiento de Componentes:

• **Independencia**: En una arquitectura orientada a eventos, los componentes (o servicios) funcionan de manera independiente, lo que significa que un componente no necesita conocer los detalles de implementación de otro para interactuar. Se comunican a través de un sistema de eventos, lo que facilita la evolución y el mantenimiento del sistema.

• **Interacción Asíncrona**: Los eventos se generan y consumen de forma asíncrona, lo que permite que los sistemas respondan a eventos sin bloquear otros procesos. Esto resulta en una mejor utilización de los recursos y un rendimiento optimizado.

2. Mejora de la Resiliencia:

• **Persistencia de Eventos**: En caso de que un componente falle, los eventos generados pueden ser almacenados en un sistema de colas o en una base de datos de eventos, permitiendo que sean procesados posteriormente una vez que el componente esté disponible nuevamente. Esto mejora la tolerancia a fallos del sistema.

• **Manejo de Picos de Carga**: La capacidad de almacenar eventos permite que el sistema maneje picos de carga sin comprometer su funcionamiento. Los eventos se pueden encolar y procesar a medida que los recursos estén disponibles.

3. Facilitación de la Escalabilidad:

• **Escalado Horizontal**: Los componentes pueden escalarse de manera independiente, en función del volumen de eventos que manejan. Esto permite que las aplicaciones crezcan y se adapten a cambios en la demanda sin necesidad de rediseñar la arquitectura completa.

• **Manejo de Eventos en Tiempo Real**: La arquitectura orientada a eventos es ideal para aplicaciones que requieren procesamiento en tiempo real, como análisis de datos, monitoreo de sistemas y aplicaciones de Internet de las Cosas (IoT).

5.7.2. Beneficios de la Arquitectura Orientada a Eventos

1. Flexibilidad y Adaptabilidad:

• La separación de componentes y la comunicación basada en eventos permiten a las organizaciones adaptar rápidamente sus sistemas a cambios en el negocio o en la tecnología. Esto resulta en una mayor agilidad para implementar nuevas características o integrar nuevas tecnologías.

• Las aplicaciones pueden evolucionar de manera más fluida, ya que los cambios en un componente no afectan directamente a los demás.

2. Optimización del Rendimiento:

• Al permitir la comunicación asíncrona, la arquitectura orientada a eventos puede reducir la latencia en el procesamiento de solicitudes, mejorando así la experiencia del usuario.

• Los eventos pueden ser procesados en paralelo, lo que maximiza el uso de recursos y reduce el tiempo de respuesta.

3. Soporte para Procesamiento en Tiempo Real:

- Las arquitecturas orientadas a eventos son ideales para aplicaciones que requieren análisis y toma de decisiones en tiempo real, como plataformas de comercio electrónico, sistemas de monitoreo financiero y aplicaciones de redes sociales.

- Permiten la integración de fuentes de datos en tiempo real, facilitando la creación de aplicaciones que responden rápidamente a las condiciones cambiantes del mercado.

5.7.3. Desafíos de la Arquitectura Orientada a Eventos

1. Complejidad en el Diseño:

- Diseñar sistemas basados en eventos puede ser más complejo que las arquitecturas tradicionales, ya que implica la creación de mecanismos para generar, consumir y manejar eventos de manera efectiva.

- La gestión del flujo de eventos y la coordinación entre componentes pueden volverse complicadas, especialmente en sistemas grandes y distribuidos.

2. Monitoreo y Depuración:

- El monitoreo de sistemas orientados a eventos puede ser un desafío, ya que los eventos pueden fluir a través de múltiples componentes. Esto requiere la implementación de herramientas de monitoreo y trazabilidad adecuadas para identificar problemas en el sistema.

- La depuración puede ser más difícil en un entorno donde la lógica de negocio se distribuye entre múltiples servicios que reaccionan a eventos.

3. Gestión de Consistencia:

- Mantener la consistencia de datos en un sistema basado en eventos puede ser complicado, especialmente cuando se producen eventos de manera asíncrona. Los desarrolladores deben implementar estrategias adecuadas para gestionar la coherencia y la integridad de los datos.

- Las transacciones distribuidas pueden ser difíciles de manejar, lo que puede resultar en estados inconsistentes si no se gestionan adecuadamente.

5.7.4. Casos de Uso Comunes de la Arquitectura Orientada a Eventos

1. Sistemas de Análisis en Tiempo Real:

• Utilizada en plataformas que requieren procesamiento y análisis de grandes volúmenes de datos en tiempo real, como análisis de redes sociales, monitoreo de sistemas financieros y análisis de tráfico web.

2. Aplicaciones de IoT:

• En aplicaciones que involucran múltiples dispositivos conectados, la arquitectura orientada a eventos permite que los datos sean recolectados, procesados y analizados en tiempo real para tomar decisiones informadas.

3. Sistemas de Monitoreo y Alertas:

• Implementada en sistemas que generan alertas en respuesta a eventos críticos, como sistemas de monitoreo de infraestructura IT, donde se requiere una respuesta rápida a problemas de rendimiento o seguridad.

5.7.5. Conclusión

Las arquitecturas orientadas a eventos ofrecen un enfoque poderoso para el diseño y la implementación de sistemas que requieren interactividad y capacidad de respuesta en tiempo real. Al promover el desacoplamiento de componentes, mejorar la resiliencia y facilitar la escalabilidad, este enfoque se adapta bien a las necesidades modernas de desarrollo de software. Sin embargo, es crucial abordar los desafíos asociados, como la complejidad en el diseño y la gestión de la consistencia de datos, para garantizar una implementación exitosa. Con una planificación cuidadosa y las herramientas adecuadas, las arquitecturas orientadas a eventos pueden proporcionar una base sólida para construir aplicaciones eficientes y escalables.

5.8. ESCALABILIDAD Y RENDIMIENTO EN ARQUITECTURAS DE SOFTWARE

La escalabilidad y el rendimiento son aspectos fundamentales en la arquitectura de software, ya que determinan la capacidad del sistema para manejar aumentos en la carga y el número de usuarios sin degradar la experiencia del usuario. Una arquitectura bien diseñada no solo debe funcionar correctamente en condiciones normales, sino también adaptarse a la demanda fluctuante y a los requisitos futuros. A continuación, se exploran las estrategias clave para lograr escalabilidad y rendimiento en las arquitecturas de software.

5.8.1. Escalabilidad Vertical

La escalabilidad vertical, también conocida como "escalado hacia arriba", implica aumentar los recursos de un solo servidor o instancia, mejorando el hardware existente. Esto puede incluir:

• **Aumento de la Capacidad de CPU**: Mejorar el procesador del servidor para manejar más operaciones simultáneamente.

• **Incremento de la Memoria RAM**: Agregar más memoria para permitir que se ejecuten más aplicaciones y procesos en la memoria, lo que reduce la necesidad de acceder a la memoria secundaria (disco duro).

• **Mejoras en el Almacenamiento**: Cambiar a unidades de estado sólido (SSD) más rápidas para mejorar la velocidad de acceso a datos.

-Ventajas

- **Simplicidad**: Generalmente más fácil de implementar que la escalabilidad horizontal, ya que no requiere cambios en la arquitectura de la aplicación.

• **Menor Complejidad**: Al mantener una única instancia, se reduce la necesidad de gestionar la comunicación entre múltiples servidores.

-Desventajas

• **Limitaciones Físicas**: Existe un límite en la cantidad de recursos que se pueden agregar a un solo servidor, lo que eventualmente puede llevar a cuellos de botella.

• **Costo**: La actualización de hardware puede ser costosa, especialmente en entornos de alta disponibilidad donde el tiempo de inactividad debe ser minimizado.

5.8.2. Escalabilidad Horizontal

La escalabilidad horizontal, o "escalado hacia afuera", implica aumentar el número de servidores o instancias en el sistema para distribuir la carga. Esta estrategia es ampliamente utilizada en arquitecturas de microservicios y entornos de nube. Las consideraciones incluyen:

• **Balanceo de Carga**: Implementar un balanceador de carga para distribuir las solicitudes entre múltiples servidores, asegurando que ningún servidor esté sobrecargado.

• **Replicación de Servidores**: Clonar instancias de la aplicación para gestionar la carga y mejorar la disponibilidad.

-Ventajas

• **Il límite en Escalabilidad**: Teóricamente, se pueden añadir tantos servidores como sea necesario para manejar el crecimiento.

• **Redundancia y Alta Disponibilidad**: La distribución de la carga en múltiples servidores mejora la resiliencia del sistema, ya que si uno falla, otros pueden continuar operando.

-Desventajas

• **Complejidad en la Gestión**: Requiere una mayor gestión de la infraestructura y la implementación de soluciones para la comunicación y la coherencia entre los servidores.

• **Costos Operativos**: Puede implicar un costo más alto en términos de mantenimiento y monitoreo de múltiples instancias.

5.8.3. Optimización del Rendimiento

La optimización del rendimiento es esencial para garantizar que una aplicación funcione de manera eficiente, incluso bajo cargas altas. Las técnicas de optimización incluyen:

• **Uso de Caché**: Implementar sistemas de caché (como Redis o Memcached) para almacenar resultados de consultas o datos frecuentes, reduciendo la carga en las bases de datos y mejorando los tiempos de respuesta.

• **Balanceo de Carga**: Distribuir el tráfico entre múltiples servidores para garantizar que ninguno se vea sobrecargado, lo que mejora la disponibilidad y el rendimiento general.

• **Compresión de Datos**: Comprimir datos antes de enviarlos a través de la red, lo que reduce el tiempo de carga y mejora la velocidad de respuesta de la aplicación.

• **Optimización de Consultas**: Mejorar las consultas a bases de datos y usar índices para acelerar la recuperación de datos.

5.8.4. Evaluación y Planificación de la Escalabilidad

Es fundamental evaluar y planificar la escalabilidad desde las fases iniciales del diseño arquitectónico. Algunas prácticas recomendadas incluyen:

1. **Análisis de Carga**: Realizar pruebas de carga para entender cómo se comporta el sistema bajo diferentes niveles de tráfico. Esto ayuda a identificar cuellos de botella y puntos débiles.

2. **Definición de Límites de Escalabilidad**: Establecer métricas de rendimiento y límites claros que indiquen cuándo es necesario escalar el sistema.

3. **Prototipos y Simulaciones**: Crear prototipos y simulaciones para explorar diferentes configuraciones de escalabilidad y rendimiento antes de implementar soluciones en producción.

4. **Monitoreo Continuo**: Implementar herramientas de monitoreo para observar el rendimiento en tiempo real, permitiendo ajustes proactivos antes de que se conviertan en problemas graves.

5.8.5. Conclusión

La escalabilidad y el rendimiento son componentes críticos de una arquitectura de software robusta. Al considerar tanto la escalabilidad vertical como la horizontal, así como las estrategias de optimización del rendimiento, los arquitectos de software pueden diseñar sistemas que no solo satisfagan las demandas actuales, sino que también estén preparados para el crecimiento futuro. La evaluación y planificación temprana, junto con un enfoque proactivo en la gestión de la infraestructura, son esenciales para garantizar que las aplicaciones funcionen de manera eficiente y efectiva en un entorno en constante evolución.

5.9. SEGURIDAD EN LA ARQUITECTURA DE SOFTWARE

La seguridad es una consideración crítica en la arquitectura de software, ya que las vulnerabilidades pueden tener consecuencias devastadoras para los sistemas, la información y la reputación de una organización. Incluir prácticas de seguridad desde las primeras etapas del desarrollo arquitectónico no solo ayuda a prevenir ataques, sino que también facilita el cumplimiento de normativas y estándares de seguridad. A continuación, se detallan prácticas clave para garantizar la seguridad en la arquitectura de software.

5.9.1. Principio de Menor Privilegio

El principio de menor privilegio establece que los componentes, servicios y usuarios de un sistema deben tener únicamente los permisos necesarios para llevar a cabo sus funciones. Esto implica:

- **Restricción de Acceso**: Limitar el acceso a recursos y funciones sensibles solo a aquellos que realmente lo necesiten. Esto se puede implementar mediante la gestión de roles y permisos.

- **Auditoría de Permisos**: Realizar revisiones periódicas de los permisos concedidos para asegurar que no haya accesos innecesarios o excesivos.

- **Separación de Responsabilidades**: Dividir funciones críticas entre diferentes roles para reducir el riesgo de errores o abusos, como en el caso de auditorías donde una sola persona no debe tener control total sobre las funciones.

-Beneficios

- **Reducción de Riesgos**: Minimiza la superficie de ataque al limitar las posibilidades de que un atacante explote un componente comprometido.

- **Control de Cambios**: Facilita el seguimiento y la gestión de cambios en los permisos a lo largo del tiempo.

5.9.2. Validación de Entradas

La validación de entradas es esencial para protegerse contra una variedad de ataques, como la inyección SQL, Cross-Site Scripting (XSS) y otros tipos de inyecciones. Para implementar esta práctica, se deben considerar los siguientes aspectos:

- **Sanitización de Datos**: Limpiar y desinfectar cualquier entrada del usuario para eliminar caracteres o datos peligrosos. Esto incluye la eliminación de etiquetas HTML, scripts y caracteres especiales que pueden ser utilizados en ataques.

- **Validación de Tipo y Formato**: Asegurarse de que los datos introducidos cumplen con el tipo esperado (por ejemplo, números, correos electrónicos, fechas) y que tienen un formato correcto.

- **Uso de Listas Blancas**: Implementar listas blancas de entradas aceptadas en lugar de listas negras que identifiquen lo que no es aceptable, lo que aumenta la seguridad al restringir más estrictamente la entrada.

-Beneficios

- **Prevención de Ataques**: Reduce la posibilidad de ataques que explotan entradas no controladas, manteniendo la integridad y la seguridad de la aplicación.

- **Mejora de la Experiencia del Usuario**: La validación adecuada de entradas también puede mejorar la experiencia del usuario al evitar errores de entrada y proporcionar mensajes de error claros.

5.9.3. Cifrado

El cifrado es una técnica fundamental para proteger datos sensibles, tanto en reposo (almacenados) como en tránsito (en movimiento). Las prácticas recomendadas incluyen:

- **Cifrado de Datos en Reposo**: Proteger bases de datos y archivos que contienen información confidencial utilizando algoritmos de cifrado robustos (como AES). Esto asegura que los datos no puedan ser leídos incluso si se accede físicamente a los dispositivos de almacenamiento.

• **Cifrado de Datos en Tránsito**: Utilizar protocolos seguros (como HTTPS y TLS) para cifrar la comunicación entre clientes y servidores. Esto protege los datos de ser interceptados durante la transmisión.

• **Gestión de Claves**: Implementar políticas de gestión de claves efectivas que aseguren el almacenamiento y uso seguro de las claves criptográficas. Esto incluye la rotación periódica de claves y el uso de módulos de seguridad de hardware (HSM).

-Beneficios

• **Protección de Datos Sensibles**: Garantiza que la información sensible esté protegida contra accesos no autorizados, robos y filtraciones.

• **Cumplimiento Normativo**: Muchas normativas de seguridad de datos (como GDPR, HIPAA) requieren el cifrado de datos sensibles, por lo que cumplir con estas prácticas ayuda a evitar sanciones y asegurar la conformidad.

5.9.4. Incorporación de Seguridad en el Ciclo de Vida del Desarrollo

La seguridad no debe ser una preocupación después del hecho; debe ser parte integral del ciclo de vida del desarrollo de software (SDLC). Algunas estrategias para integrar la seguridad incluyen:

1. **Revisiones de Código**: Implementar revisiones de código regulares centradas en la seguridad para detectar vulnerabilidades antes de que el código se despliegue en producción.

2. **Pruebas de Seguridad**: Realizar pruebas de penetración y evaluaciones de seguridad en las fases de desarrollo y antes del lanzamiento para identificar y corregir vulnerabilidades.

3. **Formación y Concienciación**: Capacitar a los desarrolladores y a todo el personal sobre las mejores prácticas de seguridad y los riesgos asociados, creando una cultura de seguridad en la organización.

5.9.5. Conclusión

Incorporar medidas de seguridad en la arquitectura de software desde el principio es esencial para prevenir vulnerabilidades y proteger la integridad del sistema. A través de la implementación del principio de menor privilegio, la validación de entradas y el cifrado de datos, los arquitectos de software pueden construir sistemas más seguros y resistentes. La seguridad es una responsabilidad compartida y continua, y su integración en el ciclo de vida del desarrollo de software es crucial para el éxito y la sostenibilidad de cualquier aplicación.

5.10. DOCUMENTACIÓN DE LA ARQUITECTURA DE SOFTWARE

La documentación de la arquitectura de software es un aspecto crucial que permite a los equipos de desarrollo entender y mantener el sistema de manera efectiva a lo largo del tiempo. Una documentación bien estructurada y clara no solo ayuda a los desarrolladores actuales, sino que también facilita la incorporación de nuevos miembros al equipo y mejora la colaboración. A continuación, se desglosan los elementos clave que deben incluirse en la documentación de la arquitectura.

5.10.1. Descripción de Componentes

Una documentación detallada sobre los componentes del sistema es esencial para comprender cómo interactúan y funcionan en conjunto. Esta sección debe incluir:

- **Identificación de Componentes**: Un listado de todos los componentes del sistema, como módulos, servicios, bibliotecas y bases de datos. Cada componente debe tener un nombre claro y descriptivo.

- **Funciones y Responsabilidades**: Para cada componente, se debe proporcionar una descripción de sus funciones y responsabilidades dentro del sistema. Esto incluye lo que hace, cómo contribuye al sistema y su importancia en el flujo general de la aplicación.

- **Interacciones y Dependencias**: Detallar cómo los componentes se comunican entre sí. Esto incluye la identificación de APIs, protocolos y formatos de datos utilizados en las interacciones, así como cualquier dependencia externa que pueda afectar el funcionamiento del componente.

- **Consideraciones de Rendimiento**: Es útil incluir información sobre el rendimiento esperado de cada componente y cualquier limitación conocida, lo que puede ayudar en la planificación de la escalabilidad y la optimización.

-Beneficios

• **Claridad en el Diseño**: Facilita la comprensión del diseño del sistema y el papel de cada componente.

• **Mantenimiento Eficiente**: Proporciona una guía para los desarrolladores que necesiten modificar o actualizar componentes en el futuro.

5.10.2. Diagramas Arquitectónicos

Los diagramas arquitectónicos son herramientas visuales clave que representan la estructura del sistema de manera comprensible. Esta sección puede incluir:

• **Diagrama de Componentes**: Muestra cómo los diferentes componentes del sistema se relacionan entre sí y las interfaces a través de las cuales se comunican.

• **Diagrama de Flujo de Datos**: Representa cómo los datos fluyen a través del sistema, identificando las fuentes de datos, los destinos y los procesos involucrados en la manipulación de esos datos.

• **Diagrama de Despliegue**: Ilustra cómo se despliegan los componentes en la infraestructura, incluyendo servidores, redes y otros recursos necesarios.

• **Diagramas de Secuencia**: Representan la interacción entre componentes en el tiempo, mostrando el orden en el que ocurren las interacciones.

-Beneficios

• **Visualización Clara**: Ayudan a los desarrolladores y otros interesados a comprender rápidamente la arquitectura del sistema.

• **Facilitación de la Comunicación**: Los diagramas son herramientas efectivas para discutir la arquitectura con partes interesadas no técnicas, como gerentes y clientes.

5.10.3. Decisiones Arquitectónicas

Registrar las decisiones arquitectónicas es crucial para el desarrollo a largo plazo del sistema. Esta sección debe incluir:

• **Registro de Decisiones Clave**: Documentar las decisiones importantes tomadas durante el diseño arquitectónico, incluyendo elecciones de patrones, tecnologías y herramientas.

• **Razonamiento Detrás de las Decisiones**: Explicar por qué se tomaron ciertas decisiones, considerando factores como rendimiento, escalabilidad, facilidad de mantenimiento y alineación con los requisitos del negocio.

• **Alternativas Consideradas**: Incluir un resumen de las alternativas que se consideraron y por qué se descartaron. Esto puede ser útil para futuras revisiones o para entender mejor el contexto de las decisiones.

• **Impacto Potencial**: Evaluar cómo las decisiones arquitectónicas pueden afectar al sistema en el futuro, lo que puede ser fundamental para la planificación de la evolución del sistema.

-Beneficios

• **Transparencia**: Proporciona un registro claro de cómo y por qué se desarrolló la arquitectura, lo que facilita la auditoría y la revisión.

• **Guía para el Futuro**: Ayuda a los desarrolladores a entender el contexto de las decisiones pasadas al implementar cambios o al agregar nuevas funcionalidades.

5.10.4. Conclusión

Una buena documentación de la arquitectura de software es vital para garantizar la sostenibilidad y la comprensión del sistema a lo largo de su ciclo de vida. Al incluir descripciones detalladas de componentes, diagramas arquitectónicos claros y un registro exhaustivo de decisiones arquitectónicas, se crea una base sólida que facilita la colaboración, el mantenimiento y la evolución del software. La documentación no es solo un recurso para el presente, sino una herramienta valiosa que puede influir en el éxito de futuros desarrollos y actualizaciones del sistema.

5.11. ARQUITECTURA ORIENTADA A SERVICIOS

La Arquitectura Orientada a Servicios (SOA) es un enfoque arquitectónico que utiliza servicios independientes y bien definidos para facilitar la comunicación y la integración entre diferentes aplicaciones. SOA se basa en la idea de que las aplicaciones se pueden descomponer en componentes de servicio que son reutilizables y pueden interactuar entre sí de manera eficiente. A continuación, se presentan en detalle las características clave y beneficios de SOA, así como sus desafíos y consideraciones.

5.11.1. Interoperabilidad

- **Definición**: La interoperabilidad es la capacidad de diferentes servicios, desarrollados en diversas plataformas y tecnologías, para comunicarse y colaborar. En un entorno SOA, los servicios están diseñados para funcionar independientemente de los lenguajes de programación, sistemas operativos o plataformas subyacentes.

- **Implementación**: Esto se logra utilizando estándares abiertos como SOAP (Simple Object Access Protocol) y REST (Representational State Transfer) que permiten la comunicación entre servicios a través de protocolos de red comunes.

5.11.2. Reutilización

- **Definición**: La reutilización se refiere a la capacidad de usar servicios existentes en múltiples aplicaciones y contextos. Esto no solo reduce la redundancia en el desarrollo, sino que también acelera el tiempo de entrega de nuevas funcionalidades.

- **Beneficio**: Al crear servicios modulares que encapsulan lógica de negocio, los equipos pueden enfocarse en la creación de nuevas funcionalidades en lugar de reinventar la rueda, mejorando la eficiencia del desarrollo y reduciendo costos.

5.11.3. Flexibilidad

- **Definición**: La flexibilidad se refiere a la capacidad de adaptar y evolucionar la arquitectura de la aplicación de manera ágil. En un sistema SOA, se pueden agregar, modificar o eliminar servicios sin afectar el sistema en su conjunto.

- **Ventaja**: Esta característica es especialmente valiosa en entornos empresariales donde los requisitos de negocio cambian rápidamente, ya que permite a las organizaciones responder de manera efectiva a las nuevas demandas del mercado.

5.11.4. Beneficios de SOA

1. **Integración Sencilla**: SOA facilita la integración de diversas aplicaciones y sistemas, tanto internos como externos, lo que es especialmente útil en empresas que utilizan múltiples plataformas y tecnologías.

2. **Mejora de la Productividad**: Al permitir la reutilización de servicios, los equipos de desarrollo pueden centrarse en construir nuevas funcionalidades, lo que se traduce en una mayor productividad y eficiencia.

3. **Facilitación del Mantenimiento**: Al estar los servicios desacoplados, cualquier cambio en un servicio específico no afecta directamente a otros servicios, lo que reduce el riesgo de introducir errores y facilita el mantenimiento.

4. **Escalabilidad**: SOA permite escalar servicios de forma independiente, lo que es fundamental para manejar aumentos en la carga de trabajo sin necesidad de reestructurar toda la arquitectura.

5. **Mejor Adaptación a Cambios**: La capacidad de adaptar o reemplazar servicios rápidamente hace que SOA sea ideal para organizaciones que deben adaptarse continuamente a un entorno empresarial en evolución.

5.11.5. Desafíos y Consideraciones en SOA

- **Complejidad de Implementación**: Diseñar e implementar una arquitectura orientada a servicios puede ser complejo, especialmente en organizaciones que no tienen experiencia previa en este enfoque. Se requiere un diseño cuidadoso y una planificación adecuada.

• **Gestión de Servicios**: A medida que se crean más servicios, gestionar sus versiones, monitorear su rendimiento y asegurar su disponibilidad se vuelve un desafío crítico.

• **Rendimiento**: La comunicación entre servicios a través de la red puede introducir latencias, lo que puede afectar el rendimiento general del sistema. Es esencial optimizar las interacciones y minimizar las llamadas a servicios innecesarias.

• **Seguridad**: Garantizar la seguridad en un entorno SOA puede ser complicado, ya que se deben implementar medidas de seguridad en cada servicio y en la comunicación entre ellos.

5.11.6. Conclusión

La Arquitectura Orientada a Servicios (SOA) proporciona un marco potente y flexible para construir sistemas de software modernos y escalables. Al centrarse en la reutilización, interoperabilidad y flexibilidad, SOA permite a las organizaciones adaptarse rápidamente a las cambiantes necesidades del negocio y facilita la integración de diversas aplicaciones y sistemas. Sin embargo, es esencial abordar los desafíos asociados con su implementación y gestión para maximizar los beneficios y asegurar una arquitectura robusta y eficiente.

5.12. PRÁCTICAS DE ARQUITECTURA PARA SISTEMAS DE ALTA DISPONIBILIDAD

La alta disponibilidad (HA) se refiere a la capacidad de un sistema para permanecer operativo y accesible durante un tiempo prolongado, minimizando el tiempo de inactividad. Esto es esencial para aplicaciones críticas donde la continuidad del servicio es primordial. Para lograr alta disponibilidad, es fundamental implementar una serie de prácticas arquitectónicas que fortalezcan la resiliencia del sistema. A continuación se detallan estas prácticas.

5.12.1. Redundancia

• **Definición**: La redundancia implica la duplicación de componentes críticos dentro de la arquitectura para prevenir la pérdida de funcionalidad en caso de fallos. Esto se aplica a diversos elementos del sistema, incluyendo servidores, bases de datos, redes y almacenamiento.

- Implementación:

• **Servidores Duplicados**: Utilizar múltiples servidores que puedan asumir funciones de forma intercambiable. Si un servidor falla, otro puede tomar su lugar sin interrumpir el servicio.

• **Copias de Seguridad de Datos**: Implementar backups en tiempo real o programados de las bases de datos y otros datos críticos, almacenándolos en ubicaciones geográficas diferentes para protegerse contra desastres locales.

• **Componentes de Red**: Usar switches, routers y enlaces de red redundantes para evitar puntos de fallo únicos en la infraestructura de red.

5.12.2. Balanceo de Carga

• **Definición**: El balanceo de carga es la práctica de distribuir las cargas de trabajo entre múltiples servidores o recursos para asegurar que ninguno esté sobrecargado, lo que puede afectar su rendimiento y disponibilidad.

- Implementación:

• **Balanceadores de Carga**: Utilizar dispositivos o software de balanceo de carga que dirijan el tráfico de usuarios a los servidores disponibles de manera equitativa. Esto no solo mejora la disponibilidad, sino que también optimiza el rendimiento.

• **Escalabilidad Dinámica**: Implementar técnicas de escalado automático que permiten añadir o eliminar servidores según la demanda en tiempo real. Esto asegura que durante picos de carga, haya suficientes recursos disponibles.

• **Algoritmos de Balanceo**: Utilizar diferentes algoritmos de balanceo, como round robin, least connections, o IP hash, dependiendo de las características del tráfico y las aplicaciones.

5.12.3. Monitoreo y Alertas

• **Definición**: Monitorear continuamente el rendimiento y la disponibilidad del sistema es vital para detectar problemas antes de que afecten a los usuarios.

- Implementación:

• **Herramientas de Monitoreo**: Utilizar soluciones de monitoreo que ofrezcan una visibilidad completa sobre la infraestructura y las aplicaciones. Esto incluye la supervisión del estado del servidor, el rendimiento de la aplicación y las métricas de la red.

• **Alertas en Tiempo Real**: Configurar alertas que notifiquen a los administradores sobre problemas potenciales, como caídas de servidores, picos inusuales de carga, o latencias elevadas. Esto permite una respuesta rápida y minimiza el tiempo de inactividad.

• **Análisis de Tendencias**: Implementar análisis históricos de rendimiento para identificar patrones y prever problemas futuros. Esto facilita la planificación de capacidad y la optimización de recursos.

5.12.4. Mantenimiento Proactivo

• **Definición**: Realizar mantenimiento regular y actualizaciones en el sistema ayuda a prevenir fallos.

- Implementación:

• **Pruebas de Resiliencia**: Realizar pruebas periódicas de fallo que simulan situaciones de desastre para asegurar que los sistemas de respaldo y recuperación funcionen correctamente.

• **Actualizaciones Programadas**: Planificar y ejecutar actualizaciones de software y hardware durante ventanas de mantenimiento definidas, minimizando el impacto en los usuarios.

5.12.5. Despliegue en Múltiples Zonas de Disponibilidad

• **Definición**: Utilizar múltiples centros de datos en diferentes ubicaciones geográficas para asegurar que un fallo en una zona no afecte la disponibilidad global del servicio.

- Implementación:

• **Replicación de Datos**: Implementar replicación de datos en tiempo real entre diferentes centros de datos para garantizar que la información esté siempre disponible.

• **Failover Automático**: Configurar sistemas de failover que cambien automáticamente a un centro de datos alternativo en caso de una interrupción.

5.12.6. Conclusión de las Prácticas de Arquitectura para Sistemas de Alta Disponibilidad

Las prácticas de arquitectura para sistemas de alta disponibilidad son esenciales para garantizar que los servicios estén siempre accesibles para los usuarios. Al implementar redundancia, balanceo de carga, monitoreo continuo y mantenimiento proactivo, las organizaciones pueden minimizar el tiempo de inactividad y responder rápidamente a problemas de rendimiento y disponibilidad. Adoptar estas prácticas no solo mejora la resiliencia del sistema, sino que también proporciona una mejor experiencia al usuario final, fomentando la confianza en las aplicaciones y servicios ofrecidos.

5.13. CONCLUSIONES DEL CAPÍTULO

La arquitectura de software es una disciplina crucial que influye en todos los aspectos del desarrollo de software. Desde la selección de patrones arquitectónicos hasta la consideración de la escalabilidad, rendimiento y seguridad, cada decisión arquitectónica tiene un impacto significativo en el éxito del sistema. Comprender estos conceptos y aplicar las mejores prácticas permitirá a los arquitectos de software crear sistemas robustos, eficientes y adaptables a las necesidades cambiantes de los usuarios y del mercado.

CAPITULO 6

PRINCIPIOS DE CODIFICACIÓN

CAPÍTULO 6 PRINCIPIOS DE CODIFICACIÓN

La codificación es el proceso de escribir instrucciones en un lenguaje de programación para que una computadora realice tareas específicas. Este capítulo explora los principios fundamentales que guían la codificación efectiva, cubriendo desde fundamentos básicos hasta prácticas avanzadas.

6.1. FUNDAMENTOS DE CODIFICACIÓN

La codificación es el proceso de escribir instrucciones en un lenguaje de programación para que una computadora realice tareas específicas. Dominar los fundamentos de la codificación es crucial para desarrollar programas eficientes y fáciles de mantener. Estos fundamentos incluyen varios aspectos esenciales que guían el proceso de desarrollo de software:

6.1.1. Sintaxis

• **Definición**: La sintaxis de un lenguaje de programación se refiere al conjunto de reglas que especifican cómo se deben escribir y organizar las instrucciones en ese lenguaje. Cada lenguaje tiene su propia sintaxis, que dicta cómo se deben estructurar las variables, las funciones, los operadores y las declaraciones.

- Importancia:

• **Prevención de Errores**: Comprender la sintaxis ayuda a evitar errores de compilación o de ejecución, ya que incluso un pequeño error como un punto y coma faltante puede hacer que un programa no funcione.

• **Legibilidad**: Seguir la sintaxis adecuada facilita la lectura y comprensión del código, lo que es crucial cuando se trabaja en equipo.

• Ejemplos:

• En Python, la sintaxis para definir una función es def nombre_funcion():.

• En JavaScript, los bloques de código se delimitan con llaves {}.

6.1.2. Semántica

• **Definición**: La semántica se refiere al significado de las instrucciones escritas en un lenguaje de programación. Mientras que la sintaxis se centra en la forma correcta de escribir el código, la semántica se enfoca en el comportamiento que resulta de ese código.

- Importancia:

• **Comportamiento Esperado**: Comprender la semántica permite que los desarrolladores anticipen cómo se comportará su programa ante diferentes escenarios, garantizando que cumpla con los requisitos establecidos.

• **Depuración Eficiente**: Cuando un programa no se comporta como se espera, entender la semántica ayuda a identificar y corregir errores lógicos.

- Ejemplos:

• En C++, la expresión a = b + c significa que el valor de b más c se asigna a a. La sintaxis define cómo escribir la expresión, pero la semántica define la operación que se lleva a cabo.

• En Python, la semántica de x.append(y) implica agregar el elemento y al final de la lista x.

6.1.3. Estructuras de Control

• **Definición**: Las estructuras de control son instrucciones que determinan el flujo de ejecución de un programa, permitiendo que ciertas secciones de código se ejecuten en función de condiciones o de manera repetitiva.

- Tipos Comunes:

• **Condicionales**: Permiten ejecutar bloques de código si se cumplen ciertas condiciones. Ejemplos incluyen if, else, y switch en varios lenguajes.

• **Bucles**: Facilitan la repetición de bloques de código mientras se cumple una condición. Ejemplos comunes son for, while, y do-while.

• **Estructuras de Control de Excepción**: Permiten manejar errores y excepciones que ocurren durante la ejecución del programa, como try, catch y finally en lenguajes como Java y Python.

- Importancia:

- **Eficiencia en la Ejecución**: Utilizar bucles en lugar de repetir código manualmente puede reducir la longitud del código y mejorar la eficiencia.

- **Control del Flujo Lógico**: Las estructuras condicionales permiten que un programa tome decisiones dinámicas, ajustándose a diferentes entradas y situaciones.

6.1.4. Variables y Tipos de Datos

- **Definición**: Las variables son contenedores que almacenan valores, y los tipos de datos determinan la clase de valores que pueden almacenar, como números, cadenas de texto, y booleanos.

- Importancia:

- **Uso Eficiente de la Memoria**: Seleccionar el tipo de datos adecuado ayuda a optimizar el uso de la memoria y mejorar el rendimiento del programa.

- **Manipulación de Datos**: Las variables permiten trabajar con diferentes tipos de datos de manera flexible, lo cual es esencial para la lógica de cualquier programa.

- Ejemplos:

- En Java, int se usa para definir números enteros, mientras que String se usa para cadenas de texto.

- En JavaScript, let y const permiten definir variables con diferentes alcances.

6.1.5. Funciones y Modularidad

- **Definición**: Las funciones son bloques de código reutilizables que ejecutan una tarea específica. La modularidad se refiere a la práctica de dividir un programa en módulos más pequeños y manejables.

- Importancia:

- **Reutilización de Código**: Las funciones permiten evitar la duplicación de código al encapsular tareas comunes que pueden ser llamadas en diferentes partes del programa.

- **Mantenibilidad**: Dividir el código en funciones y módulos mejora la claridad y facilita el mantenimiento del software.

- Ejemplos:

• En Python, una función se define con def nombre_funcion():.

• En JavaScript, una función puede definirse como function nombreFuncion() {}.

6.1.6. Algoritmos

• **Definición**: Un algoritmo es un conjunto de instrucciones que describen cómo resolver un problema o realizar una tarea específica de manera eficiente.

- Importancia:

• **Optimización**: Los algoritmos bien diseñados pueden reducir el tiempo de ejecución y el uso de recursos del programa.

• **Resolución de Problemas**: Permiten descomponer problemas complejos en pasos más sencillos que la máquina puede ejecutar.

- Ejemplos:

• Algoritmos de búsqueda, como la búsqueda binaria.

• Algoritmos de ordenamiento, como quicksort y mergesort.

6.1.7. Conclusión

Dominar los fundamentos de la codificación es esencial para cualquier desarrollador de software, ya que son la base para construir aplicaciones robustas y eficientes. La combinación de una sintaxis precisa, una comprensión profunda de la semántica y el uso de estructuras de control adecuadas permite desarrollar programas que no solo cumplen con los requisitos técnicos, sino que también son fáciles de mantener y de escalar. La codificación, como cualquier otra habilidad, se perfecciona con la práctica continua y la exploración de diversos lenguajes y paradigmas de programación.

6.2. LENGUAJES DE PROGRAMACIÓN MÁS UTILIZADOS

En el desarrollo de software, la elección del lenguaje de programación es fundamental, ya que influye en la eficiencia, la escalabilidad y el tiempo de desarrollo de un proyecto. Cada lenguaje tiene características únicas que lo hacen adecuado para distintos tipos de aplicaciones y entornos. Algunos de los lenguajes más utilizados incluyen:

6.2.1. Python

- Características:

• Conocido por su simplicidad y una sintaxis muy cercana al lenguaje natural, lo que facilita su aprendizaje para principiantes.

• Soporta múltiples paradigmas de programación, como la programación orientada a objetos (POO) y la programación funcional.

• Amplia biblioteca estándar y una gran cantidad de bibliotecas de terceros, lo que permite resolver problemas complejos con menos código.

- Aplicaciones:

• **Ciencia de Datos y Machine Learning**: Librerías como NumPy, pandas, scikit-learn, y TensorFlow han hecho de Python el lenguaje predilecto para el análisis de datos y el desarrollo de modelos de machine learning.

• **Desarrollo Web**: Frameworks como Django y Flask facilitan la creación de aplicaciones web robustas y escalables.

• **Automatización y Scripts**: Es muy popular para la creación de scripts que automatizan tareas repetitivas.

- **Ventajas**: Flexibilidad, gran comunidad y abundante documentación.

- **Desventajas**: Puede ser más lento que otros lenguajes debido a su interpretación en tiempo de ejecución.

6.2.2. JavaScript

- Características:

• Lenguaje interpretado que se ejecuta principalmente en navegadores, aunque su uso en el servidor ha crecido con Node.js.

• Es el lenguaje esencial para el desarrollo de aplicaciones web interactivas y dinámicas.

• Soporta programación orientada a objetos y programación funcional.

- Aplicaciones:

• **Desarrollo Frontend**: Utilizado junto a HTML y CSS para crear la interfaz de usuario de las aplicaciones web.

• **Desarrollo Backend**: Con Node.js, JavaScript se ha convertido en una opción popular para el desarrollo del lado del servidor, permitiendo utilizar el mismo lenguaje en toda la pila de desarrollo.

• **Desarrollo de Aplicaciones Móviles**: Frameworks como React Native permiten construir aplicaciones móviles nativas utilizando JavaScript.

• **Ventajas**: Gran comunidad, versatilidad, y capacidad de desarrollar aplicaciones completas con un solo lenguaje.

• **Desventajas**: Manejar asincronía y callbacks puede ser complicado para principiantes.

6.2.3. Java

- Características:

• Lenguaje de programación orientado a objetos que se compila en bytecode y se ejecuta en la máquina virtual de Java (JVM).

• Conocido por su "escribe una vez, ejecuta en cualquier lugar" gracias a la portabilidad de la JVM.

• Estrictamente tipado, lo que ayuda a reducir errores y a mejorar la seguridad en grandes aplicaciones.

- Aplicaciones:

• **Aplicaciones Empresariales**: Amplia adopción en aplicaciones empresariales debido a su robustez y su soporte de frameworks como Spring.

• **Desarrollo Móvil**: Fue el principal lenguaje para el desarrollo de aplicaciones Android hasta la llegada de Kotlin.

• **Sistemas Embebidos y Backend**: Usado en servidores de alto rendimiento y en sistemas que requieren alta disponibilidad.

• **Ventajas**: Estabilidad, portabilidad y un sólido ecosistema de herramientas.

• **Desventajas**: Sintaxis más verbosa en comparación con lenguajes más modernos, lo que puede resultar en un código más extenso.

6.2.4. C#

- Características:

• Lenguaje desarrollado por Microsoft, parte de la plataforma .NET.

• Orientado a objetos, con características modernas que facilitan la escritura de código limpio y eficiente.

• Integrado estrechamente con el ecosistema de herramientas y servicios de Microsoft, como Visual Studio y Azure.

- Aplicaciones:

• **Desarrollo de Aplicaciones de Escritorio**: Ideal para crear aplicaciones nativas de Windows.

• **Desarrollo de Videojuegos**: Es el lenguaje principal utilizado en el motor de juegos Unity, uno de los más populares para crear videojuegos 2D y 3D.

• **Aplicaciones Web**: Con el uso de ASP.NET, se pueden desarrollar aplicaciones web de alto rendimiento.

• **Ventajas**: Gran compatibilidad con servicios de Microsoft y fuerte comunidad en el desarrollo de videojuegos.

• **Desventajas**: Dependencia del ecosistema de Microsoft y menor portabilidad fuera de este entorno.

6.2.5. C++

- Características:

• Lenguaje de programación de bajo nivel que ofrece control detallado sobre la gestión de la memoria y el hardware.

• Soporta programación orientada a objetos, programación genérica y metaprogramación.

• Permite la optimización de recursos, lo que lo hace ideal para aplicaciones donde el rendimiento es crítico.

- Aplicaciones:

• **Sistemas Operativos**: Utilizado en el desarrollo de sistemas operativos como Windows y Linux.

• **Videojuegos y Motores Gráficos**: Amplio uso en motores de videojuegos como Unreal Engine debido a su capacidad para aprovechar el hardware.

• **Software de Alto Rendimiento**: Aplicaciones donde la eficiencia y la gestión de memoria son fundamentales, como bases de datos y simulaciones científicas.

• **Ventajas**: Alta eficiencia y control sobre el hardware.

• **Desventajas**: Curva de aprendizaje más empinada y mayor riesgo de errores como fugas de memoria debido a la gestión manual de la memoria.

6.2.6. Otros Lenguajes Populares

• **Kotlin**: Ha ganado popularidad como un lenguaje moderno y conciso para el desarrollo de aplicaciones Android, ofreciendo interoperabilidad con Java y características más avanzadas.

• **Swift**: Desarrollado por Apple para la creación de aplicaciones iOS y macOS, es conocido por su velocidad y su sintaxis amigable.

• **Go (Golang)**: Lenguaje creado por Google, es famoso por su eficiencia y capacidad para manejar aplicaciones de alto rendimiento y sistemas concurrentes, siendo popular en el desarrollo de microservicios.

6.2.7. Selección del Lenguaje

La elección del lenguaje de programación depende de varios factores, como el tipo de proyecto, los requisitos técnicos, la curva de aprendizaje, la comunidad y el soporte de herramientas disponibles. Algunos aspectos a considerar incluyen:

• **Objetivo del Proyecto**: Por ejemplo, para el desarrollo de un juego se podría preferir C# con Unity, mientras que para un análisis de datos, Python sería una mejor opción.

• **Plataforma de Destino**: Lenguajes como Swift y Kotlin son óptimos para desarrollo móvil en iOS y Android, respectivamente.

• **Requerimientos de Rendimiento**: C++ y Rust son ideales para aplicaciones que requieren un control fino sobre los recursos del sistema.

• **Disponibilidad de Desarrolladores**: Lenguajes con una gran comunidad como JavaScript y Python facilitan la contratación de desarrolladores y el acceso a recursos de aprendizaje.

Entender las fortalezas y debilidades de cada lenguaje es crucial para tomar decisiones informadas y optimizar el proceso de desarrollo de software, garantizando que se utilicen las herramientas adecuadas para cada situación.

6.3. ALGORITMOS

Un algoritmo es un conjunto de pasos bien definidos para resolver un problema o realizar una tarea de manera sistemática. Son la base de la programación y desempeñan un papel fundamental en la optimización y el rendimiento de las aplicaciones. Entender los principios y tipos de algoritmos permite a los programadores abordar problemas complejos de manera eficiente y efectiva. A continuación, se detallan los aspectos clave de los algoritmos:

6.3.1. Eficiencia

• **Definición**: La eficiencia de un algoritmo se refiere a la medida en que utiliza recursos como tiempo de ejecución (velocidad) y espacio en memoria.

• **Análisis Temporal (Tiempo de Ejecución)**: Evalúa cuánto tiempo tarda un algoritmo en ejecutarse en función del tamaño de la entrada (n). Se suele expresar utilizando la notación Big O, que describe el peor caso, como $O(n)$, $O(\log n)$, $O(n^2)$, entre otros.

• **Análisis Espacial (Uso de Memoria)**: Considera la cantidad de memoria que un algoritmo necesita para ejecutarse, incluyendo las variables, estructuras de datos y espacio de almacenamiento temporal.

• **Importancia**: Elegir un algoritmo eficiente es crucial, especialmente cuando se trabaja con grandes volúmenes de datos, ya que puede marcar la diferencia entre una solución que se ejecuta en segundos y otra que tarda horas.

6.3.2. Complejidad

• **Complejidad Temporal**: Mide cómo cambia el tiempo de ejecución del algoritmo a medida que aumenta el tamaño de la entrada. Por ejemplo:

• **O(1)**: Tiempo constante; el tiempo de ejecución no cambia con el tamaño de la entrada.

- **O(n)**: Tiempo lineal; el tiempo de ejecución crece de forma lineal respecto al tamaño de la entrada.

- **O(n^2)**: Tiempo cuadrático; el tiempo de ejecución crece de forma cuadrática, lo que lo hace menos eficiente para entradas grandes.

- **Complejidad Espacial**: Mide el uso de memoria del algoritmo en función del tamaño de la entrada, incluyendo variables, arreglos y estructuras temporales.

- **Optimización**: Un buen diseño de algoritmos busca optimizar tanto la complejidad temporal como la espacial, lo cual es esencial en situaciones con limitaciones de hardware y en sistemas de alto rendimiento.

6.3.3. Tipos de Algoritmos

Existen diversos tipos de algoritmos que resuelven distintos tipos de problemas. Algunos de los más comunes incluyen:

- Algoritmos de Búsqueda:

- **Búsqueda Lineal**: Recorre una lista o arreglo de principio a fin para encontrar un elemento específico. Su complejidad es O(n).

- **Búsqueda Binaria**: Requiere que la lista esté ordenada y divide repetidamente la lista en mitades para buscar el elemento, con una complejidad de O(log n).

- **Algoritmos de Búsqueda en Grafos**: Incluyen algoritmos como BFS (Breadth-First Search) y DFS (Depth-First Search) para recorrer nodos y aristas en un grafo.

- Algoritmos de Ordenación:

- **Ordenación por Burbuja (Bubble Sort)**: Comparaciones sucesivas entre elementos adyacentes, con una complejidad de O(n^2).

- **Ordenación Rápida (Quick Sort)**: Utiliza la técnica de "divide y vencerás" para dividir el arreglo y ordenar de forma recursiva, con una complejidad promedio de O(n log n).

- **Ordenación por Fusión (Merge Sort)**: Divide la lista en partes más pequeñas, las ordena y luego las combina, con una complejidad de O(n log n).

- Algoritmos Recursivos:

- Utilizan la técnica de llamarse a sí mismos para resolver problemas más pequeños del mismo tipo, como el cálculo de factoriales o la serie de Fibonacci.

- Es importante manejar adecuadamente la recursividad para evitar desbordamientos de pila y garantizar un rendimiento eficiente.

- Algoritmos de Programación Dinámica:

- Resuelven problemas dividiéndolos en subproblemas superpuestos, almacenando soluciones parciales para evitar cálculos redundantes.

- Ejemplos clásicos incluyen el problema del "knapsack" (mochila) y la búsqueda de la subsecuencia común más larga (LCS).

- Mejoran la eficiencia de ciertos problemas de optimización al reducir la complejidad de $O(2^n)$ a $O(n^2)$ o $O(n*m)$.

- Algoritmos Greedy (Voraces):

- Toman decisiones locales óptimas con la esperanza de encontrar una solución global óptima.

- Son útiles en problemas como el cambio de monedas, árboles generadores mínimos (como el algoritmo de Prim y Kruskal), y la selección de actividades.

- La principal ventaja de estos algoritmos es su simplicidad y velocidad, aunque no siempre garantizan una solución óptima.

6.3.4. Diseño y Optimización de Algoritmos

- Divide y Vencerás:

- Divide el problema en subproblemas más pequeños, resuélvelos de manera recursiva y combina las soluciones. Ejemplos incluyen Quick Sort y Merge Sort.

- Esta técnica es especialmente útil para problemas que pueden descomponerse en tareas independientes.

- Backtracking:

- Explora todas las soluciones posibles de un problema al tomar decisiones y retroceder cuando se encuentra una solución inviable.

- Se aplica en problemas de combinatoria como el problema de las nreinas o la resolución de laberintos.

- Memorización y Cache:

• Guardar resultados de subproblemas ya resueltos para evitar cálculos repetidos, mejorando el rendimiento de algoritmos recursivos.

6.3.5. Análisis de Algoritmos

• **Notación Big O**: Proporciona una forma de describir el comportamiento asintótico del tiempo de ejecución de un algoritmo a medida que el tamaño de la entrada crece.

• **Best Case (Mejor Caso)**: El comportamiento más favorable del algoritmo.

• **Worst Case (Peor Caso)**: El comportamiento menos favorable, importante para asegurar que el algoritmo sea eficiente en todas las situaciones.

• **Average Case (Caso Promedio)**: El rendimiento promedio esperado, útil para algoritmos donde el rendimiento puede variar significativamente.

• **Benchmarking**: Medición del tiempo real de ejecución de un algoritmo en diferentes entradas para entender su desempeño práctico, especialmente útil cuando se comparan varias soluciones.

6.3.6. Importancia de los Algoritmos en el Desarrollo de Software

• **Optimización de Recursos**: Algoritmos bien diseñados permiten que las aplicaciones consuman menos recursos, lo cual es crítico en entornos con limitaciones de memoria y procesamiento.

• **Escalabilidad**: Los algoritmos eficientes aseguran que las aplicaciones puedan manejar grandes volúmenes de datos y usuarios sin degradar el rendimiento.

• **Resolución de Problemas Complejos**: Permiten a los desarrolladores abordar problemas que requieren cálculos intensivos, como simulaciones científicas, análisis de datos y procesamiento de imágenes.

• **Mejora en la Experiencia del Usuario**: Algoritmos de búsqueda y ordenación eficientes pueden reducir los tiempos de espera en interfaces de usuario, mejorando la experiencia de uso de las aplicaciones.

Una sólida comprensión de los algoritmos y su diseño no solo ayuda a los programadores a escribir código más eficiente, sino que también les permite tomar decisiones estratégicas sobre la mejor manera de abordar y resolver problemas complejos en el desarrollo de software.

6.4. LÓGICA DE PROGRAMACIÓN

La lógica de programación es una habilidad esencial que permite a los desarrolladores abordar problemas de manera estructurada y efectiva mediante el uso de la programación. No se trata solo de conocer un lenguaje de programación específico, sino de aplicar principios lógicos y algoritmos para descomponer problemas, identificar patrones y crear soluciones robustas. Una buena lógica de programación ayuda a desarrollar aplicaciones que son no solo funcionales, sino también eficientes y fáciles de mantener. A continuación, se explican los elementos clave de la lógica de programación:

6.4.1. Descomposición

• **Definición**: La descomposición implica dividir un problema complejo en subproblemas más pequeños y manejables. Esto facilita la comprensión de cada parte del problema y permite abordarlo de manera progresiva.

- Ventajas:

• **Claridad**: Ayuda a entender mejor el problema completo al analizarlo por partes.

• **Reutilización de código**: Permite crear soluciones modulares y reutilizables, lo que es útil en el desarrollo de software.

• **Mantenimiento**: Facilita el mantenimiento y la modificación del código, ya que los cambios pueden realizarse en módulos específicos sin afectar al sistema completo.

- Ejemplos:

• Al desarrollar una aplicación web, el problema general puede descomponerse en la creación de la interfaz de usuario, la gestión de datos en el servidor y la conexión entre ambos.

• En la creación de un videojuego, la descomposición podría incluir la lógica de control de personajes, la física del juego y el diseño de niveles.

6.4.2. Identificación de Patrones

• **Definición**: Identificar patrones significa reconocer problemas comunes que ya se han resuelto anteriormente y aplicar esas soluciones conocidas para resolver nuevos problemas.

- Ventajas:

• **Eficiencia**: Permite utilizar soluciones probadas en lugar de reinventar la rueda.

• **Reducción de Errores**: Al aplicar soluciones conocidas, se reduce la probabilidad de cometer errores en el diseño del software.

- Tipos de Patrones:

• **Patrones de Diseño**: Son soluciones generales reutilizables para problemas comunes de diseño de software, como el patrón Singleton, el patrón Observer, o el patrón Factory.

• **Patrones Algorítmicos**: En programación, ciertos problemas de algoritmos pueden tener soluciones estándar, como la búsqueda binaria para buscar en listas ordenadas o el uso de matrices dinámicas para resolver problemas de optimización.

- Ejemplos:

• Reconocer que un problema de organización de datos puede solucionarse usando un árbol binario.

• Utilizar un patrón de diseño MVC (Modelo-Vista-Controlador) para estructurar aplicaciones web y móviles.

6.4.3. Control del Flujo

• **Definición**: El control del flujo se refiere a cómo se dirige la ejecución de un programa, dependiendo de ciertas condiciones y estructuras de control. Es fundamental para tomar decisiones y repetir tareas dentro de un programa.

- Estructuras de Control Clave:

- **Condicionales** (if, else, switch): Permiten ejecutar diferentes bloques de código dependiendo de si una condición es verdadera o falsa.

- **Ejemplo**: Usar una sentencia if para verificar si un usuario ha ingresado la contraseña correcta antes de permitir el acceso.

- **Bucles** (for, while, do-while): Se utilizan para repetir la ejecución de un bloque de código mientras una condición específica se cumpla.

- **Ejemplo**: Utilizar un bucle for para recorrer una lista de productos y calcular el total de precios.

- **Estructuras de Control de Salida** (break, continue): Permiten modificar el flujo de un bucle, como salir de un bucle antes de tiempo o saltar a la siguiente iteración.

- Importancia:

- **Flexibilidad**: Permite a los programadores escribir código que responda de manera dinámica a diferentes situaciones.

- **Control Fino**: Los desarrolladores pueden manejar de manera precisa la forma en que se ejecutan las tareas dentro de un programa, lo que es esencial para optimizar el rendimiento y la eficiencia.

6.4.4. Abstracción

- **Definición**: La abstracción es el proceso de simplificar problemas al enfocarse en las características relevantes y ocultar los detalles innecesarios. En la programación, se traduce en crear funciones, clases o módulos que encapsulen comportamientos específicos.

- Ventajas:

- **Modularidad**: Facilita la creación de código organizado en componentes independientes.

- **Reusabilidad**: Las abstracciones permiten utilizar las mismas funciones o clases en diferentes partes de la aplicación.

- **Reducción de Complejidad**: Simplifica el desarrollo al aislar la lógica compleja en funciones o módulos.

- Ejemplos:

- Crear una función que encapsule la lógica de conexión a una base de datos, permitiendo que el resto del código no tenga que preocuparse por los detalles de la conexión.

• Usar clases para representar entidades de un problema, como una clase Empleado en un sistema de gestión de personal.

6.4.5. Pensamiento Algorítmico

• **Definición**: Es la habilidad de pensar de manera estructurada para diseñar algoritmos que resuelvan problemas específicos. Implica identificar los pasos necesarios, el orden en que deben ejecutarse y los casos especiales que pueden ocurrir.

- Componentes Clave:

• **Planificación de Soluciones**: Analizar el problema y diseñar una serie de pasos o un diagrama de flujo que represente la solución antes de escribir el código.

• **Optimización**: Buscar la forma más eficiente de resolver el problema, utilizando el mínimo de recursos y tiempo.

- Ejemplos:

• Diseñar un algoritmo para encontrar el camino más corto entre dos puntos en un mapa.

• Crear un algoritmo que analice grandes volúmenes de datos para encontrar patrones de comportamiento de usuarios.

6.4.6. Resolución de Problemas Complejos

• **Definición**: La lógica de programación permite a los desarrolladores abordar problemas complejos y descomponerlos en pasos manejables. Esto es esencial para crear aplicaciones robustas que puedan adaptarse a diferentes situaciones y demandas.

- Ejemplos:

• Desarrollar una aplicación que procese transacciones bancarias, considerando diferentes tipos de operaciones y validaciones de seguridad.

• Implementar un sistema de recomendación que analice el comportamiento de los usuarios para sugerir productos o contenidos relevantes.

Importancia de Desarrollar una Sólida Lógica de Programación

- **Eficiencia en el Desarrollo**: Los programadores con una fuerte lógica pueden identificar rápidamente la mejor manera de resolver un problema, lo que reduce el tiempo de desarrollo.

- **Calidad del Código**: La lógica bien aplicada lleva a la escritura de código más limpio, fácil de entender y mantener, lo que resulta en software de mayor calidad.

- **Adaptabilidad**: Una buena base en lógica de programación facilita el aprendizaje de nuevos lenguajes y tecnologías, ya que los principios subyacentes siguen siendo los mismos.

- **Resolución de Problemas en Tiempo Real**: Es especialmente útil cuando se trabaja en depuración o resolución de problemas en tiempo real, donde se necesita un pensamiento rápido y estructurado.

Desarrollar una lógica de programación sólida es esencial para cualquier programador que aspire a crear soluciones efectivas y eficientes. Al dominar la descomposición de problemas, la identificación de patrones, el control del flujo y el pensamiento algorítmico, los desarrolladores pueden abordar desde tareas simples hasta los desafíos más complejos en el desarrollo de software. Esta habilidad es fundamental no solo para escribir código, sino también para diseñar sistemas que funcionen de manera confiable y eficiente.

6.5. PATRONES DE DISEÑO BÁSICOS

Los patrones de diseño son soluciones probadas y reutilizables a problemas recurrentes en el desarrollo de software. Actúan como plantillas que se pueden adaptar para resolver problemas de diseño específicos en diferentes contextos. Usar patrones de diseño facilita la escritura de código más limpio, estructurado y mantenible, además de mejorar la comunicación entre desarrolladores al proporcionar un lenguaje común. A continuación, se presentan algunos de los patrones de diseño básicos más utilizados:

6.5.1. Singleton

• **Descripción**: El patrón Singleton asegura que una clase tenga solo una única instancia a lo largo de toda la aplicación y proporciona un punto de acceso global a esa instancia. Es útil cuando solo se necesita un objeto para coordinar acciones en todo el sistema.

- Aplicaciones Comunes:

• **Gestión de configuración**: Una instancia única que almacena la configuración de la aplicación.

• **Conexiones a bases de datos**: Asegura que solo haya una conexión activa a la base de datos para evitar problemas de concurrencia.

- Ventajas:

• **Control del acceso**: Facilita el control de acceso a ciertos recursos globales.

• **Reducción de uso de memoria**: Ahorra recursos al evitar la creación de múltiples instancias.

• **Ejemplo**: En un juego, un Singleton podría gestionar el estado global del juego, como la configuración del sonido o las preferencias del usuario.

6.5.2. Factory Method

- **Descripción**: El patrón Factory Method define una interfaz para crear objetos, pero permite a las subclases decidir qué clase instanciar. Esto promueve la creación de objetos sin especificar la clase concreta que se creará.

- Aplicaciones Comunes:

- **Creación de objetos complejos**: Se utiliza cuando la creación de un objeto es compleja y puede variar según el contexto.

- **Interoperabilidad**: Ayuda a las aplicaciones a ser más flexibles y adaptarse a cambios futuros, ya que no dependen de una clase específica.

- Ventajas:

- **Desacoplamiento**: Desacopla la creación de objetos de su uso, facilitando el mantenimiento y la ampliación de la aplicación.

- **Extensibilidad**: Permite a los desarrolladores agregar nuevos tipos de objetos sin modificar el código existente.

- **Ejemplo**: En una aplicación de pagos, un Factory Method podría crear diferentes tipos de métodos de pago (como tarjeta de crédito, PayPal, o transferencia bancaria) dependiendo de la elección del usuario.

6.5.3. Observer

- **Descripción**: El patrón Observer permite que un objeto (denominado *sujeto*) notifique automáticamente a una lista de otros objetos (*observadores*) cuando su estado cambia. Esto es útil para implementar un sistema de notificación de eventos.

- Aplicaciones Comunes:

- **Interfaces gráficas**: Utilizado para actualizar automáticamente elementos de la interfaz de usuario cuando cambian los datos.

- **Sistemas de eventos**: Implementado en sistemas de eventos donde se necesita que varios componentes reaccionen a cambios de estado.

- Ventajas:

- **Desacoplamiento**: Los observadores pueden ser añadidos o eliminados sin modificar el sujeto.

- **Escalabilidad**: Permite que múltiples objetos se suscriban a eventos y reaccionen de manera independiente.

- **Ejemplo**: En una aplicación de noticias, cuando se publica un nuevo artículo, todos los usuarios suscritos reciben una notificación automáticamente.

6.5.4. Decorator

- **Descripción**: El patrón Decorator permite añadir funcionalidad adicional a un objeto de manera dinámica, sin modificar su estructura. Los decoradores son alternativas a la herencia, ya que permiten extender el comportamiento de un objeto mediante la composición.

- Aplicaciones Comunes:

- **Interfaz de usuario**: Añadir características a componentes gráficos, como bordes, sombras, o color de fondo.

- **Gestión de entrada/salida**: Agregar comportamientos como compresión o cifrado a flujos de datos.

- Ventajas:

- **Flexibilidad**: Permite agregar funcionalidades de manera flexible sin cambiar el código base.

- **Combinación de comportamientos**: Es fácil combinar múltiples decoradores para crear objetos con varias características.

- **Ejemplo**: En un sistema de notificaciones, un objeto de notificación podría ser decorado con funcionalidad adicional, como el envío por correo electrónico o por SMS.

6.5.5. Strategy

- **Descripción**: El patrón Strategy define una familia de algoritmos y permite que cada uno sea intercambiable. Los algoritmos se encapsulan en clases separadas, lo que permite cambiar su comportamiento de manera flexible sin modificar el código que los utiliza.

- Aplicaciones Comunes:

- **Cálculo de tarifas**: Cambiar la estrategia de cálculo de tarifas según diferentes métodos de envío.

- **Sistemas de ordenación**: Seleccionar diferentes estrategias de ordenación de datos en función del tamaño de la colección.

- Ventajas:

- **Mantenimiento**: Cada algoritmo está aislado, lo que facilita su modificación y mantenimiento.

- **Extensibilidad**: Es fácil agregar nuevas estrategias sin alterar el código existente.

- **Ejemplo**: En un videojuego, diferentes estrategias de inteligencia artificial (agresiva, defensiva, exploradora) podrían ser seleccionadas dinámicamente para un personaje según el nivel de dificultad.

6.5.6. Adapter

- **Descripción**: El patrón Adapter permite que dos interfaces incompatibles trabajen juntas. Actúa como un puente entre dos clases que, de otro modo, no podrían interactuar.

- Aplicaciones Comunes:

- **Integración de bibliotecas de terceros**: Permite utilizar bibliotecas que no tienen una interfaz compatible con el sistema.

- **Conversión de datos**: Utilizado para adaptar diferentes formatos de datos entre sistemas.

- Ventajas:

- **Reutilización de código**: Facilita la reutilización de clases existentes sin tener que modificarlas.

- **Interoperabilidad**: Ayuda a integrar componentes de software con interfaces diferentes.

- **Ejemplo**: En una aplicación de medios, un Adapter podría convertir el formato de audio de una biblioteca a otro formato que el reproductor principal pueda entender.

6.5.7. Model-View-Controller (MVC)

- **Descripción**: Aunque es más un patrón de arquitectura que de diseño, el MVC es fundamental para organizar aplicaciones con interfaces de usuario. Separa la aplicación en tres componentes principales:

- **Model**: Gestiona los datos y la lógica de negocio.
- **View**: Es la presentación visual de los datos.
- **Controller**: Actúa como un intermediario entre la vista y el modelo, gestionando las interacciones del usuario.

- Aplicaciones Comunes:

- **Desarrollo web**: Utilizado en frameworks como Django, Ruby on Rails, y ASP.NET para organizar la lógica de aplicaciones web.

- Ventajas:

- **Separación de responsabilidades**: Facilita el mantenimiento y la ampliación de la aplicación al separar la lógica de negocio, la interfaz de usuario y el control de flujo.
- **Reutilización**: Las vistas y los controladores pueden cambiar sin afectar al modelo subyacente.
- **Ejemplo**: En una aplicación de comercio electrónico, el modelo gestionaría los datos de los productos, la vista presentaría la lista de productos y el carrito de compra, y el controlador gestionaría las interacciones del usuario con el carrito.

6.5.8. Importancia de los Patrones de Diseño

- **Facilitan la Colaboración**: Al proporcionar un lenguaje común, los patrones de diseño ayudan a los desarrolladores a comunicar soluciones de manera más eficiente.
- **Mejores Prácticas**: Son la recopilación de años de experiencia en la resolución de problemas comunes, lo que ayuda a seguir buenas prácticas desde el principio.
- **Aumentan la Calidad del Código**: Al aplicar patrones de diseño, el código tiende a ser más estructurado, fácil de leer y mantener.

Los patrones de diseño son una herramienta poderosa en el arsenal de un desarrollador de software. Su uso adecuado permite crear soluciones más robustas, adaptables y fáciles de mantener, reduciendo la complejidad del desarrollo y ayudando a crear sistemas de software eficientes.

6.6. OPTIMIZACIÓN DE CÓDIGO

La optimización de código es el proceso de ajustar y mejorar un programa para que funcione de manera más rápida, consuma menos recursos, y sea más eficiente en su ejecución. Si bien es importante priorizar la claridad y legibilidad del código, la optimización adecuada puede ser crucial en sistemas de gran escala o aplicaciones que requieren un alto rendimiento. Las prácticas de optimización incluyen:

6.6.1. Eliminación de Redundancias

• **Descripción**: Identificar y eliminar código duplicado o innecesario es una de las formas más sencillas de optimizar un programa. Esto no solo mejora el rendimiento, sino que también facilita el mantenimiento y la legibilidad del código.

- Prácticas Comunes:

• **Refactorización**: Reorganizar el código para que sea más limpio y eficiente.

• **Funciones reutilizables**: Extraer bloques de código que se repiten en funciones o métodos reutilizables.

• **Ejemplo**: Si una operación matemática se repite en varios lugares, encapsularla en una función puede reducir el tamaño del código y mejorar la coherencia.

6.6.2. Uso Eficiente de Estructuras de Datos

• **Descripción**: Seleccionar la estructura de datos correcta puede tener un impacto significativo en el rendimiento de un programa. Las estructuras de datos adecuadas permiten realizar operaciones de manera más rápida y consumir menos memoria.

- Prácticas Comunes:

- **Elegir la estructura correcta**: Por ejemplo, usar un HashMap para búsquedas rápidas en lugar de un ArrayList cuando se necesita acceder a elementos por clave.

- **Optimización de memoria**: Usar estructuras de datos que minimicen el uso de memoria, como listas enlazadas para evitar la sobrecarga de un arreglo grande.

- **Ejemplo**: En una aplicación de redes sociales, el uso de un conjunto (Set) para almacenar identificadores únicos de usuarios puede ser más eficiente que una lista, ya que evita elementos duplicados y permite búsquedas más rápidas.

6.6.3. Profiling y Detección de Cuellos de Botella

- **Descripción**: El profiling es el proceso de analizar el código para identificar las partes que consumen más recursos o tiempo de ejecución. Las herramientas de profiling ayudan a localizar cuellos de botella, como funciones que tardan mucho en ejecutarse o que consumen mucha memoria.

- Prácticas Comunes:

- **Análisis de tiempo de ejecución**: Medir el tiempo que tarda cada parte del código en ejecutarse para identificar áreas que necesitan optimización.

- **Monitoreo de uso de memoria**: Detectar fugas de memoria y objetos que ocupan más espacio del necesario.

- **Ejemplo**: En una aplicación web, el profiling puede mostrar que ciertas consultas a la base de datos son lentas, lo que podría resolverse optimizando las consultas SQL o agregando índices.

6.6.4. Optimización de Algoritmos

- **Descripción**: Elegir el algoritmo correcto para cada tarea es fundamental para la eficiencia del código. Un algoritmo subóptimo puede hacer que una aplicación sea lenta y consuma muchos recursos, especialmente con grandes volúmenes de datos.

- Prácticas Comunes:

- **Reducir la complejidad temporal**: Optar por algoritmos que tengan una mejor eficiencia de tiempo, como pasar de un algoritmo de ordenación O(n^2) a uno O(n log n).

- **Uso de algoritmos de búsqueda y ordenación óptimos**: Utilizar algoritmos como búsqueda binaria en lugar de búsqueda lineal cuando los datos estén ordenados.

- **Ejemplo**: Para buscar un elemento en una lista ordenada, usar una búsqueda binaria (O(log n)) es mucho más rápido que una búsqueda secuencial (O(n)).

6.6.5. Uso Eficiente de Memoria

- **Descripción**: Optimizar el uso de memoria es fundamental para evitar que las aplicaciones consuman recursos innecesarios, lo que puede ser crítico en dispositivos móviles o sistemas con recursos limitados.

- Prácticas Comunes:

- **Evitar la creación innecesaria de objetos**: Reutilizar instancias de objetos cuando sea posible, especialmente en loops.

- **Liberación de recursos**: Asegurarse de liberar recursos como conexiones a bases de datos, archivos abiertos y variables que ocupan mucha memoria cuando ya no se necesitan.

- **Ejemplo**: En el desarrollo de aplicaciones móviles, es importante gestionar adecuadamente los ciclos de vida de los objetos para evitar fugas de memoria que puedan ralentizar o bloquear la aplicación.

6.6.6. Paralelismo y Concurrencia

- **Descripción**: Aprovechar la capacidad de los procesadores modernos para realizar varias tareas simultáneamente puede mejorar significativamente el rendimiento de un programa. Esto se logra mediante el uso de hilos y procesos paralelos.

- Prácticas Comunes:

- **Multihilos**: Distribuir tareas intensivas entre varios hilos para ejecutar procesos simultáneamente.

- **Procesamiento asíncrono**: Utilizar operaciones asíncronas para tareas de entrada/salida que podrían bloquear el flujo del programa.

- **Ejemplo**: En una aplicación de procesamiento de imágenes, el uso de hilos paralelos puede acelerar la manipulación de cada imagen, reduciendo el tiempo total de procesamiento.

6.6.7. Minimización de Operaciones Costosas

• **Descripción**: Identificar y minimizar operaciones que consumen mucho tiempo de procesamiento, como acceder a discos duros, realizar operaciones en red o cálculos matemáticos complejos, puede mejorar el rendimiento general.

- Prácticas Comunes:

• **Caché de resultados**: Almacenar el resultado de cálculos complejos para evitar recalcularlos repetidamente.

• **Batching**: Agrupar operaciones de entrada/salida para reducir la sobrecarga de cada operación.

• **Ejemplo**: En una aplicación de análisis de datos, almacenar los resultados intermedios en una caché en lugar de realizar consultas a la base de datos cada vez puede mejorar drásticamente la velocidad.

6.6.8. Uso de Buenas Prácticas de Programación

• **Descripción**: A menudo, la optimización no se trata solo de ajustes específicos en el código, sino de seguir buenas prácticas desde el principio del desarrollo. Esto implica escribir código limpio, modular y fácil de mantener.

- Prácticas Comunes:

• **Simplificación del código**: Evitar el uso de estructuras y métodos innecesariamente complejos.

• **Modularización**: Dividir el código en funciones y métodos pequeños que realicen tareas específicas, facilitando la optimización de cada parte.

• **Ejemplo**: En lugar de escribir un único método extenso que realice muchas operaciones, dividirlo en funciones más pequeñas puede permitir identificar y mejorar áreas específicas que impactan en el rendimiento.

6.6.9. Importancia de la Optimización de Código

• **Mejor Experiencia de Usuario**: Un código optimizado reduce los tiempos de carga y respuesta de las aplicaciones, lo que resulta en una mejor experiencia para el usuario final.

- **Reducción de Costos de Infraestructura**: Al utilizar menos recursos computacionales, una aplicación optimizada puede funcionar de manera eficiente en servidores de menor capacidad, lo que ahorra costos de infraestructura.

- **Escalabilidad**: La optimización del código hace que sea más fácil escalar una aplicación a medida que crece la base de usuarios, ya que los recursos necesarios por usuario son menores.

- **Mantenimiento Sostenible**: Un código eficiente y bien estructurado es más fácil de mantener y actualizar, lo que reduce los riesgos de errores futuros y facilita la incorporación de nuevas funcionalidades.

La optimización de código es un proceso continuo que debe ser equilibrado con la legibilidad y la claridad del código. Es esencial evitar optimizaciones prematuras que compliquen la estructura del programa antes de tener un perfil claro de las necesidades de rendimiento. Sin embargo, cuando se hace de manera correcta, la optimización puede marcar la diferencia entre un sistema que simplemente funciona y uno que ofrece un rendimiento sobresaliente.

6.7. PRÁCTICAS DE PROGRAMACIÓN SEGURA

La programación segura se enfoca en la creación de software que sea resistente a ataques, minimizando las vulnerabilidades que puedan ser explotadas por atacantes. Dado el incremento de ciberataques y las estrictas regulaciones de privacidad, implementar prácticas de programación segura es esencial para proteger tanto las aplicaciones como los datos de los usuarios. Algunas de las prácticas fundamentales incluyen:

6.7.1. Validación de Entrada

- **Descripción**: Validar la entrada del usuario es crucial para prevenir inyecciones de código, como ataques de inyección SQL y Cross-Site Scripting (XSS). La validación asegura que los datos proporcionados sean correctos y estén en el formato esperado.

- Prácticas Comunes:

- **Sanitización de datos**: Limpiar la entrada para eliminar caracteres peligrosos que podrían ser utilizados en un ataque.

- **Uso de listas blancas**: Aceptar solo valores predefinidos y esperados en lugar de intentar bloquear valores sospechosos.

- **Ejemplo**: Al procesar un formulario de inicio de sesión, es importante validar que el nombre de usuario no contenga caracteres especiales que puedan ser utilizados para alterar la consulta SQL.

6.7.2. Manejo de Sesiones

- **Descripción**: Las sesiones son mecanismos utilizados para mantener el estado del usuario mientras interactúa con una aplicación. Proteger estas sesiones es fundamental para evitar ataques como el secuestro de sesión y la suplantación de identidad.

- Prácticas Comunes:

• **Uso de cookies seguras**: Configurar las cookies con las banderas Secure y HttpOnly para prevenir que sean interceptadas por terceros.

• **Expiración de sesiones**: Establecer un tiempo de expiración para las sesiones inactivas para reducir el riesgo de que un atacante utilice una sesión no cerrada.

• **Protección contra CSRF**: Usar tokens de seguridad (CSRF tokens) para asegurarse de que las solicitudes se originen desde la misma aplicación.

• **Ejemplo**: En una aplicación bancaria, asegurar que la sesión del usuario expire después de unos minutos de inactividad puede evitar que un atacante acceda a la cuenta si el usuario deja su dispositivo desatendido.

6.7.3. Cifrado de Datos

• **Descripción**: El cifrado es la conversión de datos a un formato que solo puede ser leído por alguien que tenga la clave de cifrado. Es esencial para proteger información sensible tanto en reposo (almacenada) como en tránsito (moviéndose entre el cliente y el servidor).

- Prácticas Comunes:

• **TLS/SSL**: Utilizar cifrado TLS/SSL para asegurar la transmisión de datos entre el cliente y el servidor, protegiendo contra ataques de intermediarios (Man-in-the-Middle).

• **Cifrado de base de datos**: Cifrar información sensible en la base de datos, como contraseñas y datos personales, utilizando algoritmos robustos como AES.

• **Almacenamiento seguro de contraseñas**: Nunca almacenar contraseñas en texto plano, sino utilizar funciones de hash como bcrypt o Argon2.

• **Ejemplo**: En una aplicación de e-commerce, cifrar la información de la tarjeta de crédito de los usuarios antes de almacenarla en la base de datos garantiza que, incluso si se compromete la base de datos, los datos serán inaccesibles sin la clave de descifrado.

6.7.4. Gestión de Errores y Excepciones

• **Descripción**: El manejo inadecuado de errores puede revelar detalles internos del sistema que podrían ser explotados por atacantes. Es importante manejar las excepciones de manera segura y proporcionar mensajes de error que no den pistas sobre la estructura interna del sistema.

- Prácticas Comunes:

• **Ocultar detalles técnicos**: Los mensajes de error mostrados al usuario no deben contener información técnica como trazas de la pila o detalles de las consultas SQL.

• **Registro de errores (Logging)**: Mantener un registro detallado de los errores y excepciones para su análisis, sin comprometer la seguridad de la aplicación.

• **Ejemplo**: En un sistema de autenticación, si ocurre un error al validar un usuario, el mensaje de error no debería indicar si el problema fue con el nombre de usuario o la contraseña, ya que esto podría facilitar un ataque de fuerza bruta.

6.7.5. Control de Acceso y Autorización

• **Descripción**: Implementar controles de acceso adecuados asegura que los usuarios solo puedan acceder a la información y funcionalidades a las que están autorizados. Esto es clave para proteger datos sensibles y prevenir el acceso no autorizado.

- Prácticas Comunes:

• **Roles y permisos**: Asignar roles a los usuarios y controlar el acceso a las diferentes partes de la aplicación según estos roles.

• **Verificación de autorizaciones**: Validar que el usuario tenga los permisos adecuados antes de realizar acciones críticas, como modificar datos o acceder a recursos.

• **Ejemplo**: En una aplicación de gestión empresarial, un empleado con el rol de "usuario" no debería tener acceso a los informes financieros que solo pueden ser vistos por administradores.

6.7.6. Seguridad en las APIs

- **Descripción**: Las APIs son un punto de entrada común para aplicaciones y servicios, y es esencial asegurar su uso para evitar ataques. Esto incluye la autenticación, la autorización y la limitación de solicitudes.

- Prácticas Comunes:

- **Autenticación fuerte**: Implementar protocolos como OAuth2 para autenticar a los usuarios de manera segura.

- **Rate limiting**: Limitar la cantidad de solicitudes que un cliente puede realizar a la API en un período de tiempo para prevenir abusos y ataques de denegación de servicio (DoS).

- **Validación de JSON/XML**: Asegurarse de que los datos recibidos a través de la API estén en el formato esperado y no contengan payloads maliciosos.

- **Ejemplo**: En una aplicación que utiliza una API para procesar pagos, la autenticación con OAuth2 puede asegurar que solo usuarios autorizados puedan realizar transacciones.

6.7.7. Actualización y Gestión de Dependencias

- **Descripción**: Las dependencias de software, como bibliotecas y frameworks, pueden contener vulnerabilidades que los atacantes podrían explotar. Mantener estas dependencias actualizadas y aplicar parches de seguridad es crucial para reducir el riesgo.

- Prácticas Comunes:

- **Monitoreo de vulnerabilidades**: Utilizar herramientas como Dependabot o Snyk para detectar dependencias vulnerables.

- **Uso de versiones seguras**: Preferir versiones estables y bien soportadas de las bibliotecas.

- **Desactivar características innecesarias**: Eliminar o desactivar funcionalidades de bibliotecas que no sean utilizadas para reducir el vector de ataque.

- **Ejemplo**: En una aplicación web que utiliza una biblioteca de autenticación, es importante actualizar la biblioteca a la última versión para asegurarse de que no tenga vulnerabilidades conocidas que puedan ser explotadas.

6.7.8. Desarrollo Seguro desde el Diseño (Security by Design)

• **Descripción**: La seguridad no debe ser un aspecto añadido al final del desarrollo, sino un componente integral desde el inicio. Esto se conoce como "Security by Design", e implica considerar la seguridad en cada etapa del desarrollo de software.

- Prácticas Comunes:

• **Modelado de amenazas**: Identificar posibles amenazas y vulnerabilidades desde las fases iniciales del proyecto.

• **Revisión de código**: Realizar auditorías de código regulares para identificar vulnerabilidades y mejorar la calidad del código.

• **Pruebas de penetración**: Realizar pruebas de seguridad activas para identificar posibles debilidades.

• **Ejemplo**: Al diseñar una nueva funcionalidad en una aplicación bancaria, el equipo de desarrollo realiza un análisis de amenazas para identificar posibles riesgos de seguridad y toma medidas preventivas para mitigar estos riesgos antes de implementar la función.

6.7.9. Importancia de la Programación Segura

Implementar prácticas de programación segura es fundamental para proteger la confidencialidad, integridad y disponibilidad de los datos y sistemas. Además, la programación segura ayuda a cumplir con regulaciones de privacidad y seguridad, como el GDPR en Europa y la CCPA en California. La adopción de estas prácticas desde el inicio del desarrollo no solo reduce el riesgo de ataques, sino que también fortalece la confianza de los usuarios y clientes en la aplicación, generando un entorno más seguro y confiable.

6.8. DEUDA TÉCNICA

La deuda técnica es un concepto que describe las consecuencias de tomar atajos en el desarrollo de software, como elegir soluciones rápidas y de menor calidad para cumplir con plazos de entrega o lanzar productos de manera acelerada. Si bien estas decisiones pueden resolver problemas inmediatos y llevar a un lanzamiento más rápido, el precio a pagar suele ser la acumulación de problemas que afectan la calidad del código y el mantenimiento a largo plazo. Al igual que una deuda financiera, si no se abordan a tiempo, estas decisiones pueden generar intereses que dificultan la evolución del software y encarecen las mejoras futuras.

6.8.1. ¿Qué es la Deuda Técnica?

La deuda técnica surge cuando se elige una solución de desarrollo que no es la óptima, con la intención de corregirla más adelante. Sin embargo, con el tiempo, esta deuda se acumula, lo que significa que el esfuerzo y el tiempo requeridos para hacer correcciones y mejoras aumenta considerablemente. Esto puede provocar que el código sea difícil de leer, modificar y ampliar, lo que, en última instancia, afecta la velocidad y la eficiencia del equipo de desarrollo.

6.8.2. Tipos Comunes de Deuda Técnica

- **Código Mal Documentado**: Cuando el código no está bien documentado, la comprensión de su lógica y propósito se vuelve más difícil para los desarrolladores, especialmente para aquellos que no participaron en su creación. Esto puede hacer que agregar nuevas funcionalidades o resolver errores tome más tiempo.

- **Ejemplo**: Un desarrollador escribió una función compleja sin agregar comentarios que expliquen su lógica. Meses después, cuando otro desarrollador necesita ajustar la función, pasa horas tratando de entender cómo funciona antes de poder hacer las modificaciones necesarias.

- **Consecuencia**: La falta de documentación adecuada dificulta el trabajo en equipo y retrasa las tareas de mantenimiento.

- **Dependencias Obsoletas**: Muchas aplicaciones dependen de bibliotecas de terceros. Si estas bibliotecas no se actualizan regularmente, pueden quedarse atrás en términos de seguridad, rendimiento y compatibilidad. Las dependencias obsoletas son una forma de deuda técnica que puede volverse problemática cuando se intenta escalar el sistema o adaptarlo a nuevas tecnologías.

- **Ejemplo**: Una aplicación utiliza una versión antigua de una biblioteca de autenticación. Actualizar esta biblioteca requiere cambios en varias partes del sistema, por lo que el equipo de desarrollo pospone la actualización. Sin embargo, la biblioteca antigua contiene vulnerabilidades de seguridad conocidas que podrían poner en riesgo a los usuarios.

- **Consecuencia**: Las dependencias desactualizadas pueden poner en riesgo la seguridad del sistema y limitar la capacidad de implementar nuevas funcionalidades.

- **Falta de Pruebas Automatizadas**: Saltarse las pruebas unitarias, de integración y otros tipos de pruebas automatizadas para acelerar el desarrollo puede crear una deuda técnica significativa. Sin pruebas, es difícil identificar errores o regresiones al realizar cambios en el código.

- **Ejemplo**: Un equipo de desarrollo omite las pruebas unitarias para cumplir con un plazo ajustado. Cuando se lanza una nueva funcionalidad, surgen varios errores que no se detectaron previamente, lo que obliga a dedicar mucho tiempo a solucionar problemas inesperados.

- **Consecuencia**: La falta de pruebas lleva a un mayor riesgo de introducir errores en el código, lo que incrementa los costos de mantenimiento y dificulta la entrega de versiones estables.

6.8.3. Impacto de la Deuda Técnica

La deuda técnica puede tener un impacto significativo en la vida útil del software y en la productividad del equipo de desarrollo. Algunos de los efectos más notables incluyen:

- **Mayor Costo de Mantenimiento**: A medida que la deuda técnica se acumula, el costo de mantener y actualizar el software aumenta. Lo que antes podía ser una modificación sencilla puede convertirse en una tarea compleja que requiere la refactorización de varias partes del sistema.

• **Disminución de la Velocidad de Desarrollo**: La deuda técnica hace que la incorporación de nuevas funcionalidades sea más lenta y laboriosa. Esto se debe a que cada nueva característica debe ser compatible con el código existente, que puede ser difícil de modificar debido a problemas acumulados.

• **Reducción de la Calidad del Software**: Un código que acumula deuda técnica puede ser más propenso a errores, fallos de rendimiento y problemas de seguridad. Esto puede llevar a una mala experiencia para los usuarios finales y a una percepción negativa del producto.

6.8.4. Cómo Gestionar la Deuda Técnica

El manejo adecuado de la deuda técnica es fundamental para mantener la calidad y la sostenibilidad del software a largo plazo. Algunas estrategias para gestionar y reducir la deuda técnica incluyen:

• **Identificación y Evaluación**: Reconocer y medir la deuda técnica es el primer paso para gestionarla. Esto implica revisar el código, identificar áreas problemáticas y evaluar el impacto de la deuda en el desarrollo futuro.

• **Técnicas de evaluación**: Utilizar herramientas de análisis estático de código, como SonarQube, para detectar problemas comunes como complejidad excesiva, duplicación de código y prácticas inseguras.

• **Refactorización Continua**: La refactorización es la práctica de mejorar el código sin cambiar su comportamiento externo. Realizar refactorización continua durante el desarrollo ayuda a mantener el código limpio y reduce la acumulación de deuda técnica.

• **Ejemplo**: Un equipo de desarrollo dedica un pequeño porcentaje de cada sprint a mejorar partes del código que necesitan ser refactorizadas. Esto les permite mantener el código limpio sin afectar significativamente los plazos de entrega.

• **Establecimiento de Prioridades**: No toda la deuda técnica puede o debe ser pagada de inmediato. Es importante priorizar las áreas que representan el mayor riesgo o impacto para el proyecto. Esto puede incluir la corrección de dependencias obsoletas críticas o la refactorización de funciones que son más difíciles de mantener.

- **Método de gestión**: Clasificar la deuda técnica en categorías como "Alta", "Media" y "Baja" para determinar qué problemas deben abordarse primero.

- **Incorporar Deuda Técnica en la Planificación**: Incluir la reducción de deuda técnica en la planificación de proyectos y en los sprints de desarrollo puede asegurar que se le dedique tiempo a este aspecto. Esto puede hacerse mediante la asignación de tareas específicas para refactorización o la mejora de pruebas automatizadas.

- **Ejemplo**: Durante la planificación de un sprint, el equipo asigna un 10% del tiempo total para abordar problemas relacionados con deuda técnica, como actualizar una dependencia o mejorar la cobertura de pruebas.

6.8.5. Beneficios de Gestionar la Deuda Técnica

- **Mejora de la Estabilidad y Mantenibilidad**: Al reducir la deuda técnica, el software se vuelve más fácil de mantener y actualizar. Esto mejora la capacidad del equipo para añadir nuevas características sin generar problemas adicionales.

- **Reducción de Riesgos de Seguridad**: Actualizar dependencias y mejorar la calidad del código puede ayudar a reducir las vulnerabilidades y riesgos de seguridad, protegiendo tanto a la aplicación como a los datos de los usuarios.

- **Mayor Productividad del Equipo**: Un código limpio y bien mantenido permite a los desarrolladores trabajar de manera más eficiente, ya que pueden entender y modificar el código más fácilmente.

6.8.6. Conclusión: La Deuda Técnica como Inversión Estratégica

La deuda técnica, aunque a menudo es vista de manera negativa, puede ser utilizada estratégicamente si se gestiona adecuadamente. A veces, asumir deuda técnica en etapas tempranas de desarrollo puede ser una decisión lógica para llegar rápidamente al mercado. Sin embargo, ignorar la deuda técnica durante mucho tiempo puede poner en riesgo la viabilidad del software. Reconocer la importancia de mantener un equilibrio entre la velocidad de desarrollo y la calidad del código es clave para asegurar la salud y longevidad de un proyecto de software.

6.9. REFACTORIZACIÓN DE CÓDIGO

La refactorización es un proceso fundamental en el desarrollo de software que consiste en modificar la estructura interna del código existente para mejorar su calidad, sin alterar su comportamiento observable. A través de la refactorización, se busca que el código sea más claro, eficiente y fácil de mantener, lo que a largo plazo reduce los costos de desarrollo y mejora la estabilidad del sistema. Es un hábito que, cuando se incorpora en el flujo de trabajo, puede marcar la diferencia en la salud de un proyecto de software.

6.9.1. ¿Qué es la Refactorización?

Refactorizar significa "reestructurar" el código para mejorar su diseño y organización, manteniendo las mismas funcionalidades que tenía originalmente. Esto implica modificar la forma en que está escrito el código para hacerlo más limpio y organizado, pero sin cambiar lo que hace. La idea es que el código final tenga la misma salida o resultado, pero sea más fácil de entender, mantener y ampliar.

• **Ejemplo Básico**: Supongamos que un desarrollador tiene una función con un nombre genérico y poco claro, como funcion1(), que realiza una tarea específica, como calcular el área de un círculo. Refactorizar podría implicar cambiar el nombre de la función a algo más descriptivo, como calcularAreaCirculo(), sin modificar la lógica interna. Aunque la funcionalidad no cambia, el código ahora es más legible y su propósito es evidente.

6.9.2. Beneficios de la Refactorización

• **Mejora de la Legibilidad**: Un código que es difícil de leer y entender puede convertirse en un problema cuando se necesita realizar ajustes o incorporar nuevos desarrolladores al equipo. La refactorización permite hacer que el código sea más comprensible, lo que facilita que otros desarrolladores lo mantengan y modifiquen en el futuro.

• **Ejemplo**: Cambiar nombres de variables poco claros como x, y o temp por nombres más significativos como longitud, ancho o resultadoTemporal.

• **Eliminación de Código Muerto**: A medida que un proyecto crece, es común que algunas funciones, variables o clases ya no se utilicen. El código muerto no solo ocupa espacio innecesariamente, sino que también puede generar confusión y errores si alguien lo modifica accidentalmente pensando que es parte del sistema. La refactorización implica identificar y eliminar estas secciones de código que ya no tienen utilidad.

• **Ejemplo**: Un proyecto que ha evolucionado con el tiempo podría tener funciones que ya no se llaman desde ninguna parte del código. La refactorización ayudaría a identificar y eliminar estas funciones para mantener el proyecto limpio.

• **Mejorar la Mantenibilidad**: Un código bien estructurado es más fácil de actualizar y expandir con nuevas funcionalidades. Al refactorizar, los desarrolladores pueden detectar patrones repetitivos y reemplazarlos con funciones reutilizables, lo que reduce la cantidad de código y hace que el sistema sea más fácil de modificar.

• **Ejemplo**: Si se detecta que varias partes del código utilizan la misma lógica para validar una dirección de correo electrónico, esa lógica puede extraerse en una única función reutilizable. Así, si alguna vez se necesita cambiar la forma de validar los correos, solo se tendrá que ajustar una función en lugar de múltiples fragmentos de código.

6.9.3. Cuándo Refactorizar el Código

La refactorización debe ser un proceso continuo y no algo que se deje para el final de un proyecto. Hay momentos específicos en los que resulta especialmente útil realizarla:

• **Antes de añadir nuevas funcionalidades**: Refactorizar antes de agregar una nueva característica puede ayudar a que el código sea más fácil de adaptar a los cambios, lo que puede reducir el esfuerzo necesario para implementar la nueva funcionalidad.

• **Después de corregir errores**: Una vez que un error ha sido corregido, puede ser útil refactorizar el código para que sea más fácil de entender y para que el problema no vuelva a surgir.

- **Durante revisiones de código**: Las revisiones de código (code reviews) son un buen momento para detectar oportunidades de refactorización, ya que suelen revelar áreas del código que podrían mejorarse.

6.9.4. Técnicas Comunes de Refactorización

- **Renombrado de Variables y Funciones**: Renombrar elementos del código para que sus nombres reflejen su propósito de manera más precisa. Esto ayuda a que otros desarrolladores entiendan rápidamente qué hace cada parte del código.

- **Antes**: a = b * c

- **Después**: areaRectangulo = base * altura

- **Extracción de Funciones**: Cuando un bloque de código realiza una tarea específica, es una buena práctica moverlo a una función separada con un nombre descriptivo. Esto facilita la lectura del código y su reutilización.

- Antes:

*total = precio * cantidad*

if total > 100:

    *total = total * 0.9*

- Después:

total = calcularDescuento(precio, cantidad)

- **Eliminación de Código Duplicado**: Si el mismo bloque de código aparece en varias partes de un programa, es mejor refactorizarlo en una función o clase reutilizable. Esto no solo reduce la cantidad de código, sino que también hace que el mantenimiento sea más sencillo.

- **Ejemplo**: Extraer la lógica de validación de formularios que se repite en diferentes lugares de una aplicación web y colocarla en una única función reutilizable.

- **Simplificación de Condiciones Complejas**: Las estructuras de control anidadas, como múltiples if o switch anidados, pueden hacer que el código sea difícil de seguir. Refactorizar estas estructuras utilizando funciones o patrones de diseño como el **polimorfismo** puede mejorar la claridad del código.

- Antes:

if tipo == 'A':

   # Lógica para tipo A

elif tipo == 'B':

   # Lógica para tipo B

- **Después**: Utilizar un diccionario de funciones o una clase base con subclases que encapsulen la lógica específica de cada tipo.

6.9.5. Beneficios a Largo Plazo de la Refactorización

- **Reducción de Errores Futuras**: Un código más limpio y organizado tiende a ser menos propenso a errores, ya que es más fácil identificar inconsistencias y corregir problemas antes de que se conviertan en errores graves.

- **Facilita la Colaboración**: En equipos de desarrollo, la refactorización mejora la colaboración, ya que todos los miembros pueden entender y trabajar en el código de manera más efectiva. Esto es especialmente importante en proyectos de gran envergadura donde la claridad y consistencia del código son cruciales para la productividad del equipo.

- **Mejora del Rendimiento**: Aunque la refactorización no siempre tiene como objetivo directo mejorar el rendimiento del sistema, el proceso de simplificar y optimizar el código puede llevar a una mejor utilización de los recursos, lo que resulta en aplicaciones más rápidas y ligeras.

6.9.6. Conclusión: La Refactorización como Parte Integral del Desarrollo

La refactorización no debería ser vista como una tarea tediosa, sino como una inversión en la calidad del software. Adoptar una mentalidad de mejora continua y dedicar tiempo regularmente a la refactorización permite que el código se mantenga flexible y adaptable a lo largo del tiempo. Esto no solo facilita la incorporación de nuevas funcionalidades, sino que también contribuye a la creación de un software más robusto y preparado para el futuro.

6.10. TESTING UNITARIO EN LA CODIFICACIÓN

El testing unitario es una técnica fundamental en el desarrollo de software que consiste en escribir pruebas automatizadas para verificar el funcionamiento de unidades individuales de código, como funciones, métodos o clases. Cada prueba se enfoca en una parte específica del código, asegurándose de que se comporte de manera correcta bajo diferentes condiciones. Este enfoque es esencial para garantizar la calidad del software y facilita un desarrollo más seguro y confiable.

6.10.1. ¿Qué es el Testing Unitario?

El testing unitario se centra en evaluar pequeños fragmentos del código de manera aislada. A través de este proceso, se ejecutan pruebas automáticas sobre unidades de código para comprobar que producen los resultados esperados, dadas ciertas entradas. Al estar automatizadas, estas pruebas se pueden ejecutar cada vez que se modifica el código, asegurando que los cambios no generen errores en otras partes del sistema.

• **Ejemplo Básico**: Supongamos que tenemos una función llamada suma(a, b) que devuelve la suma de dos números. Un test unitario para esta función podría verificar que suma(2, 3) devuelve 5, suma(-1, 1) devuelve 0, y así sucesivamente.

6.10.2. Ventajas del Testing Unitario

• **Detección Temprana de Errores**: Las pruebas unitarias permiten identificar problemas en el código antes de integrarlo en el sistema completo. Esto ahorra tiempo y esfuerzo a los desarrolladores, ya que se detectan errores en una etapa temprana del proceso de desarrollo.

• **Ejemplo**: Si se cambia la lógica de una función matemática, los tests unitarios pueden indicar inmediatamente si ese cambio ha generado un error, antes de que el código sea utilizado por otras partes de la aplicación.

• **Documentación del Código**: Las pruebas unitarias también actúan como una forma de documentación viva, ya que especifican claramente cómo se espera que se comporte cada función o clase. Esto es especialmente útil para otros desarrolladores que se incorporen al proyecto y necesitan entender rápidamente cómo funciona el código.

• **Ejemplo**: Al leer una prueba unitaria, un desarrollador puede deducir fácilmente que, por ejemplo, una función multiplicar(a, b) debe devolver 0 si uno de los argumentos es 0.

• **Facilita la Refactorización**: Al contar con un conjunto de pruebas unitarias, los desarrolladores pueden realizar cambios en el código con mayor confianza, ya que si algo se rompe, las pruebas lo detectarán. Esto facilita la refactorización del código, permitiendo mejorar su estructura sin temor a introducir nuevos errores.

• **Ejemplo**: Si un desarrollador decide optimizar una función para mejorar su rendimiento, las pruebas unitarias pueden asegurar que la nueva versión de la función sigue comportándose de la misma manera que la anterior.

6.10.3. Prácticas Recomendadas para el Testing Unitario

Para obtener el máximo beneficio de las pruebas unitarias, es importante seguir ciertas prácticas:

• **Escribir Pruebas Simples y Aisladas**: Cada test unitario debe enfocarse en una sola funcionalidad. Esto significa que, si un test falla, se puede identificar rápidamente cuál es la causa del problema.

• **Ejemplo**: En lugar de probar que una función realiza múltiples tareas a la vez, es mejor escribir pruebas separadas para cada aspecto de la funcionalidad de la función.

• **Uso de Asserts**: Los asserts son las verificaciones que se utilizan en las pruebas unitarias para comparar el resultado obtenido de una función con el resultado esperado. Un buen uso de asserts garantiza que las pruebas detecten cualquier discrepancia entre el comportamiento esperado y el real.

• **Ejemplo**: Si assertEqual(suma(2, 3), 5) falla, el test indicará que la función suma no está devolviendo el valor esperado.

- **Pruebas Automáticas y Frecuentes**: Las pruebas unitarias deben ejecutarse de manera automática cada vez que se realiza un cambio en el código. Esto asegura que cualquier cambio inesperado se detecte de inmediato, manteniendo la integridad del código.

- **Ejemplo**: Configurar un entorno de integración continua (CI/CD) que ejecute todas las pruebas unitarias cada vez que se hace un commit en el repositorio.

6.10.4. Tipos de Pruebas Unitarias

- **Pruebas de Comportamiento**: Verifican que una función se comporte de manera correcta ante diferentes entradas. Se aseguran de que el resultado sea el esperado para casos específicos.

- **Ejemplo**: Probar que una función que calcula el descuento de un producto siempre devuelve un valor positivo y no permite descuentos mayores al 100%.

- **Pruebas de Excepciones**: Se aseguran de que una función maneje adecuadamente los errores y excepciones. Esto es útil para verificar que el código no se rompa cuando recibe entradas no válidas.

- **Ejemplo**: Probar que una función que divide dos números lanza una excepción cuando se intenta dividir por cero.

- **Pruebas de Bordes**: Evalúan el comportamiento de una función cuando se le proporcionan valores límite. Esto garantiza que la función maneje correctamente los casos extremos.

- **Ejemplo**: Probar que una función que acepta edades como parámetro devuelva un error si la edad proporcionada es menor que 0 o mayor que 120.

6.10.5. Herramientas Populares para el Testing Unitario

Existen varias herramientas que facilitan la escritura y ejecución de pruebas unitarias en diferentes lenguajes de programación. Algunas de las más utilizadas son:

- **JUnit (Java)**: Es el estándar para pruebas unitarias en Java y permite definir, organizar y ejecutar pruebas de manera sencilla.

- **pytest (Python)**: Ofrece una sintaxis simple y potente para escribir pruebas en Python, con la capacidad de ejecutar pruebas automáticamente y generar reportes detallados.

- **Jest (JavaScript)**: Es muy popular para realizar pruebas en aplicaciones de JavaScript, especialmente en el entorno de desarrollo de aplicaciones frontend y con React.

- **xUnit (.NET)**: Ideal para escribir pruebas unitarias en aplicaciones desarrolladas con .NET y C#.

Cada una de estas herramientas está diseñada para trabajar de manera integrada con el lenguaje y entorno específico, proporcionando funciones como la ejecución automática de tests y la generación de reportes.

6.10.6. Ejemplo Práctico de Testing Unitario

A continuación, un ejemplo de cómo se vería un test unitario sencillo en Python utilizando pytest para una función que suma dos números:

```
# Función a probar
def suma(a, b):
    return a + b

# Prueba unitaria
def test_suma():
    assert suma(2, 3) == 5
    assert suma(-1, 1) == 0
    assert suma(0, 0) == 0
    assert suma(1.5, 2.5) == 4.0
```

En este ejemplo:

- La función suma es la unidad de código que se prueba.

- La función test_suma contiene varios asserts que verifican que la función suma devuelva los resultados esperados para diferentes casos.

- Si uno de los asserts falla, pytest reportará un error, indicando que la función no está funcionando correctamente para ese caso en particular.

6.10.7. Conclusión: El Valor del Testing Unitario en el Desarrollo de Software

Implementar testing unitario es una práctica fundamental que contribuye de manera significativa a la calidad del software. Al detectar errores de forma temprana, facilitar la documentación del código y permitir la refactorización con confianza, las pruebas unitarias se convierten en una herramienta indispensable para los desarrolladores. Aunque al principio puede parecer una inversión de tiempo, la automatización de estos tests y la tranquilidad de saber que el código es más robusto y confiable compensan con creces ese esfuerzo inicial.

6.11. ESTILOS DE PROGRAMACIÓN

Los estilos de programación son enfoques y convenciones que guían cómo se escribe y organiza el código. Cada estilo tiene sus características, ventajas y desventajas, y la elección del enfoque adecuado puede tener un impacto significativo en la claridad, mantenibilidad y eficiencia del código. A continuación, exploraremos algunos de los estilos de programación más comunes:

6.11.1. Programación Funcional

La programación funcional es un paradigma que trata la computación como la evaluación de funciones matemáticas y evita cambiar el estado o los datos mutables. Este estilo se basa en conceptos clave como:

• **Funciones de Primera Clase**: Las funciones son ciudadanos de primera clase, lo que significa que pueden ser asignadas a variables, pasadas como argumentos y retornadas de otras funciones. Esto permite una mayor flexibilidad en la programación.

• **Inmutabilidad**: Los datos no se modifican después de su creación. En su lugar, se generan nuevos datos a partir de los existentes, lo que minimiza efectos secundarios y hace que el código sea más predecible y fácil de entender.

• **Funciones Puras**: Una función se considera pura si su salida depende únicamente de sus entradas y no tiene efectos secundarios, como modificar variables externas o el estado del programa.

• **Ejemplo**: Un ejemplo de programación funcional se puede observar en el lenguaje Haskell o en el uso de funciones de orden superior en JavaScript. Por ejemplo:

```
const suma = (a, b) => a + b;
const resultado = suma(2, 3); // resultado: 5
```

La programación funcional es especialmente útil en sistemas concurrentes y paralelos, ya que la inmutabilidad y la falta de efectos secundarios facilitan el manejo de múltiples hilos de ejecución.

6.11.2. Programación Orientada a Objetos (POO)

La programación orientada a objetos es un paradigma que se basa en el concepto de "objetos", que encapsulan tanto datos como comportamientos. Los principios fundamentales de la POO incluyen:

- **Encapsulamiento**: Los datos y métodos que operan sobre esos datos se agrupan en un solo objeto. Esto oculta la complejidad y proporciona una interfaz más sencilla para interactuar con el objeto.

- **Herencia**: Permite crear nuevas clases que heredan propiedades y comportamientos de clases existentes. Esto fomenta la reutilización de código y la creación de jerarquías de clases.

- **Polimorfismo**: Permite que diferentes clases respondan a la misma interfaz de manera diferente. Esto se puede lograr mediante métodos sobrecargados o implementando interfaces.

- **Ejemplo**: Un ejemplo clásico de POO es la creación de una clase Coche:

```
class Coche:
class Coche:
    def __init__(self, marca, modelo):
        self.marca = marca
        self.modelo = modelo

    def conducir(self):
        print(f"Conduciendo un {self.marca} {self.modelo}")
```

```
mi_coche = Coche("Toyota", "Corolla")
mi_coche.conducir()  # Salida: Conduciendo un Toyota Corolla
```

La POO es especialmente efectiva en proyectos grandes y complejos, ya que ayuda a organizar el código y facilita el mantenimiento y la escalabilidad del sistema.

6.11.3. Programación Imperativa

La programación imperativa es un estilo que se basa en el uso de instrucciones secuenciales para modificar el estado del programa. Se enfoca en "cómo" se realizan las tareas, utilizando una serie de comandos o declaraciones para lograr un objetivo. Sus características incluyen:

- **Secuencia de Instrucciones**: El código se escribe en una secuencia de pasos que el programa debe seguir para alcanzar un resultado específico.

- **Control del Flujo**: Utiliza estructuras de control como bucles, condicionales y saltos para dirigir la ejecución del programa.

- **Mutabilidad**: A menudo permite modificar el estado de las variables a lo largo del tiempo, lo que puede introducir complejidad y dificultar el seguimiento del estado.

- **Ejemplo**: Un ejemplo de programación imperativa es un algoritmo que calcula la suma de los números del 1 al 10:

```
suma = 0
for i in range(1, 11):
    suma += i
print(suma)  # Salida: 55
```

La programación imperativa es ampliamente utilizada y es el enfoque base de muchos lenguajes de programación, como C y Java.

6.11.4. Acerca de los estilos de Programación Mixtos

Es importante destacar que muchos lenguajes de programación admiten múltiples estilos de programación. Por ejemplo, JavaScript permite tanto la programación funcional como la programación orientada a objetos, lo que permite a los desarrolladores elegir el enfoque que mejor se adapte a sus necesidades y preferencias.

6.11.5. Consideraciones para Elegir un Estilo de Programación

Al elegir un estilo de programación, se deben considerar varios factores:

• **Requisitos del Proyecto**: Algunos proyectos pueden beneficiarse más de un enfoque funcional, mientras que otros pueden requerir la flexibilidad de la POO.

• **Experiencia del Equipo**: La familiaridad del equipo con un estilo particular puede influir en la decisión. Un equipo con experiencia en POO puede preferir ese enfoque, mientras que uno con experiencia en programación funcional puede optar por ese estilo.

• **Mantenibilidad y Escalabilidad**: La elección del estilo de programación puede impactar la facilidad con la que se puede mantener y escalar el software a medida que evoluciona.

6.11.6. Conclusión

Los estilos de programación son herramientas valiosas que influyen en la forma en que se escribe y organiza el código. Comprender las características y beneficios de cada estilo permite a los desarrolladores tomar decisiones informadas al abordar problemas de programación. Al elegir el estilo adecuado, se puede mejorar la claridad, la eficiencia y la mantenibilidad del código, lo que resulta en software de mayor calidad y más fácil de gestionar a lo largo del tiempo.

6.12. MANEJO DE ERRORES Y EXCEPCIONES

El manejo de errores y excepciones es un aspecto fundamental en el desarrollo de software, ya que permite crear aplicaciones más robustas y confiables. Un manejo efectivo de errores no solo previene que el software se detenga abruptamente, sino que también mejora la experiencia del usuario al proporcionar información útil sobre los problemas que pueden surgir. A continuación, se detallan algunas de las estrategias clave para el manejo de errores y excepciones:

6.12.1. Uso de Bloques Try-Catch

Los bloques **try-catch** son una estructura común en muchos lenguajes de programación para manejar excepciones. Esta técnica permite intentar ejecutar un bloque de código y, en caso de que ocurra una excepción, capturarla para evitar que el programa se interrumpa.

• Sintaxis General:

try:

　# Código que puede generar una excepción

except ExceptionType:

　# Código para manejar la excepción

- **Ejemplo**:

try:

resultado = 10 / 0 # Esto genera una excepción de división por cero

except ZeroDivisionError:

   print("Error: No se puede dividir entre cero.")

El uso de **try-catch** permite que el programa continúe funcionando, incluso cuando se produce un error. Esto es especialmente importante en aplicaciones críticas, donde la interrupción del servicio puede ser inaceptable.

6.12.2. Registro de Errores

El registro de errores es una práctica esencial para la resolución de problemas y el mantenimiento del software. Mantener un registro de errores permite a los desarrolladores y administradores de sistemas analizar problemas recurrentes y realizar un seguimiento de los errores a lo largo del tiempo.

• **Implementación:** Utilizar bibliotecas o herramientas de registro para almacenar información sobre los errores que ocurren, incluyendo:

• Tipo de error

• Mensaje de error

• Fecha y hora del error

• Información del entorno (como la versión del software, la configuración del sistema, etc.)

• Ejemplo:

import logging

logging.basicConfig(filename='errores.log', level=logging.ERROR)

try:

```
# Código que puede fallar
resultado = 10 / 0
except ZeroDivisionError as e:
    logging.error(f"Error de división por cero: {e}")
```

El registro de errores no solo ayuda a diagnosticar problemas, sino que también proporciona información valiosa para futuras mejoras del sistema.

6.12.3. Mensajes de Error Claros

Proporcionar mensajes de error claros y concisos es crucial para ayudar a los usuarios a comprender lo que ha salido mal y cómo pueden solucionarlo. Un buen mensaje de error debe ser:

- **Informativo**: Debe explicar claramente el problema.
- **Amigable**: Usar un lenguaje sencillo y evitar jerga técnica siempre que sea posible.
- **Instructivo**: Ofrecer sugerencias sobre cómo resolver el problema o dónde encontrar más información.
- Ejemplo:

```
try:
    # Código que puede generar un error
    resultado = int(input("Ingrese un número: "))
except ValueError:
    print("Error: Debe ingresar un número válido.")
```

Un mensaje de error claro no solo mejora la experiencia del usuario, sino que también puede reducir la cantidad de consultas de soporte y facilitar la resolución de problemas.

6.12.4. Estrategias de Manejo de Errores

Además de las prácticas mencionadas, es útil implementar estrategias adicionales para un manejo de errores efectivo:

- **Reintentos**: En algunos casos, un error puede ser temporal (como problemas de red). Implementar un mecanismo de reintento puede mejorar la resiliencia del sistema.

- **Fallo Gracioso**: Diseñar el sistema para que degrade su funcionalidad de manera controlada en lugar de fallar completamente. Por ejemplo, si un servicio externo no está disponible, se puede proporcionar información en caché en lugar de un error.

- **Validaciones Previas**: Realizar validaciones antes de ejecutar operaciones críticas. Por ejemplo, verificar si un archivo existe antes de intentar abrirlo.

6.12.5. Conclusión

El manejo de errores y excepciones es un componente esencial para el desarrollo de software de calidad. Al implementar estrategias efectivas de manejo de errores, los desarrolladores pueden crear aplicaciones más robustas y resistentes a fallos, mejorando la experiencia del usuario y asegurando la estabilidad del sistema. Un enfoque proactivo en la gestión de errores no solo minimiza el impacto de los problemas, sino que también proporciona un marco para la mejora continua del software.

6.13. DOCUMENTACIÓN DEL CÓDIGO

La documentación del código es un aspecto fundamental en el desarrollo de software que contribuye a la comprensión, mantenimiento y evolución de un proyecto a lo largo del tiempo. Una buena documentación no solo ayuda a los desarrolladores actuales, sino que también facilita la integración de nuevos miembros al equipo y mejora la colaboración en el desarrollo de software. A continuación, se detallan los componentes clave de la documentación del código:

6.13.1. Comentarios en el Código

Los comentarios son anotaciones dentro del código fuente que explican la lógica, el propósito y el funcionamiento de secciones específicas del mismo. Su objetivo es proporcionar claridad sobre cómo funciona el código y por qué se tomaron ciertas decisiones.

- Tipos de Comentarios:

• **Comentarios de Línea**: Se utilizan para explicar una línea específica de código.

x = x + 1   # Incrementa x en 1

• **Comentarios de Bloque**: Se usan para proporcionar una descripción más amplia de un bloque de código.

 # Esta función calcula el área de un círculo

*# usando la fórmula: área = pi * radio^2*

def calcular_area_circulo(radio):

```
    return 3.14 * radio * radio
```

- Mejores Prácticas:

• Mantener los comentarios actualizados para que coincidan con el código.

• Evitar comentarios redundantes que no aporten información adicional.

• Usar comentarios para explicar el "por qué" detrás de decisiones de diseño, no solo el "qué".

6.13.2. Documentación Externa

Además de los comentarios en el código, es vital mantener una documentación externa que proporcione un contexto más amplio sobre el proyecto. Esta documentación puede incluir:

• **Guías de Instalación**: Instrucciones sobre cómo configurar el entorno de desarrollo y ejecutar la aplicación.

• **Especificaciones de la API**: Descripción de los endpoints, parámetros, y respuestas esperadas si se está trabajando con una API.

• **Arquitectura del Sistema**: Diagramas y descripciones que expliquen cómo se estructura el sistema, incluyendo sus componentes principales y cómo interactúan entre sí.

• **Bibliotecas y Dependencias**: Lista de bibliotecas utilizadas en el proyecto y sus propósitos, junto con instrucciones sobre cómo instalarlas.

6.13.3. Ejemplos de Uso

Proporcionar ejemplos de uso es crucial para que otros desarrolladores comprendan cómo utilizar las funciones o clases que se han implementado. Estos ejemplos pueden incluir:

• **Códigos de Muestra**: Fragmentos de código que demuestran cómo se puede utilizar una función o clase en un contexto práctico.

```
# Ejemplo de uso de la función calcular_area_circulo
```

```
radio = 5
area = calcular_area_circulo(radio)
print(f"El área del círculo con radio {radio} es {area}.")
```

- **Casos de Prueba**: Ejemplos que muestran cómo se comporta el código con diferentes tipos de entradas, lo que ayuda a ilustrar el uso correcto y las limitaciones.

6.13.4. Importancia de la Documentación

Una buena documentación proporciona numerosos beneficios:

- **Facilita la Incorporación de Nuevos Desarrolladores**: Los nuevos miembros del equipo pueden entender rápidamente el código y su estructura, lo que reduce la curva de aprendizaje.

- **Mejora la Colaboración**: Un código bien documentado permite a los desarrolladores colaborar de manera más efectiva, al proporcionar un marco claro sobre cómo funciona el sistema y cómo interactúan sus componentes.

- **Reduce el Riesgo de Errores**: Una documentación clara ayuda a prevenir malentendidos y errores al facilitar una comprensión precisa del código.

- **Facilita el Mantenimiento**: Los proyectos de software suelen evolucionar y requerir cambios. Una documentación adecuada permite realizar estos cambios de manera más eficiente y con menor riesgo de introducir errores.

6.13.5. Conclusión

La documentación del código es una parte integral del desarrollo de software que no debe subestimarse. Invertir tiempo en crear y mantener documentación clara y accesible es fundamental para el éxito a largo plazo de cualquier proyecto de software. Al seguir las mejores prácticas de documentación, los desarrolladores pueden asegurarse de que su código sea comprensible, fácil de mantener y adaptable a futuras necesidades.

6.14. ESTÁNDARES DE CODIFICACIÓN EN LA INDUSTRIA

Los estándares de codificación son directrices esenciales que establecen las mejores prácticas para escribir código de manera uniforme y eficiente. Adoptar estos estándares no solo mejora la calidad del software, sino que también facilita la colaboración entre los miembros del equipo, reduce los errores y hace que el mantenimiento del código sea más manejable. A continuación, se presentan los componentes clave de los estándares de codificación.

6.14.1. Convenciones de Nomenclatura

Las convenciones de nomenclatura establecen cómo deben nombrarse los elementos en el código, incluyendo variables, funciones, clases y otros identificadores. Estas convenciones permiten que el código sea más legible y comprensible. Algunos aspectos importantes incluyen:

- **Consistencia**: Mantener un esquema de nomenclatura coherente en todo el proyecto. Por ejemplo, si se opta por usar el formato camelCase para los nombres de las variables, este formato debe utilizarse de manera consistente en todo el código.

 # Ejemplo de camelCase

totalAmount = 100

userName = "Juan"

- **Claridad**: Los nombres deben ser descriptivos y reflejar claramente la función o propósito del elemento. Por ejemplo, en lugar de usar nombres genéricos como temp, se puede usar temperatureInCelsius para mayor claridad.

• **Formato de Clase y Funciones**: Generalmente, las clases pueden seguir un formato de PascalCase, mientras que las funciones y variables suelen utilizar camelCase o snake_case, dependiendo del lenguaje y de las convenciones de la organización.

6.14.2. Estilos de Formato

El formato del código se refiere a la presentación visual del código y juega un papel crucial en su legibilidad. Algunas directrices de formato incluyen:

• **Indentación**: El uso consistente de la indentación ayuda a delinear bloques de código, lo que es especialmente importante en lenguajes como Python donde la indentación es parte de la sintaxis. Se recomienda utilizar espacios o tabulaciones de manera uniforme, evitando la mezcla de ambos.

def calcular_area(base, altura):

return (base * altura) / 2 # Indentación de 4 espacios

• **Uso de Espacios**: Las pautas sobre cuándo usar espacios en blanco (por ejemplo, después de comas, alrededor de operadores) mejoran la claridad del código.

 # Uso recomendado de espacios

resultado = a + b

• **Organización del Código**: Las secciones del código deben estar organizadas de manera lógica, utilizando comentarios para separar diferentes secciones y facilitar la navegación.

 # Sección de inicialización

inicializar_variables()

 # Sección de cálculo

calcular_resultados()

6.14.3. Recomendaciones de Seguridad

La seguridad en el código es un aspecto crítico que no debe pasarse por alto. Las recomendaciones de seguridad son prácticas que ayudan a proteger el código de vulnerabilidades y ataques. Algunas de estas recomendaciones incluyen:

• **Validación de Entradas**: Asegurarse de que todos los datos de entrada sean validados y sanitizados antes de su procesamiento para prevenir ataques como la inyección de SQL y el Cross-Site Scripting (XSS).

• **Manejo de Errores**: Implementar un manejo adecuado de errores para evitar la divulgación de información sensible a través de mensajes de error.

• **Uso de Librerías Seguras**: Mantener las bibliotecas y dependencias actualizadas y utilizar solo aquellas que sean conocidas y confiables.

6.14.4. Importancia de los Estándares de Codificación

La adherencia a estándares de codificación trae consigo numerosos beneficios:

• **Mejora la Calidad del Software**: Al seguir prácticas de codificación coherentes y bien definidas, se reduce la probabilidad de errores y se mejora la calidad del código.

• **Facilita la Colaboración**: Los estándares permiten que varios desarrolladores trabajen en el mismo código sin confusiones, ya que todos están familiarizados con las mismas reglas y convenciones.

• **Aumenta la Mantenibilidad**: Un código bien estructurado y documentado es más fácil de mantener, lo que reduce el tiempo y el costo asociados con futuras modificaciones y correcciones de errores.

• **Facilita la Integración Continua**: Al seguir estándares de codificación, el proceso de integración continua se vuelve más fluido, ya que las herramientas automatizadas pueden analizar y validar el código de manera más efectiva.

6.14.5. Conclusión

Los estándares de codificación son un componente esencial del desarrollo de software que influye en la calidad, la seguridad y la mantenibilidad del código. Adoptar y seguir estos estándares no solo beneficia a los desarrolladores y equipos individuales, sino que también contribuye al éxito a largo plazo de los proyectos de software. La implementación de buenas prácticas de codificación permite crear aplicaciones más robustas y confiables, que se adaptan mejor a las cambiantes necesidades del negocio y del mercado.

6.15. INTEGRACIÓN CONTINUA Y SU RELACIÓN CON LA CODIFICACIÓN

La integración continua (CI) es una práctica esencial en el desarrollo de software moderno que busca mejorar la calidad del código y la eficiencia del equipo de desarrollo. Esta metodología implica la fusión frecuente de cambios de código en un repositorio compartido, lo que permite identificar problemas de manera temprana y facilita la colaboración efectiva. A continuación, se detallan los componentes clave y los beneficios de la integración continua en relación con la codificación.

6.15.1. ¿Qué es la Integración Continua?

La integración continua es un enfoque de desarrollo que promueve la integración frecuente de cambios en el código, al menos varias veces al día. Este proceso está acompañado de la automatización de pruebas y otras tareas relacionadas con el desarrollo, como la construcción y el despliegue de aplicaciones. Los desarrolladores trabajan en ramas separadas y, una vez que sus cambios están listos, los fusionan en la rama principal. Este enfoque ayuda a mantener el código base en un estado estable.

6.15.2. Beneficios de la Integración Continua

La implementación de la integración continua ofrece una serie de beneficios significativos:

-Detección Temprana de Errores

• **Pruebas Automatizadas**: Al integrar cambios de código con frecuencia, las pruebas automatizadas se ejecutan automáticamente. Esto asegura que cualquier error introducido por un nuevo cambio sea detectado casi de inmediato, lo que facilita su identificación y resolución antes de que se convierta en un problema más grande. Esta detección temprana reduce el costo de corrección de errores, ya que los errores menores pueden ser solucionados rápidamente en comparación con problemas que surgen más adelante en el ciclo de desarrollo.

-Facilidad de Colaboración

• **Trabajo Conjunto sin Conflictos**: La CI permite a los equipos trabajar simultáneamente en diferentes características o correcciones. Al fusionar cambios frecuentemente, se minimizan los conflictos de código que pueden surgir cuando varios desarrolladores trabajan en la misma parte del proyecto. Esto no solo facilita la colaboración, sino que también mejora la comunicación entre los miembros del equipo, ya que todos están al tanto de los cambios recientes en el código.

-Entrega Más Rápida

• **Ciclo de Desarrollo Acelerado**: La integración continua acelera el ciclo de desarrollo al automatizar pruebas, construcción y despliegue. Como resultado, las nuevas características y correcciones de errores pueden ser entregadas a los usuarios finales más rápidamente. Esto es especialmente valioso en entornos ágiles donde las expectativas de los clientes pueden cambiar rápidamente y donde el tiempo de comercialización es crítico.

6.15.3. Herramientas de Integración Continua

Para implementar la integración continua, los equipos de desarrollo suelen utilizar herramientas de CI, que facilitan el proceso de automatización. Algunas de las herramientas más populares incluyen:

• **Jenkins**: Una herramienta de código abierto que permite a los desarrolladores automatizar el proceso de construcción y prueba.

• **Travis CI**: Integrado con GitHub, permite realizar pruebas automáticas cada vez que se realizan cambios en el repositorio.

• **CircleCI**: Ofrece un entorno de CI/CD rápido y flexible que se integra con diferentes plataformas y servicios.

• **GitLab CI/CD**: Parte de la plataforma GitLab, permite la integración continua y entrega continua de manera nativa.

6.15.4. Mejoras en la Calidad del Software

Al integrar la CI en el flujo de trabajo de codificación, los equipos experimentan mejoras significativas en la calidad del software:

- **Código Más Limpio y Eficiente**: Al recibir retroalimentación constante a través de pruebas automatizadas, los desarrolladores son más propensos a escribir código limpio y eficiente, ya que saben que cada cambio será verificado de inmediato.

- **Reducción de Deuda Técnica**: La CI promueve un enfoque disciplinado hacia el desarrollo, ayudando a reducir la deuda técnica al permitir a los equipos abordar problemas a medida que surgen, en lugar de dejarlos acumularse para resolverlos más tarde.

6.15.5. Integración Continua y la Cultura del Equipo

La adopción de la integración continua no solo implica cambios técnicos, sino que también puede requerir un cambio cultural dentro del equipo. La comunicación abierta, la colaboración y la aceptación de la retroalimentación son fundamentales para el éxito de la CI. Fomentar un ambiente donde los errores se vean como oportunidades de aprendizaje puede motivar a los desarrolladores a adoptar prácticas de codificación más rigurosas y a trabajar juntos para mejorar la calidad del software.

6.15.6. Conclusión

La integración continua es una práctica fundamental que transforma el proceso de desarrollo de software, permitiendo a los equipos detectar errores más rápido, colaborar de manera más efectiva y entregar software de alta calidad a una velocidad mayor. Integrar la CI en el flujo de trabajo de codificación es crucial no solo para mejorar la calidad del software, sino también para crear un entorno de desarrollo ágil y adaptable que responda mejor a las necesidades del mercado y de los usuarios.

6.16. CONCLUSIONES DEL CAPÍTULO

Los principios de codificación son la base del desarrollo de software de calidad. Desde comprender los fundamentos y la lógica de programación hasta implementar buenas prácticas de seguridad y optimización, cada aspecto de la codificación impacta en la calidad del producto final. Al seguir estos principios y aplicar técnicas efectivas, los desarrolladores pueden crear software que no solo funcione, sino que también sea sostenible, seguro y fácil de mantener a lo largo del tiempo.

CAPÍTULO 7

Principios de código limpio

CAPÍTULO 7 PRINCIPIOS DE CÓDIGO LIMPIO

El concepto de "Código Limpio" se refiere a un conjunto de prácticas y principios que guían a los desarrolladores en la creación de código legible, mantenible y eficiente. Este capítulo explora los fundamentos de código limpio y ofrece pautas para lograr un software de alta calidad.

7.1. FUNDAMENTOS DE CÓDIGO LIMPIO

Los fundamentos del código limpio son principios esenciales que guían a los desarrolladores en la creación de software de alta calidad. Estos principios no solo buscan que el código funcione correctamente, sino que también sea fácil de leer, entender y mantener a lo largo del tiempo. A continuación, se presentan los principios clave que componen los fundamentos del código limpio.

7..1.1. Legibilidad

La legibilidad es uno de los aspectos más críticos del código limpio. Un código legible permite a otros desarrolladores (o incluso a uno mismo en el futuro) comprender rápidamente la lógica y el propósito del código. Para lograr una alta legibilidad:

• **Estilo de Codificación Coherente**: Mantener un estilo de codificación uniforme a lo largo de un proyecto ayuda a los desarrolladores a anticipar cómo está estructurado el código. Esto incluye el uso consistente de indentación, convenciones de nomenclatura y estructuras de control.

• **Comentarios Útiles**: Aunque el código debe ser lo más autoexplicativo posible, los comentarios pueden proporcionar contexto adicional. Sin embargo, es importante evitar comentarios innecesarios o redundantes. Los comentarios deben explicar "por qué" se hace algo, no "qué" se está haciendo, ya que el segundo debería ser evidente a partir del propio código.

• **Nombres Descriptivos**: Usar nombres claros y descriptivos para variables, funciones y clases es fundamental. Los nombres deben comunicar la intención del código, facilitando la comprensión de su propósito sin necesidad de indagar en su implementación.

7.1.2. Simplicidad

La simplicidad en el código es clave para evitar la complejidad innecesaria. Un código simple es más fácil de entender y menos propenso a errores. Para mantener la simplicidad:

- **Evitar la Complejidad**: Cada vez que se escribe código, se debe cuestionar si la solución es la más sencilla posible. Las soluciones más complejas tienden a introducir más oportunidades para errores y son más difíciles de mantener.

- **Minimizar el Número de Dependencias**: Un código que depende de múltiples bibliotecas o módulos puede volverse complicado y difícil de seguir. Se debe buscar reducir las dependencias a lo esencial.

- **Modularidad**: Dividir el código en módulos o funciones pequeñas y bien definidas permite abordar problemas de manera más sencilla. Cada módulo debe hacer una cosa y hacerlo bien, evitando la tentación de incluir múltiples funcionalidades en una sola unidad de código.

7.1.3. Responsabilidad Única

El principio de responsabilidad única establece que cada función o clase debe tener una única responsabilidad. Esto significa que:

- **Funciones y Clases Especializadas**: Cada función debe realizar una única tarea o cálculo. Esto no solo hace que el código sea más fácil de entender, sino que también facilita la reutilización. Si una función realiza varias tareas, se vuelve más difícil de probar y mantener.

- **Facilidad de Pruebas**: Cuando el código está estructurado de manera que cada componente tenga una única responsabilidad, se facilita la creación de pruebas unitarias. Cada unidad de código se puede probar de manera independiente, lo que contribuye a un software más confiable.

- **Mantenimiento Simplificado**: Al aplicar este principio, los desarrolladores pueden realizar cambios en una parte del sistema sin temor a afectar otras partes. Esto es especialmente importante en proyectos a largo plazo donde los requisitos pueden evolucionar con el tiempo.

7.1.4. Importancia de Estos Principios

Adherirse a estos principios es esencial no solo para la calidad del código, sino también para la salud general del proyecto. Un código limpio es más fácil de mantener, lo que permite que los equipos de desarrollo se centren en la implementación de nuevas características y en la mejora del software en lugar de lidiar con un código confuso y complicado.

7.1.5. Conclusión

Los fundamentos del código limpio—legibilidad, simplicidad y responsabilidad única—son pilares en la creación de software que no solo funciona, sino que también puede ser gestionado y mejorado a lo largo del tiempo. Estos principios deben ser adoptados y promovidos en todos los niveles de desarrollo para fomentar un ambiente de trabajo más productivo y eficiente, y para garantizar que el código sea accesible y comprensible para cualquier miembro del equipo que necesite interactuar con él en el futuro.

7.2. NOMBRADO Y CONVENCIONES

El nombrado y las convenciones de código son aspectos fundamentales que influyen directamente en la legibilidad y la comprensión del código. Estos elementos son esenciales para facilitar la colaboración entre desarrolladores, mejorar la mantenibilidad del software y minimizar la curva de aprendizaje para nuevos miembros del equipo. A continuación, se detallan algunas recomendaciones y prácticas relacionadas con el nombrado y las convenciones de código.

7.2.1. Nombres Descriptivos

Utilizar nombres descriptivos es una de las prácticas más efectivas para mejorar la claridad del código. Los nombres deben reflejar claramente la función o el propósito de las variables, funciones y clases. Algunas pautas incluyen:

- **Reflejar la Funcionalidad**: Un buen nombre debe indicar claramente lo que hace el elemento en cuestión. Por ejemplo, calcularPromedio() es un nombre descriptivo que comunica inmediatamente su propósito, mientras que funcion1() es vago y no proporciona información útil.

- **Uso de Verbos y Sustantivos**: Al nombrar funciones, es útil comenzar con un verbo que indique la acción que se realiza, como obtenerDatos(), guardarArchivo(), o enviarEmail(). Para las variables, usar sustantivos que describan el contenido o propósito, como numeroDeUsuarios o listaDeTareas.

- **Evitar Abreviaturas Crípticas**: Si bien las abreviaturas pueden parecer prácticas, a menudo dificultan la comprensión. Es mejor optar por nombres completos que sean más largos pero que transmitan un significado claro.

7.2.2. Consistencia

La consistencia en el nombrado es crucial para mantener la legibilidad a lo largo del proyecto. Algunos aspectos a considerar son:

- **Convenciones de Nomenclatura**: Elegir un estilo de nomenclatura y aplicarlo de manera uniforme en todo el código. Las opciones comunes incluyen:

camelCase: nombreDeVariable, calcularPromedio().

snake_case: nombre_de_variable, calcular_promedio().

PascalCase: NombreDeClase, ClaseEjemplo.

- **Establecer Guías de Estilo**: Documentar las convenciones elegidas en un archivo de estilo que pueda ser consultado por todos los desarrolladores del equipo. Esto asegura que todos sigan las mismas pautas y se reduzca la confusión.

- **Uniformidad en el Uso de Tiempos Verbales**: Si se decide utilizar un tiempo verbal (como el presente) para las funciones, debe aplicarse en todas las funciones del proyecto. Esto crea un sentido de uniformidad que facilita la lectura del código.

7.2.3. Uso de Comentarios

Los comentarios son herramientas valiosas para la comprensión del código, pero deben usarse de manera eficaz:

Comentarios Explicativos: Utilizar comentarios para aclarar secciones de código que puedan ser complicadas o no evidentes. Explicar por qué se ha tomado una decisión particular en lugar de simplemente describir lo que hace el código.

Evitar Comentarios Obvios: Los comentarios no deben redundar con el código. Si un fragmento de código es autoexplicativo, no es necesario agregar un comentario que simplemente repita lo que el código está haciendo.

Documentación de Funciones: Considerar el uso de comentarios de documentación (docstrings) que describan el propósito de las funciones, los parámetros que aceptan y lo que devuelven. Esto es especialmente útil en lenguajes que soportan esta característica, como Python.

7.2.4. Ventajas del Buen Nombrado y las Convenciones

Adherirse a buenas prácticas de nombrado y convenciones tiene numerosas ventajas:

- **Mejor Comunicación**: Un código bien nombrado facilita la comunicación entre desarrolladores, ya que todos pueden entender rápidamente la intención detrás del código.

- **Accesibilidad**: Los nuevos miembros del equipo pueden integrarse más fácilmente al proyecto, ya que pueden comprender rápidamente el código existente.

- **Mantenibilidad**: La legibilidad y claridad del código hacen que sea más sencillo realizar cambios, implementar nuevas características y corregir errores.

7.2.5. Conclusión

El nombrado y las convenciones son aspectos esenciales en el desarrollo de software que deben ser considerados desde el inicio de un proyecto. Un buen sistema de nombrado, la consistencia en las convenciones y un uso eficaz de los comentarios no solo mejoran la calidad del código, sino que también fomentan un ambiente de colaboración y productividad entre los desarrolladores. Al establecer y seguir estas prácticas, se puede crear un código limpio y accesible que perdure y evolucione a lo largo del tiempo.

7.3. ELIMINACIÓN DE REDUNDANCIA

La redundancia en el código se refiere a la duplicación de lógica, estructuras o datos, lo que puede llevar a confusiones, errores y un aumento en el tiempo de mantenimiento. La eliminación de redundancias no solo mejora la claridad del código, sino que también facilita su evolución y reduce el riesgo de introducir errores al realizar cambios. A continuación, se detallan algunas estrategias efectivas para lograr un código más limpio y eficiente.

7.3.1. Principio DRY (Don't Repeat Yourself)

El principio DRY es una de las máximas fundamentales en el desarrollo de software. Este concepto sugiere que la duplicación de información o lógica debe evitarse siempre que sea posible. Algunas formas de aplicar este principio incluyen:

- **Funciones Reutilizables**: En lugar de copiar y pegar bloques de código, encapsular la lógica repetitiva en funciones. Por ejemplo, si se encuentra que una cierta lógica de validación se repite en varios lugares, se puede crear una función validarDatos() que se llame en los diferentes contextos necesarios.

- **Clases y Objetos**: Utilizar la programación orientada a objetos para crear clases que encapsulen propiedades y comportamientos comunes. Por ejemplo, en lugar de tener múltiples clases que manejan diferentes tipos de usuarios, se puede crear una clase base Usuario con atributos y métodos compartidos.

- **Configuración Centralizada**: En lugar de duplicar configuraciones en múltiples lugares, centralizar configuraciones en un solo archivo o módulo, de manera que cualquier cambio se realice en un solo lugar y se refleje en todo el sistema.

7.3.2. Modularización

La modularización implica dividir el código en módulos o componentes independientes que encapsulan una funcionalidad específica. Esta práctica tiene múltiples beneficios:

• **Encapsulamiento de Funcionalidades**: Cada módulo debe manejar una única responsabilidad, lo que facilita su comprensión y mantenimiento. Por ejemplo, un módulo puede encargarse de la autenticación, mientras que otro se ocupa de la gestión de usuarios.

• **Facilidad de Pruebas**: Al tener funcionalidades encapsuladas en módulos, se pueden realizar pruebas unitarias de manera más efectiva, ya que cada módulo puede ser probado de forma independiente.

• **Facilidad de Integración**: Los módulos bien diseñados pueden ser reutilizados en diferentes proyectos o contextos, lo que evita la necesidad de reescribir código y reduce la redundancia.

7.3.3. Uso de Librerías y Frameworks

Aprovechar bibliotecas y frameworks existentes es una forma efectiva de eliminar la redundancia y acelerar el desarrollo. Algunas recomendaciones incluyen:

• **Identificación de Soluciones Existentes**: Antes de implementar una funcionalidad, investigar si hay librerías o frameworks que ya proporcionan la misma funcionalidad. Por ejemplo, en lugar de escribir su propio sistema de gestión de formularios, se puede usar una librería como Formik o React Hook Form en aplicaciones de React.

• **Contribución a la Comunidad**: Cuando se crea una solución que puede ser útil para otros, considerar convertirla en una librería que pueda ser compartida y utilizada por otros desarrolladores. Esto no solo ayuda a la comunidad, sino que también reduce la redundancia en el ecosistema del software.

7.3.4. Revisión y Refactorización Continua

La eliminación de redundancia no es un esfuerzo único, sino un proceso continuo. Algunas prácticas para mantener la calidad del código incluyen:

• **Revisiones de Código**: Implementar revisiones de código en las que otros desarrolladores analicen el código para identificar posibles redundancias o duplicaciones. Esto también fomenta un ambiente de aprendizaje y colaboración en el equipo.

• **Refactorización Regular**: Programar sesiones de refactorización para revisar el código existente y mejorar su estructura, eliminando cualquier redundancia que se haya introducido a lo largo del tiempo.

7.3.5. Ventajas de Eliminar la Redundancia

Eliminar la redundancia en el código conlleva varios beneficios significativos:

• **Mejora de la Legibilidad**: Un código libre de duplicaciones es más fácil de leer y entender, lo que facilita la incorporación de nuevos desarrolladores al proyecto.

• **Facilidad de Mantenimiento**: Menos redundancia significa que hay menos lugares donde realizar cambios, lo que a su vez reduce la posibilidad de introducir errores al modificar el código.

• **Rendimiento Optimizado**: En algunos casos, la eliminación de código redundante puede mejorar el rendimiento del sistema, ya que se reduce la cantidad de procesamiento necesario.

7.3.6. Conclusión

La eliminación de redundancia es un principio clave en la creación de un código limpio y eficiente. Siguiendo prácticas como el principio DRY, la modularización y el uso de librerías existentes, los desarrolladores pueden crear sistemas más mantenibles y comprensibles. Al hacerlo, no solo se mejora la calidad del software, sino que también se facilita la colaboración entre los miembros del equipo y se optimiza el proceso de desarrollo a largo plazo.

7.4. ORGANIZACIÓN DEL CÓDIGO

La organización del código es fundamental para garantizar su legibilidad, mantenibilidad y escalabilidad. Un código bien organizado no solo facilita la comprensión y el trabajo de los desarrolladores actuales, sino que también hace más sencillo para los nuevos integrantes del equipo integrarse en el proyecto. A continuación, se presentan varias prácticas recomendadas para lograr una efectiva organización del código.

7.4.1. Estructura de Archivos

La estructura de archivos de un proyecto debe ser lógica y fácil de entender, reflejando la arquitectura y la funcionalidad del software. Algunas pautas para lograr esto incluyen:

- **Carpetas por Funcionalidad**: Organizar el código en carpetas que representen diferentes funcionalidades o módulos del sistema. Por ejemplo, en un proyecto de comercio electrónico, podría haber carpetas separadas para productos, usuarios, pedidos, y pagos. Esta estructura ayuda a los desarrolladores a localizar rápidamente el código relevante.

- **Nombres Claros para Carpetas y Archivos**: Utilizar nombres descriptivos para las carpetas y archivos que indiquen claramente su contenido. Por ejemplo, models.py para modelos de datos o controllers.py para la lógica del controlador en una aplicación MVC.

- **Uso de Convenciones de Nombres**: Adoptar y seguir convenciones de nombres comunes, como el uso de PascalCase para nombres de clases y snake_case para nombres de archivos y funciones, ayuda a mantener la consistencia y facilita la navegación.

7.4.2. Separación de Preocupaciones

La separación de preocupaciones es un principio fundamental en la programación que consiste en dividir el código en distintas secciones, cada una encargada de una funcionalidad específica. Esto se puede lograr mediante:

• **Módulos Independientes**: Crear módulos que se centren en tareas específicas, como validación de datos, acceso a bases de datos o gestión de sesiones. Esto evita que un solo archivo o módulo se convierta en un "cóctel" de diferentes lógicas y responsabilidades.

• **Capas de Arquitectura**: Implementar patrones arquitectónicos como MVC (Modelo-Vista-Controlador) o MVVM (Modelo-Vista-VistaModelo), donde cada capa tiene un rol claro y definido. Esto no solo mejora la organización, sino que también permite un desarrollo más ágil y pruebas más eficientes.

7.4.3. Agrupación Lógica

Agrupar funciones y clases que están relacionadas entre sí puede mejorar la navegabilidad y la cohesión del código. Algunas estrategias para la agrupación lógica incluyen:

• **Clases y Métodos Relacionados**: Mantener clases y métodos que trabajen juntos en el mismo archivo o módulo. Por ejemplo, si tienes una clase Usuario, es recomendable que los métodos relacionados con la gestión de usuarios, como registrarUsuario() o validarUsuario(), se encuentren dentro del mismo módulo.

• **Organización por Dominios**: En proyectos más grandes, se puede considerar agrupar el código por dominios de negocio. Por ejemplo, todos los componentes relacionados con la gestión de inventarios podrían estar dentro de un módulo inventario, mientras que los componentes de facturación se agruparían en otro módulo llamado facturacion.

7.4.4. Documentación y Comentarios

Asegurarse de que la organización del código esté bien documentada también es clave:

• **Documentación de Estructura**: Incluir un archivo README o una guía de estilo que explique la estructura del proyecto y cómo está organizado. Esto puede ser útil para los nuevos desarrolladores que se incorporan al proyecto.

- **Comentarios en el Código**: Utilizar comentarios para explicar las decisiones de diseño, la lógica detrás de ciertas agrupaciones y cualquier convención que se esté utilizando. Esto no solo ayuda a los demás, sino que también sirve como un recordatorio para el futuro.

7.4.5. Ventajas de una Buena Organización del Código

Una adecuada organización del código trae consigo varios beneficios:

- **Facilidad de Navegación**: Los desarrolladores pueden localizar y modificar partes específicas del software de manera rápida y eficiente, lo que acelera el proceso de desarrollo y reduce la frustración.

- **Mejor Mantenibilidad**: Con una estructura clara y lógica, la identificación de problemas y la implementación de cambios se vuelven mucho más manejables, facilitando el mantenimiento a largo plazo del software.

- **Escalabilidad**: A medida que el proyecto crece, una buena organización del código permite añadir nuevas funcionalidades sin complicar la estructura existente. Esto es esencial para proyectos que están destinados a evolucionar con el tiempo.

7.4.6. Conclusión

La organización del código es un aspecto crítico en el desarrollo de software que influye en la calidad, mantenibilidad y escalabilidad de un proyecto. Al seguir prácticas como una estructura de archivos lógica, la separación de preocupaciones y la agrupación lógica de funciones, los desarrolladores pueden crear un entorno más accesible y eficiente. En última instancia, una buena organización del código contribuye a un desarrollo más ágil y a un software de mayor calidad.

7.5. MANTENIMIENTO DEL CÓDIGO

El mantenimiento del código es un aspecto crucial del desarrollo de software que implica asegurarse de que el código se mantenga limpio, accesible y eficiente a lo largo del tiempo. Con el paso de los años y el crecimiento de los proyectos, es común que el código se vuelva obsoleto o difícil de gestionar, lo que puede llevar a problemas de rendimiento y a un aumento de la deuda técnica. Para prevenir estos problemas y asegurar la sostenibilidad del código, se deben seguir ciertas prácticas clave.

7.5.1. Revisiones de Código

Las revisiones de código son una herramienta valiosa para mantener la calidad del software. Este proceso implica que otros miembros del equipo revisen el código antes de que sea fusionado en la base de código principal. Las ventajas de implementar revisiones de código incluyen:

- **Identificación Temprana de Problemas**: Las revisiones permiten detectar errores y vulnerabilidades en el código antes de que se conviertan en problemas más grandes. Esto es esencial para prevenir la acumulación de deuda técnica.

- **Mejora de la Calidad**: A través de la retroalimentación constructiva, los desarrolladores pueden aprender de los errores de los demás y aplicar mejores prácticas en su propio código.

- **Fomento de la Colaboración**: Las revisiones de código crean una cultura de colaboración entre los desarrolladores, permitiendo compartir conocimientos y técnicas.

- **Consistencia en el Estilo**: Las revisiones ayudan a asegurar que el código siga las convenciones y estándares acordados por el equipo, lo que resulta en un código más limpio y coherente.

7.5.2. Documentación Continua

La documentación es una parte integral del mantenimiento del código. A medida que el código evoluciona, es vital mantener la documentación actualizada para que refleje con precisión el estado del sistema. Esto puede incluir:

- **Actualización de Documentación Técnica**: Cada vez que se realiza un cambio significativo en el código o en la arquitectura del sistema, es fundamental actualizar la documentación técnica para que sea una fuente confiable de información.

- **Documentación de Procesos**: Mantener un registro de los procesos de desarrollo, las decisiones tomadas y las lecciones aprendidas a lo largo del tiempo. Esto no solo facilita el mantenimiento, sino que también sirve como guía para futuros desarrolladores que se unan al equipo.

- **Ejemplos de Uso**: Incluir ejemplos de cómo utilizar las funciones y clases más importantes en la documentación ayuda a otros desarrolladores a comprender mejor el código.

7.5.3. Pruebas Automáticas

La implementación de pruebas automáticas es una estrategia clave para garantizar que el código siga funcionando correctamente después de realizar cambios o actualizaciones. Las pruebas automáticas pueden incluir:

- **Pruebas Unitarias**: Estas pruebas se centran en pequeñas unidades de código, como funciones o métodos, asegurando que cada parte del sistema funcione como se espera. Las pruebas unitarias son esenciales para detectar errores en etapas tempranas del desarrollo.

- **Pruebas de Integración**: Estas pruebas verifican que diferentes módulos o componentes del sistema funcionen correctamente juntos. Aseguran que la interacción entre distintas partes del código no cause problemas inesperados.

- **Pruebas de Regresión**: Cada vez que se realiza un cambio en el código, las pruebas de regresión aseguran que las funcionalidades existentes sigan operando como se espera. Esto es crucial para mantener la estabilidad del software a lo largo del tiempo.

7.5.4. Refactorización Regular

La refactorización es el proceso de reestructurar el código existente sin cambiar su funcionalidad. Esto es importante para el mantenimiento del código porque:

• **Mejora la Legibilidad**: A medida que el código evoluciona, puede volverse confuso y complicado. La refactorización regular ayuda a mantener el código limpio y fácil de entender.

• **Eliminación de Código Muerto**: Con el tiempo, es común acumular fragmentos de código que ya no se utilizan. La refactorización permite identificar y eliminar este código muerto, reduciendo la complejidad y mejorando el rendimiento.

• **Adaptación a Nuevas Requerimientos**: A medida que los requisitos del proyecto cambian, la refactorización permite adaptar el código a las nuevas necesidades sin comprometer la calidad.

7.5.5. Estrategia de Mantenimiento Proactiva

El mantenimiento proactivo implica anticiparse a los problemas antes de que ocurran. Esto se puede lograr mediante:

• **Monitoreo de Rendimiento**: Utilizar herramientas de monitoreo para identificar cuellos de botella y problemas de rendimiento en tiempo real. Esto permite tomar medidas correctivas antes de que los problemas afecten a los usuarios finales.

• **Planificación de Mantenimiento Regular**: Establecer un calendario para revisiones de código, actualizaciones de documentación y pruebas automáticas. Esto garantiza que el mantenimiento se realice de manera constante y no se posponga indefinidamente.

• **Capacitación Continua del Equipo**: Fomentar la capacitación y el desarrollo profesional del equipo de desarrollo ayuda a asegurar que todos estén al tanto de las mejores prácticas y de las nuevas tecnologías.

7.5.6. Conclusión

El mantenimiento del código es un proceso continuo que requiere atención y esfuerzo constantes. Al implementar prácticas como revisiones de código, documentación continua y pruebas automáticas, los equipos de desarrollo pueden garantizar que el código se mantenga limpio, accesible y eficiente a lo largo del tiempo. Este enfoque proactivo no solo mejora la calidad del software, sino que también contribuye a la sostenibilidad del proyecto en el largo plazo, permitiendo que evolucione y se adapte a las necesidades cambiantes del negocio y de los usuarios.

7.6. EJEMPLOS PRÁCTICOS

Los ejemplos prácticos son esenciales para comprender y aplicar los principios del código limpio. Permiten a los desarrolladores visualizar cómo la teoría se traduce en la práctica, mostrando tanto los errores comunes en la codificación como las soluciones efectivas. A continuación, se presentan dos ejemplos: uno que ilustra un código no limpio y otro que muestra cómo ese código puede ser refactorizado para cumplir con los principios de código limpio.

7.6.1. Código No Limpio

Consideremos un fragmento de código que realiza el cálculo de un promedio de puntuaciones, pero que está mal estructurado y es difícil de leer. Este ejemplo destaca las malas prácticas que pueden surgir en la programación:

```
def f1(a):
    s = 0
    for i in a:
        s += i
    return s / len(a)

print(f1([5, 10, 15, 20, 25]))
```

-Problemas en el Código No Limpio:

- **Nombres poco descriptivos**: La función f1 y la variable a no ofrecen información sobre su propósito. Los nombres deben reflejar claramente la funcionalidad.

- **Falta de manejo de errores**: No hay validación para manejar casos en los que la lista de entrada esté vacía, lo que puede resultar en un error de división por cero.

- **Sin comentarios**: No se explica la lógica detrás del cálculo, lo que dificulta la comprensión del código para otros desarrolladores.

7.6.2. Código Limpio

Ahora, veamos cómo se puede refactorizar este código para que sea más legible y cumpla con los principios de código limpio:

```python
def calcular_promedio(puntuaciones):
    if not puntuaciones:
        raise ValueError("La lista de puntuaciones no puede estar vacía")
    suma_total = sum(puntuaciones)
    return suma_total / len(puntuaciones)
# Ejemplo de uso

try:
    promedio = calcular_promedio([5, 10, 15, 20, 25])
    print(f"El promedio es: {promedio}")
except ValueError as e:
    print(e)
```

-Mejoras en el Código Limpio:

- **Nombres descriptivos**: La función se llama calcular_promedio y la variable puntuaciones indica claramente lo que representa, mejorando la legibilidad.

- **Manejo de errores**: Se agrega una validación que lanza una excepción si la lista de puntuaciones está vacía, lo que mejora la robustez del código.

• **Uso de funciones integradas**: Se utiliza sum() para calcular la suma de manera más concisa, lo que simplifica el código.

• **Comentarios y manejo de excepciones**: Se incluye un bloque try-except para manejar la excepción de manera elegante, mejorando la experiencia del usuario final.

7.6.3. Comparación de Ejemplos

La comparación entre estos dos fragmentos de código pone de manifiesto varias cosas:

• **Legibilidad**: El código limpio es más fácil de leer y entender, lo que facilita la colaboración en equipo y la incorporación de nuevos desarrolladores.

• **Mantenibilidad**: Al adherirse a principios como nombres descriptivos y manejo de errores, el código se vuelve más fácil de mantener a largo plazo. Los futuros desarrolladores pueden realizar cambios sin temor a introducir errores.

• **Calidad del Software**: La implementación de buenas prácticas de programación contribuye a la creación de software de mayor calidad, con menos errores y mejor desempeño.

7.6.4. Conclusión

Estos ejemplos prácticos son herramientas valiosas para que los desarrolladores comprendan la diferencia entre un código limpio y uno no limpio. Al visualizar los efectos de aplicar los principios de código limpio, los programadores pueden internalizar la importancia de seguir buenas prácticas y, en última instancia, mejorar la calidad del software que producen. Implementar estos principios no solo beneficia a los desarrolladores en su trabajo diario, sino que también contribuye a la sostenibilidad y escalabilidad del software a largo plazo.

7.7. TÉCNICAS DE SIMPLIFICACIÓN DE CÓDIGO

La simplificación del código es un aspecto fundamental en la creación de software de calidad. Implica aplicar una serie de técnicas y enfoques que ayudan a reducir la complejidad del código, lo que a su vez mejora su legibilidad, mantenibilidad y capacidad de prueba. A continuación, se presentan algunas de las técnicas más efectivas para lograr un código más simple y limpio.

7.7.1. Uso de Funciones Cortas

Una de las técnicas más eficaces para simplificar el código es mantener las funciones cortas y enfocadas en una única tarea. Las funciones que realizan múltiples tareas o tienen demasiadas líneas de código pueden volverse difíciles de entender y mantener.

Ejemplo:

```python
def procesar_datos(datos):
    # Función no simplificada
    for d in datos:
        # Lógica compleja para filtrar y procesar datos
        if d > 0:
            print(f"Dato positivo: {d}")
        elif d < 0:
            print(f"Dato negativo: {d}")
```

```
    else:
        print("Dato cero")
```

Refactorización:

```
def imprimir_dato(d):
    if d > 0:
        print(f"Dato positivo: {d}")
    elif d < 0:
        print(f"Dato negativo: {d}")
    else:
        print("Dato cero")

def procesar_datos(datos):
    for d in datos:
        imprimir_dato(d)
```

7.7.2. Evitar Lógica Compleja

La lógica compleja puede ser difícil de seguir y entender. Descomponer las decisiones complejas en pasos más simples ayuda a que el código sea más accesible y fácil de modificar. Esta técnica también facilita el uso de pruebas unitarias, ya que se pueden probar cada una de las partes individuales de la lógica por separado.

Ejemplo:

```
def calcular_descuento(precio, porcentaje_descuento):
    if precio > 100 and porcentaje_descuento > 0:
```

```
    return precio - (precio * (porcentaje_descuento / 100))
else:
    return precio
```

Refactorización:

```
def es_descuento_aplicable(precio, porcentaje_descuento):
    return precio > 100 and porcentaje_descuento > 0

def calcular_descuento(precio, porcentaje_descuento):
    if es_descuento_aplicable(precio, porcentaje_descuento):
        return precio - (precio * (porcentaje_descuento / 100))
    return precio
```

7.7.3. Minimizar el Anidamiento

Las estructuras de control profundamente anidadas (como bucles y condicionales) pueden dificultar la lectura del código. Al reducir el nivel de anidamiento, se hace más fácil seguir el flujo del programa. Esto se puede lograr utilizando return anticipado o extrayendo partes de la lógica en funciones separadas.

Ejemplo:

```
def procesar_lista(lista):
    for elemento in lista:
        if elemento > 0:
            if elemento % 2 == 0:
                print(f"Elemento par: {elemento}")
```

Refactorización:

```
def es_par(n):
    return n % 2 == 0

def procesar_lista(lista):
    for elemento in lista:
        if elemento > 0 and es_par(elemento):
            print(f"Elemento par: {elemento}")
```

7.7.4. Beneficios de la Simplificación del Código

La simplificación del código tiene múltiples beneficios:

• **Mejor comprensión**: Un código más simple es más fácil de leer y entender, lo que permite a los desarrolladores nuevas y antiguos seguir el flujo de la aplicación sin dificultades.

• **Facilidad de mantenimiento**: Con funciones y lógica más simples, los desarrolladores pueden realizar cambios o añadir nuevas características sin temor a romper la funcionalidad existente.

• **Reducción de errores**: Al reducir la complejidad y la cantidad de código, se minimizan las oportunidades de introducir errores, lo que resulta en un software más robusto.

• **Eficiencia en las pruebas**: Las funciones cortas y las decisiones simples permiten crear pruebas unitarias más efectivas, facilitando la identificación y corrección de errores antes de que lleguen a producción.

7.7.5. Conclusión

Al aplicar estas técnicas de simplificación, los desarrolladores pueden crear código más limpio y eficiente. La simplicidad no solo mejora la legibilidad, sino que también contribuye a la sostenibilidad del software a largo plazo. En un mundo donde el software evoluciona constantemente, mantener un código simple y manejable es clave para el éxito continuo de los proyectos de desarrollo. Implementar estas prácticas desde el inicio puede marcar una gran diferencia en la calidad del software entregado.

7.8. REFACTORIZACIÓN CONTINUA

La refactorización continua es un enfoque sistemático y proactivo que busca mejorar y optimizar el código de manera constante, sin alterar su funcionalidad. Este proceso es fundamental en el ciclo de vida del desarrollo de software y se basa en la premisa de que, a medida que un proyecto evoluciona, el código también debe adaptarse para seguir siendo eficiente, legible y mantenible. A continuación, se detallan los aspectos clave y los beneficios de implementar la refactorización continua.

7.8.1. Mejora Continua

Uno de los principios centrales de la refactorización continua es la mejora constante del código. A medida que se desarrollan nuevas funcionalidades o se realizan cambios en los requisitos del proyecto, es esencial actualizar el código para que se alinee con estas nuevas demandas. Esto implica:

- **Adaptación a cambios**: A medida que se identifican nuevas necesidades o se ajustan los requisitos, el código puede volverse obsoleto o ineficiente. La refactorización continua permite a los equipos ajustar el código para que siga siendo relevante y útil.

- **Modernización de tecnologías**: Con el tiempo, las tecnologías y las mejores prácticas evolucionan. La refactorización continua brinda la oportunidad de actualizar bibliotecas, frameworks y tecnologías utilizadas en el proyecto, lo que puede resultar en un código más eficiente y fácil de mantener.

7.8.2. Identificación de Problemas

La refactorización continua no solo se trata de mejorar el código existente, sino también de detectar y abordar problemas potenciales antes de que se conviertan en obstáculos importantes. Esto incluye:

• **Análisis proactivo**: Al realizar revisiones periódicas del código y aplicar principios de limpieza, los desarrolladores pueden identificar problemas de diseño, implementaciones ineficientes o áreas de código que podrían beneficiarse de la simplificación.

• **Resolución de deudas técnicas**: La refactorización continua permite gestionar y reducir la deuda técnica al abordar áreas del código que no cumplen con los estándares actuales o que requieren mejoras significativas.

7.8.3. Satisfacción del Equipo

Un código limpio y bien estructurado no solo mejora la calidad del software, sino que también impacta positivamente en la moral y la colaboración del equipo de desarrollo. Esto se manifiesta en:

• **Mejor colaboración**: Cuando el código es claro y comprensible, los desarrolladores pueden colaborar más fácilmente, compartir conocimientos y trabajar juntos en nuevas características o mejoras sin temor a introducir errores.

• **Reducción del estrés**: Un entorno de trabajo donde el código se mantiene limpio y organizado reduce la carga cognitiva sobre los desarrolladores. Esto se traduce en un ambiente de trabajo más saludable y menos estresante, lo que puede aumentar la productividad general.

7.8.4. Estrategias para la Refactorización Continua

Para implementar la refactorización continua de manera efectiva, los equipos pueden adoptar diversas estrategias:

• **Revisiones de Código Regulares**: Establecer revisiones de código periódicas permite a los desarrolladores recibir comentarios sobre su trabajo y detectar problemas que podrían haberse pasado por alto durante la implementación.

• **Pruebas Automatizadas**: La integración de pruebas unitarias y de integración en el flujo de trabajo de desarrollo asegura que cualquier cambio realizado durante la refactorización no afecte la funcionalidad existente.

- **Tiempos de Refactorización Programados**: Asignar tiempo específico en el ciclo de desarrollo para centrarse en la refactorización puede ayudar a garantizar que esta práctica se mantenga como una prioridad.

7.8.5. Conclusión

La refactorización continua es una práctica esencial en el desarrollo de software moderno que permite a los equipos adaptarse a los cambios y mantener un código de alta calidad. Al implementar una cultura de mejora constante, los desarrolladores pueden garantizar que su código no solo cumpla con los requisitos actuales, sino que también sea sostenible y fácil de mantener a largo plazo. Este enfoque proactivo no solo mejora la calidad del software, sino que también fomenta un ambiente de trabajo más colaborativo y satisfactorio para todos los miembros del equipo.

7.9. CONCLUSIONES DEL CAPÍTULO

Los principios de código limpio son esenciales para crear software que sea legible, mantenible y eficiente. Al seguir las pautas de nombrado, eliminación de redundancia, organización y mantenimiento, los desarrolladores pueden producir código de alta calidad que no solo satisfaga los requisitos inmediatos del proyecto, sino que también sea sostenible a largo plazo. La implementación de estos principios no solo mejora la calidad del software, sino que también fomenta un entorno de desarrollo más colaborativo y satisfactorio.

CAPÍTULO 8

Control de versiones

CAPÍTULO 8 CONTROL DE VERSIONES

El control de versiones es una práctica esencial en el desarrollo de software moderno, ya que permite gestionar y rastrear los cambios en el código a lo largo del tiempo. Este capítulo cubre los conceptos clave del control de versiones, con un enfoque en Git, la herramienta más popular en la industria, así como el uso de repositorios remotos y estrategias de colaboración.

8.1. INTRODUCCIÓN AL CONTROL DE VERSIONES EN SOFTWARE

El control de versiones es un componente esencial en el desarrollo de software moderno, que permite a los equipos gestionar y supervisar los cambios realizados en el código de manera estructurada y eficiente. A medida que los proyectos de software se vuelven más complejos y colaborativos, la necesidad de implementar un sistema de control de versiones se vuelve evidente. Aquí se describen con más detalle los objetivos y beneficios del control de versiones en software.

8.1.1. Rastrear Cambios

Una de las funciones más críticas del control de versiones es la capacidad de rastrear y registrar todos los cambios realizados en el código fuente. Esto implica:

• **Historial Completo**: Cada modificación, ya sea un nuevo desarrollo, una corrección de errores o una mejora, se guarda en un sistema de control de versiones, creando un historial completo del proyecto. Esto permite a los desarrolladores ver qué cambios se realizaron, cuándo y por quién.

• **Desglose de Cambios**: Los sistemas de control de versiones proporcionan herramientas para ver un desglose detallado de cada cambio, permitiendo a los desarrolladores entender cómo evoluciona el código a lo largo del tiempo. Esto es especialmente útil para revisar y auditar el código.

8.1.2. Colaboración

El control de versiones facilita la colaboración entre desarrolladores, lo que es fundamental en equipos de trabajo donde múltiples personas pueden estar trabajando simultáneamente en un mismo proyecto. Algunas de las características clave son:

• **Trabajo en Paralelo**: Gracias a las ramas (branches) en los sistemas de control de versiones, los desarrolladores pueden trabajar en diferentes características o correcciones de manera paralela sin interferir en el trabajo de los demás. Esto fomenta un flujo de trabajo más ágil y eficiente.

• **Fusión de Cambios**: Una vez que se completa una tarea, los cambios realizados en una rama pueden fusionarse (merge) con la rama principal del proyecto. Los sistemas de control de versiones permiten gestionar estos procesos de fusión de manera eficiente, resolviendo conflictos que puedan surgir cuando dos desarrolladores modifican la misma parte del código.

8.1.3. Recuperación de Versiones Anteriores

Otra ventaja crucial del control de versiones es la capacidad de recuperar versiones anteriores del proyecto. Esto es vital en caso de que se introduzca un error o se necesite revertir a un estado anterior del código. Los beneficios de esta característica incluyen:

• **Corrección de Errores**: Si un nuevo cambio introduce un error, los desarrolladores pueden regresar fácilmente a una versión anterior del código donde el problema no existía. Esto minimiza el tiempo de inactividad y permite a los equipos mantener la continuidad del trabajo.

• **Exploración de Alternativas**: El control de versiones permite a los desarrolladores experimentar con diferentes implementaciones. Si un enfoque no da los resultados esperados, es sencillo volver a una versión anterior y probar una nueva solución sin perder el trabajo previo.

8.1.4. Integridad del Código y Eficiencia en el Desarrollo

El control de versiones no solo se centra en la gestión de cambios, sino que también juega un papel clave en la calidad y la integridad del código:

• **Control de Calidad**: Al tener un historial de cambios, los equipos pueden realizar auditorías de calidad del código y revisar la evolución de la base de código. Esto facilita la identificación de patrones problemáticos y la implementación de soluciones a largo plazo.

- **Mejoras en la Productividad**: Con un sistema de control de versiones bien implementado, los desarrolladores pueden trabajar de manera más eficiente y organizada, lo que a su vez se traduce en una mayor productividad y menores tiempos de entrega.

8.1.5. Conclusión

En resumen, el control de versiones es una herramienta esencial para el desarrollo de software que proporciona una estructura organizada para gestionar los cambios en el código. Facilita la colaboración entre desarrolladores, permite la recuperación de versiones anteriores y mejora la integridad y la calidad del código. En un entorno de desarrollo ágil y dinámico, el control de versiones es un componente indispensable que contribuye a la eficiencia y el éxito de los proyectos de software.

8.2. GIT

Git es un sistema de control de versiones distribuido que se ha convertido en el estándar de facto en la industria del software. Su diseño y funcionalidad lo hacen altamente eficaz para gestionar el código en proyectos de cualquier escala, desde pequeños scripts hasta aplicaciones complejas y colaborativas. A continuación, se detallan algunas de las características más destacadas de Git y su impacto en el desarrollo de software.

8.2.1. Sistema de Control de Versiones Distribuido

Una de las características más importantes de Git es su naturaleza distribuida:

- **Copias Locales Completas**: A diferencia de los sistemas de control de versiones centralizados, donde solo existe un repositorio principal, en Git cada desarrollador tiene una copia completa del historial del proyecto en su máquina local. Esto significa que todos los cambios, versiones y commits son accesibles en cualquier momento, incluso sin conexión a Internet.

- **Mayor Flexibilidad**: Este enfoque permite a los desarrolladores trabajar de manera independiente en sus propias ramas, sin afectar el código en el repositorio principal. Esto es especialmente útil en equipos grandes, donde múltiples desarrolladores pueden trabajar simultáneamente en diferentes características.

8.2.2. Eficiencia en el Almacenamiento y Velocidad

Git está diseñado para ser eficiente en términos de espacio y velocidad:

- **Almacenamiento Incremental**: Git utiliza un modelo de almacenamiento que guarda los cambios de forma incremental, lo que significa que solo se almacena la diferencia (o "delta") entre las versiones. Esto reduce significativamente el espacio en disco necesario para mantener el historial del proyecto.

- **Operaciones Rápidas**: Debido a su diseño, muchas de las operaciones en Git, como la creación de ramas, el cambio entre ellas y la fusión de cambios, son extremadamente rápidas. Esto mejora la experiencia del desarrollador al permitir ciclos de trabajo más cortos y eficientes.

8.2.3. Comandos Básicos de Git

Git ofrece un conjunto de comandos básicos que permiten a los desarrolladores gestionar el historial de versiones de un proyecto de manera sencilla y efectiva. Algunos de los comandos más utilizados son:

- git init: Este comando se utiliza para crear un nuevo repositorio Git en el directorio actual. Es el primer paso para iniciar el control de versiones en un proyecto nuevo.

- git add: Permite agregar archivos o cambios específicos al área de preparación (staging area) antes de realizar un commit. Esto permite a los desarrolladores seleccionar exactamente qué cambios desean incluir en el próximo commit.

- git commit: Este comando guarda los cambios en el historial del repositorio. Cada commit puede incluir un mensaje que describa la naturaleza de los cambios, lo que ayuda a mantener un registro claro y comprensible del desarrollo del proyecto.

- git push: Se utiliza para enviar los commits locales a un repositorio remoto. Este comando es fundamental para compartir cambios con otros miembros del equipo y mantener el repositorio remoto actualizado.

- git pull: Permite a los desarrolladores descargar y fusionar los cambios más recientes de un repositorio remoto en su copia local. Esto asegura que todos los miembros del equipo trabajen con la versión más actualizada del código.

8.2.4. Integración con Herramientas de Colaboración

La popularidad de Git ha llevado a la creación de una amplia gama de herramientas de colaboración que se integran perfectamente con este sistema de control de versiones. Algunas de las más destacadas incluyen:

- **GitHub**: Una de las plataformas más utilizadas para alojar repositorios Git, que ofrece herramientas de colaboración como seguimiento de problemas, solicitudes de extracción (pull requests) y revisiones de código.

• **GitLab**: Similar a GitHub, GitLab proporciona un conjunto completo de herramientas de desarrollo y colaboración, incluyendo integración continua (CI) y despliegue continuo (CD), lo que lo hace ideal para equipos que buscan optimizar sus flujos de trabajo.

• **Bitbucket**: Ofrece funcionalidades similares a GitHub y GitLab, pero se enfoca más en la integración con otras herramientas de Atlassian, como Jira y Confluence, facilitando la gestión de proyectos.

8.2.5. Conclusión

En resumen, Git es un sistema de control de versiones potente y flexible que ha transformado la forma en que los desarrolladores gestionan el código fuente. Su capacidad para permitir un trabajo colaborativo eficiente, su almacenamiento incremental y su rápida ejecución lo han convertido en una herramienta indispensable en el desarrollo de software moderno. Dominar Git es esencial para cualquier desarrollador que busque mejorar su productividad y colaboración en proyectos de software.

8.3. GITHUB Y REPOSITORIOS REMOTOS

GitHub es una de las plataformas más populares y ampliamente utilizadas en el desarrollo de software moderno. Actúa como un servicio de alojamiento para repositorios Git y proporciona un conjunto robusto de características que facilitan la colaboración y la gestión de proyectos. A continuación, se detallan las características más destacadas de GitHub y su impacto en el trabajo en equipo.

8.3.1. Repositorios Remotos

Los repositorios remotos en GitHub son fundamentales para el trabajo colaborativo:

- **Almacenamiento en la Nube**: GitHub permite a los desarrolladores almacenar su código en un entorno basado en la nube. Esto garantiza que el código esté disponible desde cualquier lugar y en cualquier momento, siempre que haya acceso a Internet.

- **Acceso Multicapa**: Almacenar el código en repositorios remotos facilita la colaboración entre múltiples desarrolladores. Los permisos de acceso pueden configurarse para permitir que diferentes miembros del equipo tengan distintos niveles de control sobre el repositorio, desde acceso de solo lectura hasta la capacidad de hacer cambios.

- **Backup y Seguridad**: Almacenar el código en GitHub también proporciona una copia de seguridad segura del trabajo, lo que reduce el riesgo de pérdida de datos debido a fallos del hardware local o errores humanos.

8.3.2. Herramientas de Colaboración

GitHub proporciona una serie de herramientas que fomentan la colaboración eficaz:

• **Pull Requests**: Esta característica permite a los desarrolladores solicitar que sus cambios sean revisados antes de ser integrados en la rama principal del proyecto. Las pull requests son una forma estructurada de discutir cambios y obtener retroalimentación del equipo, lo que ayuda a garantizar la calidad del código.

• **Revisiones de Código**: Junto con las pull requests, GitHub permite a los miembros del equipo realizar revisiones de código. Esto no solo mejora la calidad del código, sino que también promueve el aprendizaje y la transferencia de conocimientos entre los miembros del equipo.

• **Comentarios en Línea**: GitHub permite a los revisores dejar comentarios específicos en líneas de código dentro de una pull request, lo que facilita discusiones detalladas sobre cambios específicos. Esta funcionalidad mejora la comunicación y ayuda a aclarar dudas.

8.3.3. Automatización y CI/CD

GitHub se integra con herramientas de integración continua y entrega continua (CI/CD) para mejorar la eficiencia del flujo de trabajo de desarrollo:

• **GitHub Actions**: Esta herramienta permite a los desarrolladores crear flujos de trabajo automatizados que se activan en función de eventos en el repositorio, como pushes o pull requests. Esto facilita la automatización de tareas como pruebas, construcción de software y despliegue.

• **Integraciones de Terceros**: GitHub también se puede conectar a una variedad de servicios de CI/CD, como Travis CI, CircleCI y Jenkins, permitiendo a los equipos configurar pipelines de integración y entrega que se ejecutan automáticamente cada vez que se realiza un cambio en el código.

8.3.4. Gestión de Proyectos

GitHub no solo es una herramienta de control de versiones, sino que también ofrece características para gestionar proyectos de manera efectiva:

• **Issues**: GitHub proporciona un sistema de seguimiento de problemas que permite a los equipos registrar y gestionar tareas, errores y solicitudes de características. Cada issue puede tener etiquetas, asignaciones y comentarios, lo que ayuda a organizar el trabajo.

• **Proyectos**: La funcionalidad de "Proyectos" de GitHub permite a los equipos organizar tareas y flujos de trabajo utilizando tableros Kanban. Esto ayuda a visualizar el progreso del proyecto y a gestionar las tareas de manera más efectiva.

8.3.5. Comunidad y Recursos

GitHub también alberga una enorme comunidad de desarrolladores, lo que proporciona una serie de recursos valiosos:

• **Proyectos Open Source**: GitHub es el hogar de millones de proyectos de código abierto, lo que permite a los desarrolladores explorar, contribuir y aprender de proyectos existentes. Esto no solo enriquece la experiencia del desarrollador, sino que también fomenta una cultura de colaboración y mejora continua.

• **Documentación y Ejemplos**: Muchos proyectos en GitHub incluyen documentación detallada y ejemplos de uso, lo que facilita a los nuevos desarrolladores aprender sobre las tecnologías y prácticas utilizadas.

8.3.6. Conclusión

En resumen, GitHub es más que un simple servicio de almacenamiento para repositorios Git; es una plataforma integral que facilita la colaboración y la gestión de proyectos de software. Con características que promueven la comunicación efectiva, la automatización de procesos y la organización del trabajo, GitHub se ha convertido en una herramienta esencial para equipos de desarrollo de todas las dimensiones. Dominar GitHub no solo mejora la eficiencia del trabajo en equipo, sino que también contribuye a la calidad y el éxito general de los proyectos de software.

8.4. FLUJO DE TRABAJO CON GIT

El flujo de trabajo con Git es esencial para gestionar cambios en el código y colaborar eficientemente en proyectos de desarrollo. Un flujo de trabajo básico permite a los desarrolladores organizar su trabajo de manera efectiva y mantener un historial claro de los cambios. A continuación, se desglosan los pasos clave en un flujo de trabajo típico con Git.

8.4.1. Clonación del Repositorio

La clonación es el primer paso para trabajar en un proyecto existente:

- **Crear una Copia Local**: Al utilizar el comando git clone, los desarrolladores pueden crear una copia completa de un repositorio remoto en su máquina local. Esto incluye todos los archivos, el historial de cambios y las ramas existentes, lo que les permite trabajar sin conexión y realizar cambios de forma independiente.

- **Configuración Inicial**: Clonar el repositorio también configura automáticamente la conexión entre el repositorio local y el remoto, facilitando la sincronización de cambios.

8.4.2. Crear y Cambiar de Ramas

Las ramas son fundamentales en Git para desarrollar nuevas características o corregir errores sin afectar el código principal:

- **Uso de Ramas**: El comando git branch permite a los desarrolladores crear nuevas ramas. Por ejemplo, al crear una rama para una nueva característica, los cambios realizados en esa rama no afectarán la rama principal (generalmente llamada main o master) hasta que se fusionen.

- **Cambio de Ramas**: Con el comando git checkout, los desarrolladores pueden cambiar entre ramas. Esto les permite trabajar en múltiples características simultáneamente y mantener el trabajo organizado.

• **Fusión de Cambios**: Una vez que una característica se ha completado y probado en una rama separada, se puede fusionar de nuevo a la rama principal utilizando git merge. Esto garantiza que el código en la rama principal esté siempre actualizado con las últimas características y correcciones.

8.4.3. Commit de Cambios

Guardar los cambios de manera efectiva es esencial para mantener un historial claro:

• **Preparar Cambios**: El comando git add se utiliza para seleccionar qué cambios se quieren incluir en el próximo commit. Esto permite a los desarrolladores agrupar cambios relacionados y asegurar que solo los cambios deseados se guarden en el historial.

• **Crear un Commit**: Con git commit, los desarrolladores guardan su trabajo localmente junto con un mensaje descriptivo que explica los cambios realizados. Un buen mensaje de commit es crucial, ya que proporciona contexto sobre lo que se ha cambiado y por qué, facilitando la comprensión del historial del proyecto.

8.4.4. Integración de Cambios

Una vez que los cambios han sido realizados y guardados localmente, es necesario sincronizarlos con el repositorio remoto:

• **Enviar Cambios**: El comando git push se utiliza para subir los commits locales a un repositorio remoto. Esto actualiza el repositorio en la nube y permite que otros desarrolladores vean y utilicen los cambios realizados.

• **Obtener Actualizaciones**: Para mantener la sincronización con el trabajo de otros desarrolladores, se utiliza git pull. Este comando descarga los últimos cambios del repositorio remoto y los integra en la rama local activa, asegurando que todos estén trabajando con la versión más reciente del código.

8.4.5. Resolución de Conflictos

En un entorno de colaboración, es probable que ocurran conflictos al fusionar cambios:

- **Conflictos de Fusión**: Cuando dos desarrolladores realizan cambios en la misma parte del código y ambos intentan fusionar sus ramas, Git puede encontrar un conflicto. Es importante resolver estos conflictos manualmente, eligiendo qué cambios conservar antes de completar la fusión.

- **Uso de Herramientas**: Git proporciona herramientas para ayudar a los desarrolladores a resolver conflictos, y muchas plataformas como GitHub ofrecen interfaces visuales para facilitar este proceso.

8.4.6. Mejores Prácticas

Al implementar un flujo de trabajo con Git, es recomendable seguir algunas mejores prácticas:

- **Commits Frecuentes**: Realizar commits frecuentemente con cambios pequeños en lugar de grandes bloques de cambios facilita el seguimiento y la revisión del historial.

- **Mensajes de Commit Descriptivos**: Escribir mensajes claros y descriptivos ayuda a otros desarrolladores a entender rápidamente la naturaleza de los cambios.

- **Mantener las Ramas Actualizadas**: Sincronizar regularmente con el repositorio remoto y mantener las ramas actualizadas minimiza los conflictos y asegura que el trabajo esté alineado con el progreso del equipo.

8.4.7. Conclusión

Un flujo de trabajo bien definido con Git es esencial para el desarrollo colaborativo de software. Siguiendo estos pasos, los equipos pueden gestionar eficazmente los cambios en el código, asegurar una colaboración fluida y mantener un historial de cambios claro y ordenado. Con el uso adecuado de Git, los desarrolladores pueden trabajar de manera más eficiente y contribuir a la calidad general del proyecto.

8.5. ESTRATEGIAS DE BRANCHING EN GIT

Las estrategias de branching en Git son fundamentales para gestionar de manera eficiente el desarrollo del código en proyectos de software. Cada estrategia tiene su propio enfoque y beneficios, y la elección de la más adecuada depende de factores como la complejidad del proyecto y la dinámica del equipo. A continuación, se describen algunas de las estrategias de branching más comunes.

8.5.1. Git Flow

Git Flow es una de las estrategias más populares para proyectos grandes y complejos. Se basa en la creación de varias ramas específicas que facilitan el control de versiones y el desarrollo organizado:

• **Ramas Principales**: Incluye dos ramas permanentes: main (o master), que contiene el código de producción, y develop, que es la rama de desarrollo donde se integran todas las nuevas características.

• **Ramas de Caracteristicas**: Para cada nueva funcionalidad, se crea una rama de característica a partir de develop. Estas ramas se nombran generalmente como feature/nombre-de-la-caracteristica. Al finalizar la característica, se fusionan nuevamente en develop.

• **Ramas de Liberación**: Cuando se alcanza un estado estable en develop, se crea una rama de liberación (release/número) para preparar una nueva versión. Esta rama permite realizar ajustes menores y correcciones de errores antes de la liberación final.

• **Ramas de Corrección de Errores**: Si se necesita corregir un error en producción, se crea una rama de corrección de errores (hotfix/nombre-del-error) a partir de main. Una vez que se soluciona el error, se fusiona tanto en main como en develop.

Beneficios: Git Flow proporciona una estructura clara que permite manejar diferentes tipos de trabajo en paralelo, minimizando los conflictos y facilitando un ciclo de desarrollo más organizado.

8.5.2. GitHub Flow

GitHub Flow es una estrategia más sencilla y ágil, ideal para proyectos que requieren despliegues continuos y rápidas iteraciones. Se basa en el uso de una rama principal y ramas de características:

• **Rama Principal**: La rama principal (main) siempre debe estar en un estado desplegable. Esto significa que cualquier commit en esta rama debe ser seguro para ser desplegado a producción.

• **Ramas de Características**: Los desarrolladores crean ramas de características para trabajar en nuevas funcionalidades o correcciones, nombrándolas como feature/nombre-de-la-caracteristica.

• **Pull Requests**: Una vez completada una característica, el desarrollador abre un pull request (PR) para solicitar la fusión de la rama de características en main. Los compañeros de equipo revisan el código, ofrecen comentarios y, una vez aprobado, se fusiona.

• **Despliegue**: Después de fusionar la rama de características en main, se puede desplegar automáticamente en producción.

Beneficios: GitHub Flow es altamente flexible y fomenta la colaboración, permitiendo a los equipos realizar cambios frecuentes y rápidos. Es ideal para equipos que implementan prácticas de integración y entrega continua.

8.5.3. Trunk-Based Development

El Trunk-Based Development es una estrategia que enfatiza el trabajo constante en la rama principal (trunk). Es un enfoque que promueve integraciones frecuentes y evita ramas largas:

• **Integración Continua**: Todos los desarrolladores trabajan en la rama principal, haciendo commits frecuentes y pequeñas integraciones en lugar de trabajar en ramas largas durante semanas.

• **Ramas Cortas**: Si se necesita una rama de características, esta debe ser de corta duración. El objetivo es fusionar rápidamente cualquier trabajo nuevo en la rama principal.

• **Despliegue Frecuente**: Al trabajar en la rama principal y realizar integraciones continuas, el código se mantiene en un estado listo para ser desplegado, lo que permite un ciclo de lanzamiento más rápido.

Beneficios: Este enfoque minimiza la complejidad y los conflictos de fusión, ya que el código se integra constantemente. Además, fomenta una cultura de colaboración y comunicación entre los miembros del equipo.

8.5.4. Elección de la Estrategia Adecuada

La elección de la estrategia de branching depende de varios factores, como:

• **Complejidad del Proyecto**: Proyectos grandes y complejos pueden beneficiarse de Git Flow, mientras que proyectos más pequeños pueden optar por GitHub Flow o Trunk-Based Development.

• **Cultura del Equipo**: La dinámica del equipo y la forma en que prefieren trabajar también influyen en la elección de la estrategia.

• **Requerimientos de Despliegue**: Si se requiere un despliegue frecuente y rápido, GitHub Flow o Trunk-Based Development son opciones ideales.

8.5.5. Conclusión

Las estrategias de branching son herramientas valiosas que permiten a los equipos gestionar el desarrollo de software de manera organizada y eficiente. Elegir la estrategia adecuada no solo mejora la calidad del código, sino que también facilita la colaboración y la comunicación dentro del equipo. Implementar un enfoque estructurado en la gestión de ramas es esencial para el éxito de cualquier proyecto de desarrollo.

8.6. INTEGRACIÓN DE GIT CON HERRAMIENTAS CI/CD

La integración de Git con herramientas de CI/CD (Integración Continua y Entrega Continua) es esencial para modernizar y optimizar el flujo de trabajo en el desarrollo de software. Esta integración automatiza procesos que anteriormente requerían intervención manual, lo que no solo ahorra tiempo, sino que también reduce errores humanos y mejora la calidad general del software. A continuación, se detallan algunos de los beneficios y aspectos clave de esta integración.

8.6.1. Automatización de Pruebas

La automatización de pruebas es uno de los pilares de CI/CD, y su integración con Git permite que el proceso sea más eficiente:

- **Ejecución Automática de Pruebas**: Cuando un desarrollador realiza un push o crea un pull request, herramientas como Jenkins, GitHub Actions o GitLab CI pueden desencadenar automáticamente un conjunto de pruebas predefinidas. Esto asegura que cualquier cambio en el código no rompa la funcionalidad existente.

- **Diversidad de Pruebas**: Las pruebas automatizadas pueden incluir pruebas unitarias, pruebas de integración y pruebas de extremo a extremo. La capacidad de ejecutar diferentes tipos de pruebas en cada commit ayuda a identificar problemas en etapas tempranas del desarrollo.

- **Feedback Rápido**: Los desarrolladores reciben notificaciones casi instantáneas sobre el estado de las pruebas. Esto permite realizar correcciones rápidamente, lo que mejora el ciclo de retroalimentación y acelera el desarrollo.

8.6.2. Despliegue Continuo

El despliegue continuo es una práctica que busca asegurar que el código se pueda desplegar en producción en cualquier momento, y su integración con Git es fundamental:

- **Automatización del Despliegue**: Con la integración de herramientas de CI/CD, los cambios pueden ser desplegados automáticamente en entornos de producción o de prueba una vez que pasan todas las pruebas definidas. Esto reduce el tiempo entre el desarrollo y la disponibilidad del software.

- **Criterios de Despliegue**: Las herramientas permiten definir criterios específicos para el despliegue, como la aprobación de un pull request o la finalización de pruebas exitosas. Esto garantiza que solo el código que ha sido validado se despliegue, minimizando el riesgo de introducir errores en producción.

- **Despliegue en Múltiples Entornos**: Las herramientas de CI/CD facilitan la implementación del mismo código en diferentes entornos, como desarrollo, pruebas y producción, asegurando que el comportamiento del software sea consistente.

8.6.3. Notificaciones y Reportes

La comunicación efectiva es crucial en equipos de desarrollo, y las herramientas de CI/CD proporcionan funcionalidades que facilitan esta comunicación:

- **Notificaciones Automáticas**: Los equipos pueden recibir notificaciones sobre el estado de las compilaciones y pruebas a través de correos electrónicos, mensajería instantánea o integraciones con plataformas como Slack. Esto mantiene a todos los miembros del equipo informados sobre el progreso y los problemas en tiempo real.

- **Reportes Detallados**: Las herramientas de CI/CD generan reportes automáticos que brindan información sobre el estado de las pruebas, la cobertura del código y el rendimiento de las compilaciones. Estos reportes son valiosos para la evaluación continua y la toma de decisiones informadas.

- **Historial de Cambios**: Al integrar Git con herramientas de CI/CD, se puede rastrear el historial de cambios y su impacto en el rendimiento del software, lo que permite identificar tendencias y áreas de mejora.

8.6.4. Mejora del Flujo de Trabajo

La integración de Git con herramientas de CI/CD transforma la manera en que los equipos de desarrollo trabajan juntos:

- **Colaboración Efectiva**: La automatización y la visibilidad mejoran la colaboración entre desarrolladores, QA y operaciones, ya que todos pueden ver el estado del proyecto y cualquier cambio que se esté realizando.

- **Ahorro de Tiempo**: Al automatizar tareas repetitivas, los desarrolladores pueden concentrarse en actividades más críticas, como el diseño de nuevas características y la resolución de problemas complejos.

- **Aumento de la Calidad del Código**: Con pruebas automatizadas y despliegues controlados, los equipos pueden mantener un alto estándar de calidad, lo que resulta en software más confiable y fácil de mantener.

8.6.5. Conclusión

La integración de Git con herramientas de CI/CD es un componente fundamental en la estrategia de desarrollo de software moderno. Esta combinación permite no solo acelerar el proceso de desarrollo y despliegue, sino también mejorar la calidad del producto final. A medida que los equipos adoptan estas prácticas, se vuelven más ágiles y capaces de responder rápidamente a los cambios en los requisitos y las expectativas del cliente. Implementar CI/CD junto con Git es, por lo tanto, una inversión clave para cualquier equipo que busque mejorar su eficiencia y efectividad en el desarrollo de software.

8.7. CONCLUSIONES DEL CAPÍTULO

El control de versiones es una práctica fundamental en el desarrollo de software moderno que permite a los equipos de desarrollo gestionar cambios, colaborar de manera eficiente y asegurar la calidad del código. Git, junto con plataformas como GitHub, facilita la gestión de versiones y la colaboración, mientras que las estrategias de branching y la integración con CI/CD mejoran la organización del trabajo y la velocidad de entrega. Implementar un buen flujo de trabajo de control de versiones es clave para cualquier proyecto de software, independientemente de su tamaño o complejidad.

CAPÍTULO 9

Pruebas de software

CAPÍTULO 9 PRUEBAS DE SOFTWARE

Las pruebas de software son una parte esencial del ciclo de desarrollo, ya que aseguran que el sistema funcione según lo esperado y cumpla con los requisitos establecidos. Este capítulo aborda los diferentes tipos de pruebas, la automatización y la gestión de la calidad del software, así como estrategias para asegurar la robustez y el rendimiento de las aplicaciones.

9.1. TIPOS DE PRUEBAS DE SOFTWARE: UNITARIAS, INTEGRACIÓN, FUNCIONALES

Las pruebas de software son esenciales para asegurar la calidad y el correcto funcionamiento de una aplicación. Cada tipo de prueba tiene un enfoque y objetivo específico, lo que contribuye a cubrir diferentes aspectos del comportamiento del software. A continuación, se describen en detalle algunos de los tipos de pruebas más comunes:

9.1.1. Pruebas Unitarias

Las pruebas unitarias son la base del proceso de pruebas y se centran en validar las unidades más pequeñas de código de manera aislada:

• **Propósito**: Su objetivo es asegurar que cada componente individual, como una función, un método o una clase, funcione de manera correcta y predecible. Cada prueba unitaria verifica una pequeña parte del comportamiento del código para detectar errores en una etapa temprana del desarrollo.

• **Herramientas Comunes**: Existen diversas herramientas que facilitan la creación de pruebas unitarias, como JUnit para Java, pytest para Python y Jest para JavaScript. Estas herramientas proporcionan un entorno automatizado para la ejecución de pruebas.

• **Beneficios**: Las pruebas unitarias permiten identificar problemas en componentes específicos sin necesidad de probar el sistema completo. Esto facilita la localización de errores y contribuye a un desarrollo más ágil, permitiendo realizar refactorizaciones con mayor confianza.

• **Ejemplo Práctico**: Supongamos una función en Python que calcula el área de un triángulo. Una prueba unitaria podría verificar si la función retorna el valor correcto para un conjunto dado de bases y alturas.

9.1.2. Pruebas de Integración

Las pruebas de integración se enfocan en validar cómo diferentes módulos o componentes interactúan entre sí, asegurando que la comunicación entre ellos sea correcta:

• **Propósito**: Mientras que las pruebas unitarias validan componentes aislados, las pruebas de integración se aseguran de que esos componentes funcionen adecuadamente cuando se combinan. Esto es especialmente importante en aplicaciones con múltiples dependencias y componentes.

• **Alcance**: Pueden probar la interacción entre dos o más módulos de código, la integración con una base de datos, la conexión a una API externa, o la forma en que diferentes servicios de microservicios trabajan juntos.

• **Beneficios**: Detectan problemas que surgen al combinar diferentes componentes, como incompatibilidades entre interfaces o problemas de comunicación. Esto garantiza que las distintas partes de la aplicación colaboren sin errores.

• **Ejemplo Práctico**: Imagina un sistema de comercio electrónico. Las pruebas de integración podrían validar cómo interactúa el módulo de autenticación de usuarios con el módulo de compras, asegurando que un usuario autenticado pueda realizar una transacción correctamente.

9.1.3. Pruebas Funcionales

Las pruebas funcionales se centran en verificar que el software cumpla con los requisitos y funcionalidades esperadas desde la perspectiva del usuario:

• **Propósito**: Su objetivo es asegurar que cada funcionalidad del sistema funcione según lo especificado en los requisitos. A diferencia de las pruebas unitarias, las pruebas funcionales no se preocupan por la estructura interna del código, sino por los resultados finales que se presentan al usuario.

- **Metodología**: Se basan en casos de prueba que representan escenarios reales de uso. Cada caso de prueba describe una entrada, una acción y el resultado esperado. Si el sistema produce el resultado esperado, la prueba pasa; de lo contrario, falla.

- **Beneficios**: Garantizan que el software cumpla con las expectativas del usuario final, lo que es fundamental para la satisfacción del cliente y la aceptación del producto. Son útiles para verificar flujos de trabajo completos y la experiencia del usuario.

- **Ejemplo Práctico**: En una aplicación de banca en línea, una prueba funcional podría verificar que el proceso de transferencia de fondos entre cuentas funcione correctamente, asegurando que los fondos se deduzcan de una cuenta y se sumen a otra según las instrucciones del usuario.

-Importancia de la Combinación de Diferentes Tipos de Pruebas

Cada tipo de prueba cumple un papel crucial en el aseguramiento de la calidad del software:

- **Pruebas Unitarias** aseguran que los componentes básicos sean confiables y estén libres de errores, lo que proporciona una base sólida para el resto del desarrollo.

- **Pruebas de Integración** permiten detectar problemas que podrían no ser visibles a nivel de componentes aislados, garantizando la correcta colaboración entre las partes.

- **Pruebas Funcionales** validan la experiencia del usuario final y aseguran que el producto cumpla con los requisitos del negocio y las expectativas del cliente.

La combinación de estos tipos de pruebas crea un enfoque integral de aseguramiento de calidad, detectando errores en diferentes niveles y etapas del desarrollo. Esto ayuda a construir software más estable, confiable y alineado con las necesidades del usuario.

9.2. AUTOMATIZACIÓN DE PRUEBAS: HERRAMIENTAS Y ESTRATEGIAS

La automatización de pruebas es una práctica fundamental en el desarrollo moderno de software, ya que permite validar la calidad del código de manera rápida y eficiente, reduciendo la intervención manual y minimizando el tiempo necesario para realizar pruebas repetitivas. A continuación, se detallan los aspectos clave de la automatización de pruebas:

9.2.1. Herramientas de Automatización

Las herramientas de automatización ayudan a ejecutar pruebas de manera sistemática, facilitando la detección de errores y garantizando que el software funcione como se espera tras cada cambio. Algunas de las herramientas más populares incluyen:

• **Selenium**: Una de las herramientas más utilizadas para la automatización de pruebas de aplicaciones web. Permite simular acciones del usuario, como clics y navegación por las páginas, lo que facilita la automatización de pruebas funcionales y de interfaz de usuario (UI). Selenium es compatible con múltiples lenguajes de programación y navegadores.

• **JUnit**: Es una herramienta estándar en el ecosistema Java para la automatización de pruebas unitarias. Proporciona una forma sencilla de definir casos de prueba y agruparlos en suites de prueba. Además, se integra bien con herramientas de CI/CD, como Jenkins, para ejecutar las pruebas automáticamente en cada cambio de código.

- **Cypress**: Especialmente útil para pruebas de aplicaciones web modernas, Cypress permite realizar pruebas end-to-end (E2E) y es conocido por su facilidad de uso y rápida configuración. Se diferencia de Selenium en que ejecuta las pruebas directamente en el navegador, lo que facilita la depuración y proporciona un entorno de pruebas más cercano al real.

- **PyTest**: Utilizado en el ecosistema Python, es una herramienta potente para la creación de pruebas unitarias y de integración. Su sintaxis sencilla y capacidad de extenderse mediante plugins lo hacen ideal para automatizar pruebas en proyectos de diversa escala.

- **TestNG**: Similar a JUnit pero con características adicionales, como la priorización de casos de prueba, la paralelización de pruebas y el soporte para pruebas de integración complejas. Es ampliamente utilizado en la industria para automatizar tanto pruebas unitarias como de integración.

9.2.2. Estrategias de Automatización

Una estrategia de automatización bien definida ayuda a maximizar la cobertura de pruebas y asegurar que las pruebas sean ejecutadas de manera eficiente. Algunas de las estrategias más comunes son:

- **Pirámide de Pruebas**: Es una estrategia que sugiere una proporción equilibrada de pruebas en distintos niveles:

- **Pruebas Unitarias**: En la base de la pirámide, estas pruebas deben ser las más abundantes ya que son rápidas y económicas de ejecutar. Validan componentes aislados del código y permiten identificar errores desde etapas tempranas.

- **Pruebas de Integración**: Ocupan la parte media de la pirámide. Verifican cómo interactúan los distintos módulos del software, lo que ayuda a identificar problemas en la comunicación entre componentes.

- **Pruebas Funcionales/E2E**: Están en la cúspide de la pirámide y deben ser menos numerosas. Validan flujos completos de la aplicación desde el punto de vista del usuario. Aunque son útiles, tienden a ser más lentas y costosas de mantener, por lo que es recomendable usarlas de manera estratégica.

- **Automatización en la Integración Continua (CI)**: Integrar la ejecución de pruebas automatizadas dentro del proceso de CI, mediante herramientas como Jenkins, GitHub Actions, o GitLab CI, permite que cada vez que se realice un cambio en el código (como un push o un pull request), las pruebas se ejecuten automáticamente. Esto asegura que cualquier error introducido sea detectado de inmediato.

• **Test-Driven Development (TDD)**: Es una metodología de desarrollo en la que primero se escriben las pruebas antes de implementar el código. El objetivo es crear un código que cumpla con los requisitos específicos de cada prueba, asegurando así un desarrollo guiado por la necesidad de que cada funcionalidad pase una serie de validaciones desde el inicio.

• **Regresión Automatizada**: Consiste en ejecutar un conjunto de pruebas cada vez que se introduce un cambio para asegurarse de que las nuevas funcionalidades no rompan el comportamiento existente. Esto es esencial en proyectos donde las funcionalidades y el código base evolucionan rápidamente.

• **Data-Driven Testing**: Permite ejecutar las mismas pruebas con diferentes conjuntos de datos, lo que facilita la validación de casos con entradas variadas. Esto es especialmente útil en aplicaciones que deben manejar múltiples escenarios de entrada y salida.

9.2.3. Beneficios de la Automatización de Pruebas

Automatizar las pruebas de software ofrece múltiples beneficios que impactan directamente en la calidad del producto y la eficiencia del equipo de desarrollo:

• **Reducción del Tiempo de Pruebas**: Las pruebas automatizadas se pueden ejecutar de manera rápida y repetitiva, reduciendo significativamente el tiempo necesario para validar un cambio en el código.

• **Consistencia y Precisión**: Las pruebas automatizadas garantizan que cada vez que se ejecutan, los resultados sean consistentes, lo que reduce el riesgo de errores humanos y asegura una validación precisa del software.

• **Feedback Rápido**: Al integrar las pruebas automatizadas en un flujo de CI/CD, los desarrolladores reciben retroalimentación rápida sobre el impacto de sus cambios, lo que acelera la identificación de problemas y la corrección de errores.

- **Escalabilidad**: A medida que el software crece en complejidad, las pruebas manuales se vuelven insostenibles. La automatización permite escalar el proceso de pruebas y mantener una cobertura adecuada incluso en sistemas grandes y complejos.

9.2.4. Desafíos de la Automatización de Pruebas

A pesar de sus beneficios, la automatización de pruebas también presenta ciertos desafíos que es importante tener en cuenta:

- **Mantenimiento de Pruebas**: A medida que el software evoluciona, las pruebas automatizadas deben actualizarse para reflejar los nuevos cambios, lo que puede requerir tiempo y esfuerzo adicional.

- **Curva de Aprendizaje**: El uso efectivo de herramientas de automatización puede requerir un conocimiento técnico especializado, lo que puede representar una curva de aprendizaje para los equipos.

- **Costo Inicial**: La configuración inicial de la infraestructura de pruebas automatizadas y la creación de casos de prueba puede ser costosa en términos de tiempo y recursos, aunque a largo plazo se compensa con la eficiencia que se obtiene.

Automatizar las pruebas es una inversión clave en el desarrollo de software que contribuye a mejorar la calidad del producto final y a agilizar el proceso de desarrollo. Al implementar una estrategia adecuada y utilizar las herramientas correctas, los equipos de desarrollo pueden asegurar que su software sea confiable y esté listo para el entorno de producción.

9.3. PRUEBAS DE CAJA NEGRA Y CAJA BLANCA

Las pruebas de software se pueden dividir en dos enfoques principales: las pruebas de caja negra y las de caja blanca. Cada enfoque tiene su propia metodología y objetivos, y se utilizan para validar diferentes aspectos del software. Una combinación adecuada de ambos enfoques permite asegurar la calidad de la aplicación desde diferentes perspectivas.

9.3.1. Pruebas de Caja Negra

Las pruebas de caja negra son un enfoque de testing en el que los testers se centran en verificar la funcionalidad del software sin necesidad de conocer la estructura interna o el código subyacente. Se utilizan para asegurarse de que el sistema cumple con los requisitos funcionales especificados y que responde de manera correcta a las entradas proporcionadas. Algunas características y técnicas clave incluyen:

- **Validación de Funcionalidades**: Los testers evalúan cómo responde el sistema a diversos casos de uso, asegurándose de que las funcionalidades se ejecuten según lo esperado. Esto incluye la verificación de requisitos como el comportamiento de las interfaces de usuario, la respuesta a diferentes tipos de datos de entrada, y el manejo de errores.

- **Pruebas de Equivalencia y Análisis de Valores Límite**: Estas técnicas permiten definir un conjunto de datos de entrada representativo para reducir el número de casos de prueba necesarios. El análisis de valores límite se enfoca en probar los límites superior e inferior de las entradas válidas, mientras que las clases de equivalencia agrupan datos de entrada similares que se espera generen el mismo resultado.

- **Pruebas Funcionales y No Funcionales**: Además de validar la funcionalidad, las pruebas de caja negra también pueden incluir pruebas no funcionales, como la evaluación del rendimiento, la seguridad, y la usabilidad. Esto ayuda a garantizar que el sistema no solo funcione correctamente, sino que también cumpla con los estándares de calidad esperados por los usuarios.

9.3.2. Pruebas de Caja Blanca

Las pruebas de caja blanca, a diferencia de las de caja negra, requieren un conocimiento profundo del código fuente y de la lógica interna de la aplicación. Este tipo de pruebas se enfocan en validar la estructura interna del sistema y en garantizar que el código siga las rutas lógicas esperadas. Algunas de las principales características y técnicas de las pruebas de caja blanca son:

- **Cobertura de Código**: Las pruebas de caja blanca buscan asegurar que todas las líneas de código, ramas de decisión y condiciones sean ejecutadas al menos una vez durante el proceso de testing. Esto incluye técnicas como:

- **Cobertura de Sentencias**: Asegura que cada línea de código se ejecute al menos una vez.

- **Cobertura de Ramas**: Verifica que cada posible camino de decisión (como condicionales if/else) sea probado.

- **Cobertura de Condiciones**: Asegura que todas las condiciones dentro de una estructura de decisión sean evaluadas tanto como verdaderas como falsas.

- **Verificación de Lógica y Flujos Internos**: Las pruebas de caja blanca permiten detectar errores en la lógica interna del sistema, como bucles infinitos, cálculos incorrectos, y problemas de flujo de datos. Esto es especialmente útil en algoritmos complejos o en funciones críticas donde la precisión es fundamental.

- **Pruebas de Caminos**: Este enfoque busca identificar y probar todos los caminos posibles que pueden ser ejecutados dentro del código. Aunque puede ser difícil lograr una cobertura del 100% en sistemas complejos, las pruebas de caminos ayudan a identificar rutas críticas que podrían contener errores.

9.3.3. Complementariedad de las Pruebas de Caja Negra y Caja Blanca

Ambas aproximaciones, aunque diferentes, son altamente

complementarias y esenciales para garantizar una cobertura de pruebas más amplia y efectiva. Algunos aspectos clave de su relación incluyen:

• **Cobertura Integral**: Mientras que las pruebas de caja negra se enfocan en la perspectiva del usuario y en validar que el sistema cumpla con sus expectativas funcionales, las pruebas de caja blanca aseguran que la estructura interna del código sea sólida y esté libre de defectos. Esto permite detectar tanto errores visibles para el usuario como problemas que podrían pasar desapercibidos durante la operación normal, pero que podrían afectar el rendimiento o la estabilidad del sistema.

• **Enfoque Colaborativo**: En un equipo de desarrollo, las pruebas de caja negra suelen ser realizadas por testers o QA que simulan el comportamiento del usuario, mientras que las de caja blanca son más comunes entre desarrolladores que conocen la lógica interna del software. Este enfoque colaborativo permite que ambos roles trabajen juntos para asegurar la calidad del producto.

• **Reducción de Riesgos**: Al combinar estos enfoques, se reducen los riesgos de que se presenten errores críticos en producción. Por ejemplo, mientras que una prueba de caja negra puede identificar un fallo en una funcionalidad, una prueba de caja blanca puede revelar un problema subyacente en la lógica que genera ese fallo.

• **Adaptabilidad a Distintos Entornos de Prueba**: Las pruebas de caja negra son particularmente útiles para validar aplicaciones cuando se cambian requisitos funcionales o se integran nuevos módulos, ya que se enfocan en cómo se comporta el sistema final. Las pruebas de caja blanca, por su parte, son más adecuadas para refactorizaciones de código y mejoras de rendimiento, ya que permiten analizar el impacto de los cambios internos.

En conjunto, las pruebas de caja negra y caja blanca forman una estrategia de testing robusta que ayuda a garantizar que el software no solo funcione como se espera desde la perspectiva del usuario, sino que también sea sólido, eficiente y esté libre de problemas internos. Esto asegura una experiencia de usuario de calidad y un sistema confiable y mantenible a largo plazo.

9.4. GESTIÓN DE CASOS DE PRUEBA Y CALIDAD DE SOFTWARE

La gestión de casos de prueba es un proceso fundamental para mantener la calidad del software a lo largo del ciclo de desarrollo. A través de una planificación detallada y la ejecución sistemática de los casos de prueba, se asegura que cada aspecto de la aplicación sea evaluado adecuadamente, lo que contribuye a un producto final robusto y confiable.

9.4.1. Casos de Prueba

Los casos de prueba son documentos detallados que describen cada escenario que debe ser evaluado para validar el correcto funcionamiento del software. Un caso de prueba típico incluye:

- **Descripción del Escenario**: Se define el propósito de la prueba y la funcionalidad específica que se evaluará, lo cual ayuda a establecer el contexto y el objetivo de la prueba.

- **Entradas (Inputs)**: Detalla los datos específicos que se ingresarán en el sistema durante la prueba, incluyendo variables y valores. Esto puede abarcar desde datos válidos hasta entradas que buscan evaluar cómo el sistema maneja situaciones excepcionales.

- **Pasos a Seguir**: Describe cada paso que el tester debe seguir para realizar la prueba, lo que facilita la replicabilidad del proceso y asegura que todas las pruebas se ejecuten de manera uniforme.

- **Resultados Esperados**: Define lo que debería ocurrir tras la ejecución de la prueba, especificando los resultados esperados para cada conjunto de entradas. Esto es fundamental para determinar si la prueba ha sido exitosa o si se ha encontrado un error.

- **Resultado Real y Estado de la Prueba**: Una vez ejecutada la prueba, se documenta el resultado real y se compara con el esperado. Si coinciden, la prueba se marca como "exitosa", y si no, se registra como "fallida", lo que indica que se debe investigar y corregir el problema.

La creación de casos de prueba bien estructurados facilita la identificación de problemas y asegura que cada funcionalidad sea revisada exhaustivamente antes de llegar a los usuarios finales.

9.4.2. Calidad de Software

La calidad de software es un concepto amplio que abarca varios aspectos críticos del producto, como la ausencia de errores, la facilidad de uso, el rendimiento, la seguridad y la estabilidad. Los elementos clave de la calidad de software incluyen:

- **Fiabilidad**: Se refiere a la capacidad del software para funcionar sin fallos durante un periodo específico de tiempo. Una alta fiabilidad garantiza que el sistema pueda manejar errores y excepciones de manera controlada, reduciendo las interrupciones en el servicio.

- **Usabilidad**: Mide la facilidad con la que los usuarios pueden interactuar con el software y entender sus funcionalidades. Un software de alta calidad no solo funciona correctamente, sino que también es intuitivo y fácil de usar, lo que mejora la experiencia del usuario final.

- **Rendimiento**: Evalúa cómo responde el software bajo diferentes cargas de trabajo y en diversas condiciones. Pruebas de rendimiento, como las de carga y estrés, ayudan a garantizar que el sistema mantenga su eficiencia y tiempo de respuesta bajo escenarios de uso real.

- **Seguridad**: La calidad también se mide en términos de la capacidad del software para proteger la información sensible de los usuarios y prevenir vulnerabilidades. Las pruebas de seguridad son esenciales para identificar posibles brechas y asegurar la integridad de los datos.

9.4.3. Herramientas de Gestión de Casos de Prueba

Para asegurar una gestión eficiente de los casos de prueba, muchas organizaciones utilizan herramientas especializadas que permiten organizar, ejecutar y realizar un seguimiento de las pruebas de manera centralizada. Algunas de las herramientas más populares incluyen:

- **TestRail, Zephyr y qTest**: Estas plataformas permiten gestionar casos de prueba, generar reportes detallados, y realizar un seguimiento de los defectos encontrados durante la fase de testing.

- **Integración con Herramientas de CI/CD**: Las herramientas de gestión de casos de prueba se pueden integrar con sistemas de CI/CD como Jenkins, GitLab CI, o GitHub Actions para ejecutar automáticamente pruebas cada vez que se realiza un cambio en el código. Esto ayuda a asegurar que las nuevas implementaciones no introduzcan errores que afecten la funcionalidad existente.

- **Automatización de Casos de Prueba**: Muchas herramientas permiten la integración con frameworks de automatización, lo que facilita la creación de scripts que replican casos de prueba manuales de manera automática, mejorando la eficiencia del proceso y reduciendo el tiempo necesario para ejecutar pruebas repetitivas.

9.4.4. Importancia de una Buena Gestión de Casos de Prueba

Una gestión eficiente de casos de prueba ofrece varios beneficios que son clave para mantener la calidad del software:

- **Cobertura de Pruebas Completa**: Al documentar todos los casos de prueba posibles, se garantiza que todas las funcionalidades del software sean validadas, incluyendo las que podrían ser menos obvias o utilizadas con menor frecuencia. Esto ayuda a prevenir que errores pasen desapercibidos.

- **Trazabilidad y Auditoría**: La documentación de los casos de prueba facilita el seguimiento de qué funcionalidades han sido probadas y cuáles necesitan más atención. Esto es particularmente útil durante auditorías o revisiones de calidad, ya que permite demostrar que se ha llevado a cabo un proceso de testing riguroso.

- **Facilita la Colaboración en Equipos de Pruebas**: Los casos de prueba bien definidos permiten que diferentes testers, incluso si están en ubicaciones distintas o son nuevos en el proyecto, puedan entender rápidamente qué se debe evaluar y cómo hacerlo. Esto mejora la colaboración y asegura que todos los miembros del equipo sigan el mismo enfoque de prueba.

- **Reducción de Deuda Técnica**: Una gestión eficaz de los casos de prueba ayuda a identificar problemas tempranos y permite a los desarrolladores corregirlos antes de que se conviertan en deudas técnicas más difíciles de manejar. Esto contribuye a mantener el código limpio y el producto más fácil de mantener a largo plazo.

9.4.5. Asegurando la Calidad antes de la Entrega

La gestión de casos de prueba no solo se centra en encontrar errores, sino en asegurar que el producto cumple con los estándares de calidad antes de ser lanzado. Esto incluye:

- **Pruebas de Aceptación del Usuario (UAT)**: Antes de la entrega final, se realizan pruebas de aceptación para verificar que el software cumple con las expectativas del cliente y los requisitos del proyecto. Los casos de prueba diseñados para UAT son esenciales para asegurar que el producto esté alineado con las necesidades del usuario final.

- **Evaluación de Criterios de Calidad**: Es fundamental revisar los criterios de calidad establecidos al inicio del proyecto, como tiempos de respuesta, cumplimiento de normativas, y características de seguridad, y verificar que el software cumpla con ellos a través de pruebas específicas.

Tener una buena gestión de casos de prueba garantiza que el software cumpla con los estándares de calidad antes de ser entregado a los usuarios finales, minimizando los riesgos de errores en producción y asegurando una experiencia positiva para los usuarios. Esto no solo incrementa la satisfacción del cliente, sino que también fortalece la reputación del equipo de desarrollo y de la organización.

9.5. PRUEBAS DE SEGURIDAD Y DESEMPEÑO

Las pruebas de seguridad y desempeño son fundamentales para asegurar que un software sea robusto, seguro y capaz de manejar la carga esperada de usuarios y transacciones. Estas pruebas garantizan que el sistema no solo funcione correctamente, sino que también esté preparado para enfrentar amenazas y cumplir con los requisitos de velocidad y estabilidad.

9.5.1. Pruebas de Seguridad

Las pruebas de seguridad se centran en identificar y mitigar posibles vulnerabilidades en el software. Su objetivo es asegurar que la aplicación no esté expuesta a ataques que puedan comprometer la integridad, confidencialidad y disponibilidad de la información. Los aspectos clave de las pruebas de seguridad incluyen:

- **Evaluaciones de Penetración (Pen Testing)**: Consisten en simular ataques controlados contra el sistema para identificar posibles puntos de entrada vulnerables. Un especialista en seguridad intenta explotar debilidades, como inyecciones SQL, ataques XSS (cross-site scripting) y problemas de configuración, para detectar fallos antes de que lo hagan atacantes reales.

- **Análisis de Seguridad de Datos**: Se enfoca en asegurar que los datos sensibles (como información de usuarios, credenciales y transacciones financieras) estén protegidos mediante técnicas de cifrado y mecanismos de autenticación robustos. Estas pruebas garantizan que la información esté protegida tanto en tránsito como en reposo.

- **Revisión de Seguridad del Código**: Implica analizar el código fuente para detectar posibles vulnerabilidades, como el manejo inadecuado de errores, la falta de validación de entradas y problemas en la gestión de sesiones. Herramientas de análisis estático, como SonarQube, son comunes para identificar problemas de seguridad antes de que el código se despliegue.

• **Pruebas de Autenticación y Autorización**: Validan que el sistema implemente correctamente los controles de acceso, asegurando que los usuarios solo puedan acceder a la información y funcionalidades a las que tienen permiso. Esto es esencial para evitar el acceso no autorizado a áreas sensibles de la aplicación.

• **Pruebas de Seguridad de API**: Si el sistema incluye APIs (Interfaces de Programación de Aplicaciones), estas deben ser sometidas a pruebas de seguridad para garantizar que solo usuarios autenticados puedan acceder a los endpoints, que las solicitudes estén correctamente validadas, y que los datos se transmitan de manera segura.

Estas pruebas son fundamentales para cualquier aplicación que maneje datos sensibles, como información personal o financiera, y son un requisito para cumplir con regulaciones como GDPR, HIPAA y otros estándares de privacidad de datos.

9.5.2. Pruebas de Desempeño

Las pruebas de desempeño son esenciales para garantizar que el software funcione de manera eficiente bajo diferentes condiciones de carga y que mantenga una buena experiencia de usuario incluso en situaciones de alta demanda. Los principales tipos de pruebas de desempeño incluyen:

• **Pruebas de Carga**: Simulan un número específico de usuarios que interactúan con el sistema para evaluar cómo se comporta bajo una carga normal o ligeramente superior a la esperada. Estas pruebas identifican el punto en el que el sistema comienza a experimentar problemas de rendimiento, como tiempos de respuesta lentos o errores de servidor.

• **Pruebas de Estrés**: Llevan al sistema a sus límites, simulando una carga mucho mayor a la esperada para identificar cómo responde ante situaciones extremas. El objetivo es ver si el sistema se colapsa de manera controlada o si falla de forma desordenada, así como analizar la recuperación del sistema después de la sobrecarga.

• **Pruebas de Escalabilidad**: Evalúan la capacidad del sistema para crecer y manejar incrementos de usuarios o transacciones de manera eficiente. Estas pruebas ayudan a determinar si el sistema puede escalar verticalmente (aumentando los recursos de un solo servidor) u horizontalmente (agregando más servidores).

• **Pruebas de Estabilidad (Soak Testing)**: Consisten en ejecutar el sistema bajo una carga continua durante un periodo prolongado de tiempo, para identificar problemas que solo aparecen después de un uso prolongado, como fugas de memoria o acumulación de errores.

• **Pruebas de Tiempo de Respuesta**: Miden el tiempo que tarda el sistema en responder a solicitudes específicas, asegurando que el software cumpla con los requisitos de tiempo de respuesta establecidos. Esto es fundamental para aplicaciones donde la rapidez es crucial, como las de comercio electrónico y servicios financieros en línea.

• **Uso de Herramientas de Pruebas de Desempeño**: Herramientas como JMeter, Gatling y LoadRunner son populares para llevar a cabo pruebas de carga y estrés, permitiendo simular miles de usuarios y analizar métricas detalladas sobre tiempos de respuesta, uso de CPU, consumo de memoria y más.

9.5.2. Importancia de las Pruebas de Seguridad y Desempeño

La implementación de pruebas de seguridad y desempeño es esencial para asegurar que el software cumpla con los estándares de calidad y pueda enfrentar los desafíos del entorno de producción. Estas pruebas son especialmente críticas en aplicaciones que:

• **Manejan Información Sensible**: Como sistemas bancarios, aplicaciones de salud, y plataformas de comercio electrónico, donde la privacidad y la protección de datos son prioritarias.

• **Requieren Alta Disponibilidad**: Aplicaciones de misión crítica, como servicios de emergencia o sistemas de monitoreo en tiempo real, deben ser capaces de mantener su rendimiento incluso bajo situaciones de alta carga.

• **Ofrecen Servicios a Gran Escala**: Las plataformas de redes sociales, sistemas de streaming, y aplicaciones con millones de usuarios necesitan pruebas de desempeño para garantizar que puedan manejar la demanda de manera eficiente.

• **Buscan Cumplir Normativas**: Las pruebas de seguridad son necesarias para cumplir con regulaciones de seguridad de la información y ciberseguridad, que exigen que las aplicaciones sean auditadas y verificadas para evitar brechas de datos.

La combinación de pruebas de seguridad y de desempeño permite no solo identificar vulnerabilidades antes de que sean explotadas, sino también garantizar que el software mantenga un rendimiento óptimo bajo cualquier circunstancia. Al integrarlas en el ciclo de desarrollo, se reducen los riesgos de problemas críticos en producción y se asegura una mejor experiencia para los usuarios finales. Esto también contribuye a la reputación de la empresa, mostrando un compromiso con la calidad y la seguridad del producto.

9.6. PRUEBAS A/B Y USABILIDAD

Las pruebas A/B y de usabilidad son técnicas clave en el desarrollo de software centrado en el usuario, ya que permiten validar decisiones de diseño y asegurar que la experiencia de usuario (UX) sea óptima. A través de estas pruebas, se pueden hacer mejoras basadas en datos y observar cómo los usuarios interactúan realmente con el sistema, lo que lleva a un producto más efectivo y satisfactorio.

9.6.1. Pruebas A/B

Las pruebas A/B son una metodología de experimentación que se utiliza para comparar dos versiones de una aplicación, página web, o funcionalidad para determinar cuál es más efectiva en función de ciertos indicadores clave de rendimiento (KPI). Estas pruebas son especialmente valiosas en el ámbito del marketing digital, la optimización de conversiones y el diseño de interfaces de usuario.

- Proceso de Pruebas A/B:

• **Definición del Objetivo**: Se identifica un objetivo claro, como aumentar la tasa de conversión, mejorar el tiempo de permanencia en la página o reducir la tasa de rebote.

• **Creación de Variantes**: Se crean dos versiones de la misma página o funcionalidad: la versión A (original) y la versión B (modificada). La versión B puede incluir cambios en el diseño, texto, colores, o disposición de elementos.

• **División del Tráfico**: Los usuarios se dividen aleatoriamente entre ambas versiones, de manera que algunos vean la versión A y otros la B.

• **Recopilación y Análisis de Datos**: Se analizan los datos recopilados, como tasas de conversión o clics, para determinar cuál de las dos versiones cumple mejor con el objetivo establecido.

- **Implementación de la Mejor Variante**: Una vez que se identifica la versión más efectiva, esta se implementa de manera definitiva.

- Aplicaciones Comunes:

- **Optimización de Landing Pages**: Las pruebas A/B se usan para identificar qué elementos de una página de destino (como encabezados, botones de llamado a la acción, o imágenes) generan más conversiones.

- **Mejora de Flujos de Usuario**: Se pueden probar diferentes caminos dentro de un flujo de usuario (por ejemplo, el proceso de registro o de compra) para ver cuál resulta más sencillo y atractivo para los usuarios.

- **Personalización de Contenidos**: También se utilizan para probar la efectividad de distintos mensajes personalizados según el tipo de usuario o el segmento de mercado.

Las pruebas A/B permiten realizar mejoras basadas en datos reales y reducir el riesgo de implementar cambios que no generen los resultados esperados. Esto conduce a una experiencia más personalizada y adaptada a las necesidades de los usuarios.

9.6.2. Pruebas de Usabilidad

Las pruebas de usabilidad se centran en evaluar qué tan intuitivo y fácil de usar es un sistema desde la perspectiva del usuario final. Estas pruebas buscan identificar problemas que puedan obstaculizar la experiencia del usuario, asegurando que el software sea accesible, claro y eficiente para quienes lo utilizan.

- Metodología de Pruebas de Usabilidad:

- **Selección de Usuarios Representativos**: Se eligen usuarios que representen al público objetivo del sistema. Esto asegura que los resultados de las pruebas reflejen los problemas que los usuarios reales podrían experimentar.

- **Escenarios de Uso**: Se diseñan tareas específicas que los usuarios deben realizar, como completar un registro, hacer una compra, o buscar información. Los escenarios deben ser realistas y reflejar las actividades que los usuarios llevarían a cabo en el sistema.

- **Observación Directa**: Se observa a los usuarios mientras interactúan con la aplicación, tomando nota de los problemas que encuentran, las dudas que surgen, y los momentos en los que pueden quedar atascados.

• **Recopilación de Feedback**: Además de observar, se recopilan comentarios de los usuarios sobre su experiencia, permitiendo entender cómo perciben la interfaz y qué aspectos les resultan confusos o complicados.

- Tipos de Pruebas de Usabilidad:

• **Pruebas Moderadas**: Un moderador guía al usuario durante la prueba, proporcionando contexto y aclarando dudas sin interferir en las decisiones que toma el usuario. Esto es útil para comprender mejor el razonamiento detrás de las acciones del usuario.

• **Pruebas No Moderadas**: Se realizan de forma remota sin la presencia de un moderador, y el usuario completa las tareas de manera independiente. Esto permite obtener un volumen mayor de datos y observar el comportamiento en un entorno más natural para el usuario.

• **Pruebas de Usabilidad Remota**: Con el uso de herramientas digitales, se pueden realizar pruebas con usuarios ubicados en diferentes regiones, permitiendo una perspectiva más global sobre cómo se percibe la aplicación en distintos contextos culturales.

- Beneficios de las Pruebas de Usabilidad:

• **Detección Temprana de Problemas**: Permiten identificar obstáculos antes de que la aplicación sea lanzada al público general, lo que ahorra tiempo y recursos al corregir problemas de diseño en etapas tempranas.

• **Mejora de la Experiencia de Usuario**: Al entender cómo los usuarios interactúan con el sistema, los desarrolladores y diseñadores pueden ajustar la interfaz y los flujos de trabajo para que sean más naturales y fluidos.

• **Aumento de la Satisfacción y Retención**: Un software intuitivo y fácil de usar aumenta la satisfacción del usuario, lo que a su vez puede incrementar la retención de usuarios y reducir la tasa de abandono de la aplicación.

9.6.3. Importancia de las Pruebas A/B y de Usabilidad

Las pruebas A/B y las pruebas de usabilidad son herramientas complementarias que ayudan a garantizar que el sistema no solo sea funcional, sino que también ofrezca una experiencia atractiva y fluida para los usuarios:

• **Optimización Continua**: Las pruebas A/B permiten una mejora continua a través de la experimentación, ajustando elementos específicos de la interfaz o funcionalidades para maximizar los resultados.

• **Diseño Centrado en el Usuario**: Las pruebas de usabilidad aseguran que el sistema esté diseñado pensando en las necesidades y expectativas de los usuarios finales, lo que es clave para el éxito de cualquier producto digital.

• **Reducción de Riesgos**: Ambas pruebas ayudan a reducir el riesgo de invertir en cambios de diseño que no resulten efectivos, permitiendo a los equipos de desarrollo tomar decisiones basadas en datos reales.

En conjunto, estas pruebas permiten que las aplicaciones no solo cumplan con los requisitos funcionales, sino que también ofrezcan una experiencia de usuario excepcional, maximizando la aceptación y el éxito del producto en el mercado. Esto es especialmente importante en un entorno digital altamente competitivo, donde la facilidad de uso y la satisfacción del usuario son factores diferenciadores clave.

9.7. PRUEBAS DE CARGA Y STRESS TESTING

Las pruebas de carga y stress testing son esenciales para evaluar el rendimiento y la robustez de una aplicación bajo diferentes condiciones de uso. Estas pruebas ayudan a asegurar que el software no solo funcione bien bajo un uso normal, sino que también pueda manejar picos de demanda y situaciones extremas de manera eficiente y segura.

9.7.1. Pruebas de Carga

Las pruebas de carga se centran en analizar el rendimiento de un sistema cuando se le somete a una carga que se incrementa progresivamente hasta alcanzar los niveles esperados de uso en un entorno real. Esto permite identificar cuellos de botella y ajustar el sistema para garantizar una experiencia fluida para los usuarios.

- Objetivos de las Pruebas de Carga:

• **Determinación del Punto de Saturación**: Identificar en qué momento el sistema empieza a mostrar signos de degradación en su rendimiento, como tiempos de respuesta más lentos o un aumento en la tasa de errores.

• **Verificación de la Capacidad de Soporte**: Asegurar que el sistema puede manejar la carga máxima esperada, como el número de usuarios concurrentes o el volumen de transacciones por segundo.

• **Optimización del Rendimiento**: A través de los resultados de las pruebas de carga, se pueden realizar ajustes en la infraestructura o en la optimización del código para mejorar la velocidad de respuesta y la eficiencia.

- Herramientas para Pruebas de Carga:

• **JMeter**: Una herramienta popular de código abierto para realizar pruebas de carga en aplicaciones web, que permite simular una gran cantidad de usuarios concurrentes y analizar tiempos de respuesta.

- **LoadRunner**: Una herramienta avanzada que se utiliza en entornos corporativos para pruebas de carga y rendimiento, especialmente en aplicaciones complejas y sistemas ERP.

- **Gatling**: Ideal para desarrolladores, Gatling permite realizar pruebas de carga programáticas utilizando scripts, lo que facilita la automatización y la integración con flujos de trabajo de CI/CD.

9.7.2. Stress Testing

El stress testing, también conocido como prueba de estrés, va un paso más allá que las pruebas de carga al llevar el sistema más allá de su capacidad máxima para evaluar su comportamiento ante condiciones extremas. El objetivo es determinar cómo el sistema falla y si puede recuperarse de manera adecuada una vez que se reducen las condiciones de carga.

- Objetivos del Stress Testing:

- **Identificación de Puntos de Falla**: Detectar los límites exactos en los que el sistema comienza a fallar, lo cual es fundamental para identificar vulnerabilidades o limitaciones en la arquitectura del software.

- **Evaluación de la Recuperación**: Verificar si el sistema es capaz de volver a un estado estable después de enfrentar un exceso de carga o si queda en un estado de error que requiere intervención manual.

- **Robustez y Resiliencia**: Asegurar que el software sea robusto y pueda manejar situaciones imprevistas, como un incremento repentino en la demanda, evitando caídas inesperadas que afecten a los usuarios.

- Casos de Uso Comunes del Stress Testing:

- **Eventos Promocionales**: Cuando una empresa lanza una gran campaña de marketing, es importante asegurarse de que el sitio web o la aplicación pueda manejar el aumento repentino de visitantes.

- **Simulación de Fallos en Infraestructura**: Por ejemplo, apagar uno de los servidores o desconectar una base de datos para ver cómo el sistema maneja la pérdida de un componente crítico.

- **Pruebas de Picos**: Generar una carga excesiva durante un período muy corto de tiempo para observar cómo el sistema maneja picos abruptos de actividad.

- Herramientas para Stress Testing:

• **Chaos Monkey**: Creada por Netflix, esta herramienta forma parte de un conjunto conocido como Chaos Engineering y permite simular fallos en la infraestructura para probar la resiliencia del sistema.

• **Stress-ng**: Es una herramienta que permite realizar stress testing a nivel de sistema operativo, simulando condiciones de alta demanda en CPU, memoria y otros recursos.

• **k6**: Una herramienta moderna y de código abierto para pruebas de carga que también puede ser utilizada para stress testing, especialmente en entornos de APIs y microservicios.

9.7.3. Importancia de las Pruebas de Carga y Stress Testing

Estas pruebas son fundamentales para cualquier aplicación que vaya a estar en un entorno de producción, ya que garantizan que el sistema sea capaz de mantener un buen desempeño y estabilidad incluso bajo condiciones adversas:

• **Prevención de Caídas en Producción**: Un fallo inesperado en un entorno de producción puede causar pérdidas económicas y dañar la reputación de una empresa. Las pruebas de carga y stress testing permiten anticipar y solucionar estos problemas antes de que ocurran.

• **Planificación de la Escalabilidad**: Gracias a estas pruebas, los equipos de desarrollo y de operaciones pueden determinar con precisión cuándo será necesario escalar la infraestructura, ya sea mediante la adición de más servidores, optimización de la base de datos, o ajustes en la configuración del sistema.

• **Mejora Continua del Sistema**: Las pruebas de rendimiento proporcionan datos valiosos que pueden ser utilizados para optimizar continuamente la aplicación, mejorando la experiencia del usuario y reduciendo costos operativos.

9.7.4. Consideraciones para Realizar Pruebas de Carga y Stress Testing

• **Entorno de Pruebas Realista**: Es esencial que las pruebas se realicen en un entorno que refleje lo más posible la configuración de producción, incluyendo la red, servidores, y otros componentes para obtener resultados precisos.

- **Monitoreo Constante**: Durante las pruebas, es fundamental utilizar herramientas de monitoreo para rastrear el uso de recursos (CPU, memoria, I/O) y detectar posibles cuellos de botella.

- **Análisis de Resultados**: Después de realizar las pruebas, es crucial analizar los resultados con atención para identificar áreas de mejora y ajustar el sistema según sea necesario.

9.7.5. Conclusión

Las pruebas de carga y stress testing son esenciales para garantizar que un software no solo cumpla con las expectativas de rendimiento en condiciones normales, sino que también esté preparado para enfrentar picos inesperados de demanda y situaciones críticas. Invertir en estas pruebas contribuye a la creación de sistemas más robustos y confiables, mejorando la experiencia del usuario y asegurando la continuidad del servicio en entornos de alta exigencia.

9.8. CONCLUSIONES DEL CAPÍTULO

Las pruebas de software son un pilar esencial para garantizar la calidad y la estabilidad de una aplicación antes de su despliegue. Cada tipo de prueba, desde las unitarias hasta las de carga y seguridad, cumple un rol específico en la validación del software. La automatización de pruebas y la correcta gestión de casos de prueba permiten a los equipos de desarrollo ser más eficientes y asegurar que los sistemas cumplan con los requisitos de los usuarios y estándares de la industria. Implementar un enfoque integral de pruebas es fundamental para el éxito de cualquier proyecto de software.

CAPÍTULO 10

Buenas prácticas en el desarrollo de software

CAPÍTULO 10 BUENAS PRÁCTICAS EN EL DESARROLLO DE SOFTWARE

La adopción de buenas prácticas en el desarrollo de software es esencial para crear aplicaciones robustas, mantenibles y de alta calidad. Este capítulo analiza metodologías, principios y herramientas que permiten a los desarrolladores mejorar la calidad del código, la eficiencia del equipo y la satisfacción del cliente.

10.1. PRINCIPIOS SOLID

Los principios SOLID son un conjunto de cinco directrices clave para el diseño de software orientado a objetos que buscan mejorar la flexibilidad, escalabilidad y mantenibilidad del código. Implementar estos principios adecuadamente conduce a sistemas más robustos, fáciles de modificar y de ampliar, reduciendo la posibilidad de errores y simplificando el desarrollo.

10.1.1. S: Single Responsibility Principle (SRP) - Principio de Responsabilidad Única

Este principio establece que **cada clase o módulo** de software debe tener una única responsabilidad, es decir, debe estar enfocado en hacer una sola cosa. Esto hace que el código sea más fácil de entender y mantener, ya que si hay un cambio en un aspecto del sistema, solo se deberá modificar la clase correspondiente.

• **Ejemplo**: En lugar de tener una clase que maneje tanto la lógica de negocio como el acceso a la base de datos, se pueden separar en dos clases: una para la lógica de negocio y otra para las interacciones con la base de datos.

• **Beneficio**: Facilita el mantenimiento y la capacidad de prueba, ya que cada clase tiene un propósito claro, y los cambios en una parte del sistema no tienen efectos colaterales inesperados en otras partes.

10.1.2. O: Open/Closed Principle (OCP) - Principio Abierto/Cerrado

El principio OCP sugiere que las clases deben ser **abiertas para la extensión, pero cerradas para la modificación**. Esto significa que se debería poder agregar nueva funcionalidad sin cambiar el código existente, lo que reduce el riesgo de introducir errores cuando se implementan nuevos requisitos.

• **Ejemplo**: En lugar de modificar una clase existente para añadir nuevas características, se puede crear una nueva subclase o utilizar un patrón de diseño como el *Decorator*, que extiende el comportamiento sin modificar la clase original.

- **Beneficio**: Permite a los desarrolladores agregar nuevas funcionalidades sin comprometer la estabilidad del código existente, minimizando el riesgo de errores regresivos.

10.1.3. L: Liskov Substitution Principle (LSP) - Principio de Sustitución de Liskov

El principio de Liskov establece que **los objetos de una subclase deben poder sustituir a los de su superclase** sin alterar el correcto funcionamiento del programa. En otras palabras, cualquier clase derivada debe ser intercambiable con su clase base sin causar problemas en el sistema.

- **Ejemplo**: Si se tiene una clase Vehículo con un método acelerar, todas las subclases como Coche o Bicicleta deben implementar este método de manera que su uso sea coherente con las expectativas de la clase base.

- **Beneficio**: Garantiza que las clases derivadas conserven el comportamiento esperado de las clases base, evitando resultados inesperados o comportamiento incorrecto al utilizar herencia.

10.1.4. I: Interface Segregation Principle (ISP) - Principio de Segregación de Interfaces

El ISP establece que **ningún cliente debe verse obligado a depender de interfaces que no utiliza**. En lugar de tener una interfaz grande y genérica que abarque muchas funcionalidades, es preferible tener interfaces más pequeñas y específicas que cubran solo lo que realmente necesita cada clase.

- **Ejemplo**: En lugar de tener una interfaz Vehículo con métodos para volar, navegar y conducir, se pueden crear interfaces más especializadas como Volador para aviones, Navegable para barcos y Conducible para coches.

- **Beneficio**: Evita que las clases implementen métodos que no necesitan, lo que simplifica el código y lo hace más fácil de mantener. También reduce la necesidad de actualizar todas las clases cuando se realiza un cambio en una interfaz demasiado general.

10.1.5. D: Dependency Inversion Principle (DIP) - Principio de Inversión

de Dependencias

Este principio sostiene que **los módulos de alto nivel no deben depender de los módulos de bajo nivel**, sino de abstracciones. Los detalles deben depender de las abstracciones y no al revés. Esto facilita que los módulos de alto nivel se mantengan desacoplados de los detalles específicos de implementación, mejorando la flexibilidad y la capacidad de reutilización del código.

• **Ejemplo**: En lugar de que una clase de ServicioDePago dependa directamente de una implementación concreta de ProcesadorDePago, puede depender de una interfaz abstracta IPago. De esta manera, se puede cambiar la implementación de IPago sin modificar ServicioDePago.

• **Beneficio**: Facilita la inyección de dependencias y el cambio de implementaciones, lo que permite que el sistema sea más flexible y modular. Además, facilita el uso de pruebas unitarias mediante *mocks* o implementaciones simuladas.

10.1.6. Aplicación de los Principios SOLID en el Desarrollo de Software

La correcta implementación de los principios SOLID ofrece múltiples beneficios en el ciclo de vida del desarrollo de software:

• **Código Modular**: Facilita la creación de módulos de código que pueden desarrollarse, probarse y actualizarse de manera independiente. Esto es particularmente valioso en equipos grandes donde distintos desarrolladores trabajan en partes diferentes del sistema.

• **Mantenibilidad y Escalabilidad**: El software bien estructurado conforme a los principios SOLID puede escalar de manera más eficiente, ya que las nuevas características se agregan extendiendo el sistema sin necesidad de modificar el código existente.

• **Pruebas más Eficientes**: Seguir SOLID promueve el uso de interfaces y clases desacopladas, lo que facilita la creación de pruebas unitarias y de integración, haciendo que el sistema sea más testable.

• **Facilidad para el Refactorizado**: El código que sigue los principios SOLID es más fácil de refactorizar cuando se necesitan cambios, ya que las responsabilidades están claramente definidas y las dependencias están minimizadas.

- **Adaptabilidad a Cambios de Requisitos**: El diseño basado en SOLID permite que los cambios en los requisitos sean implementados con menor impacto, dado que el código está organizado de manera que sea fácil extenderlo sin modificar lo que ya existe.

10.1.7. Conclusión

Los principios SOLID son esenciales para el diseño orientado a objetos, ofreciendo una base sólida para desarrollar software de alta calidad. Estos principios ayudan a los desarrolladores a escribir código que sea flexible, fácil de mantener, probar y escalar. Al adherirse a SOLID, los equipos de desarrollo pueden construir sistemas que soporten cambios frecuentes y nuevos requisitos sin comprometer la estabilidad ni la calidad del código existente.

10.2. DESARROLLO BASADO EN PRUEBAS (TDD)

El **Desarrollo Basado en Pruebas (TDD)** es una metodología que transforma la forma en que se construye software, promoviendo un enfoque donde las pruebas guían el proceso de desarrollo. En lugar de escribir el código primero y probar después, TDD propone que se comience por definir los casos de prueba antes de implementar cualquier funcionalidad. Esto garantiza que cada nueva característica esté completamente cubierta por pruebas desde el principio.

10.2.1. Ciclo TDD

El proceso de TDD se estructura en un ciclo iterativo y constante que sigue tres pasos principales:

1. **Escribir una prueba que falle**: El primer paso es escribir un caso de prueba que cubra la nueva funcionalidad que se va a implementar. Dado que el código aún no existe, esta prueba inicialmente fallará. Este fallo confirma que la prueba está bien escrita y que la funcionalidad no está implementada.

2. **Escribir el código mínimo para pasar la prueba**: A continuación, se implementa la cantidad mínima de código necesario para que la prueba pase. En este punto, el objetivo no es crear la solución más completa o elegante, sino simplemente hacer que la prueba tenga éxito.

3. **Refactorizar**: Una vez que la prueba pasa, se refactoriza el código para mejorar su estructura, eficiencia o legibilidad, asegurándose de que siga pasando todas las pruebas escritas. El código resultante debe ser más limpio y mantenible, sin afectar el comportamiento

que hace pasar la prueba.

Este ciclo se repite para cada nueva funcionalidad, asegurando que el código esté siempre cubierto por pruebas y que cualquier cambio posterior no rompa la funcionalidad existente.

10.2.2. Beneficios de TDD

Adoptar TDD en el proceso de desarrollo aporta múltiples beneficios que mejoran tanto la calidad del software como la productividad del equipo:

- **Calidad de código mejorada**: Dado que cada línea de código se escribe para hacer que una prueba pase, TDD obliga a los desarrolladores a enfocarse en escribir código funcional y correctamente implementado. Esto reduce la probabilidad de errores ocultos y asegura que el código cumpla con los requisitos.

- **Detección temprana de errores**: Al escribir pruebas antes de cualquier desarrollo, TDD facilita la identificación de errores desde las primeras etapas del ciclo de desarrollo. Esto reduce el costo y el tiempo necesario para corregir problemas más adelante.

- **Refactorización continua**: El ciclo iterativo de TDD promueve la refactorización constante del código. Esto permite mejorar el diseño y la estructura del software de manera progresiva, sin temor a romper la funcionalidad existente, ya que las pruebas cubren cualquier cambio.

- **Confianza en el cambio**: Con una base de pruebas sólida, los desarrolladores pueden realizar cambios o agregar nuevas funcionalidades con confianza, sabiendo que las pruebas existentes alertarán de inmediato si algo se rompe.

- **Documentación del comportamiento**: Las pruebas escritas durante el proceso de TDD no solo aseguran la calidad, sino que también sirven como documentación viva del comportamiento esperado del sistema. Cada prueba refleja cómo se supone que el software debe reaccionar ante ciertas entradas o eventos.

- **Código más modular**: TDD tiende a producir código más modular y desacoplado, ya que para facilitar la prueba de las unidades de código, los desarrolladores prefieren dividir el software en componentes más pequeños, fácilmente testeables. Esto promueve una arquitectura de software más flexible y escalable.

10.2.3. TDD en el Ciclo Ágil

En el contexto de metodologías ágiles, TDD se ajusta perfectamente, ya que su enfoque iterativo y constante coincide con los ciclos cortos de desarrollo que caracterizan al ágil. Al implementar TDD, los equipos pueden desarrollar pequeñas funcionalidades de manera incremental y validarlas continuamente, lo que contribuye a entregas más frecuentes y a mejorar la calidad general del producto.

TDD también complementa otras prácticas ágiles, como el **Desarrollo Basado en Características (FDD)** o el **Desarrollo Basado en Comportamiento (BDD)**, alineando las pruebas con los requisitos y expectativas del usuario final, y asegurando que el software no solo cumpla con las necesidades técnicas, sino también con las funcionales.

10.2.4. Desafíos de Implementar TDD

Aunque TDD ofrece numerosos beneficios, también presenta ciertos desafíos:

- **Curva de aprendizaje**: Para los desarrolladores que no están acostumbrados a escribir pruebas primero, TDD puede ser un cambio significativo en su forma de trabajar. Aprender a escribir pruebas efectivas y a desarrollar con este enfoque puede requerir tiempo y práctica.

- **Costo inicial de tiempo**: TDD puede parecer que ralentiza el desarrollo en un principio, ya que escribir pruebas antes de implementar el código implica una inversión de tiempo adicional. Sin embargo, esta inversión a menudo se ve recompensada más adelante en el proyecto, cuando la base de pruebas permite detectar y corregir errores rápidamente.

- **Cobertura de pruebas limitada**: Si las pruebas no se escriben adecuadamente o se enfocan solo en casos triviales, TDD puede dar una falsa sensación de seguridad. Es importante que las pruebas cubran todos los aspectos críticos del software y no solo los casos más evidentes.

10.2.5. Conclusión

El Desarrollo Basado en Pruebas (TDD) es una poderosa metodología que puede transformar la forma en que se construyen y mantienen sistemas de software. Al escribir primero las pruebas y luego el código, los desarrolladores aseguran que cada nueva funcionalidad esté cubierta desde el principio y que cualquier cambio futuro no introduzca errores inesperados. A pesar de los desafíos iniciales, los beneficios a largo plazo de TDD, como la mejora de la calidad del código, la reducción de errores y la confianza en los cambios, hacen que sea una práctica valiosa para equipos de desarrollo de software que buscan entregar productos de alta calidad de manera ágil y eficiente.

10.3. CODE REVIEWS Y PROGRAMACIÓN EN PARES

La revisión y la colaboración entre desarrolladores son prácticas clave para asegurar la calidad y la eficiencia en el desarrollo de software. **Code Reviews** y **Programación en Pares (Pair Programming)** no solo mejoran la calidad del código, sino que también fomentan el crecimiento profesional y el trabajo en equipo. Ambas técnicas son esenciales en un entorno ágil, donde la entrega continua y la mejora constante del código son vitales.

10.3.1. Code Reviews

Los **Code Reviews** son una práctica en la que el código escrito por un desarrollador es revisado por uno o más compañeros antes de integrarse al repositorio principal. Este proceso permite identificar errores, garantizar el cumplimiento de los estándares de codificación y compartir conocimientos dentro del equipo. Los beneficios principales de los Code Reviews incluyen:

• **Mejora de la calidad del código**: Al revisar el código antes de integrarlo, se pueden identificar y corregir errores que el autor original puede haber pasado por alto, como problemas de lógica, errores de implementación o violaciones de convenciones de estilo.

• **Prevención de problemas a largo plazo**: Los Code Reviews ayudan a identificar problemas que podrían convertirse en fallos críticos más adelante, como errores en la arquitectura, dependencias mal gestionadas o violaciones de los principios SOLID.

• **Consistencia del código**: Aseguran que todo el equipo siga las mismas pautas de codificación, lo que facilita la mantenibilidad y la legibilidad del código, especialmente en equipos grandes.

- **Compartir conocimiento**: Al revisar el código, los desarrolladores aprenden sobre las diferentes partes del sistema, lo que les permite obtener una mejor comprensión del proyecto en su conjunto. Esto también fomenta la difusión de buenas prácticas y patrones de diseño.

- **Fomento de la cultura de calidad**: Al adoptar Code Reviews como una práctica habitual, se crea una cultura de mejora continua y colaboración. La retroalimentación constructiva se convierte en un componente esencial del proceso, donde el objetivo es mejorar la calidad del software y no criticar al autor del código.

Para que los Code Reviews sean efectivos, es importante que se realicen de manera regular y que los comentarios sean claros y específicos. Además, deben enfocarse tanto en la funcionalidad como en el estilo y las mejores prácticas, garantizando que el código sea óptimo en todos los aspectos.

10.3.2. Programación en Pares (Pair Programming)

La **Programación en Pares** es una técnica en la que dos desarrolladores trabajan juntos en una misma tarea, utilizando una sola computadora. Uno de ellos actúa como el "conductor", es decir, el que escribe el código, mientras que el otro es el "navegante", quien observa, sugiere mejoras y revisa el código en tiempo real. Este enfoque tiene varios beneficios:

- **Mejora de la calidad del código**: Al tener dos pares de ojos en el mismo problema, es más probable que se detecten errores o posibles mejoras. El "navegante" puede sugerir optimizaciones o señalar posibles fallos lógicos antes de que el código se escriba, lo que reduce la necesidad de refactorización posterior.

- **Aprendizaje continuo**: La Programación en Pares es una excelente oportunidad para que los desarrolladores intercambien conocimientos y habilidades. Los desarrolladores más experimentados pueden guiar a los menos experimentados, mientras que los recién llegados al equipo pueden aportar nuevas ideas o enfoques frescos.

- **Resolución rápida de problemas**: La colaboración en tiempo real permite que los desarrolladores resuelvan problemas más rápidamente, ya que ambos están enfocados en la misma tarea. Esto también reduce la probabilidad de que un solo desarrollador quede atascado en un problema sin solución.

- **Fomenta la colaboración y la comunicación**: Trabajar en pares fortalece la comunicación entre los miembros del equipo y promueve una cultura de colaboración. Los desarrolladores aprenden a trabajar juntos de manera efectiva, lo que puede mejorar el rendimiento del equipo en general.

- **Mejora de la productividad**: A pesar de que pueda parecer que dos desarrolladores trabajando en una misma tarea duplican el esfuerzo, la calidad resultante y la reducción de errores en fases posteriores del desarrollo pueden hacer que la Programación en Pares sea más productiva a largo plazo. Los problemas se resuelven antes y las revisiones posteriores se reducen.

10.3.3. Mejores Prácticas para Code Reviews y Pair Programming

Para maximizar los beneficios de estas prácticas, es importante seguir ciertas recomendaciones:

- **Code Reviews eficientes**: Los revisores deben evitar revisiones demasiado extensas o superficiales. Se recomienda revisar porciones pequeñas de código (no más de 400 líneas a la vez) para asegurar una mayor concentración y precisión. Además, el uso de herramientas de Code Review, como GitHub o GitLab, facilita la colaboración y la gestión de comentarios.

- **Fomentar una retroalimentación constructiva**: En ambos casos, ya sea durante un Code Review o en Pair Programming, es importante mantener un tono respetuoso y constructivo. El objetivo es mejorar el código, no criticar al desarrollador. La retroalimentación debe ser clara, específica y orientada a mejorar el diseño y la funcionalidad del software.

- **Rotar parejas en Pair Programming**: Para asegurar que el conocimiento se distribuya equitativamente entre el equipo, es útil rotar las parejas de desarrolladores de manera periódica. Esto también ayuda a evitar que ciertos desarrolladores trabajen siempre en las mismas áreas del código.

- **Documentar el proceso**: Especialmente en Code Reviews, es útil documentar los principales comentarios y cambios, de manera que se puedan consultar en el futuro. Esto crea un registro del razonamiento detrás de las decisiones de diseño o implementación.

10.3.4. Conclusión

Las **Code Reviews** y la **Programación en Pares** son prácticas fundamentales que mejoran la calidad y la consistencia del código, fomentan la colaboración y el aprendizaje dentro del equipo, y aseguran que el software entregado sea robusto, mantenible y libre de errores. Estas técnicas no solo son útiles para garantizar que el código sea de alta calidad, sino que también ayudan a construir una cultura de trabajo en equipo, aprendizaje continuo y responsabilidad compartida en el desarrollo de software.

10.4. DOCUMENTACIÓN EFECTIVA

La documentación es un componente fundamental en el ciclo de vida del desarrollo de software, ya que permite a los desarrolladores, usuarios y futuros colaboradores comprender cómo funciona el sistema, cómo se utiliza y cómo se mantiene. Sin una documentación adecuada, incluso el código mejor escrito puede ser difícil de entender y modificar, lo que impacta negativamente en la productividad y en la calidad a largo plazo.

10.4.1. Tipos de Documentación

Existen varios tipos de documentación, cada uno con un propósito específico dentro del ciclo de desarrollo:

- **Documentación del Código**: Son comentarios dentro del código que explican la lógica de los algoritmos, las decisiones de diseño, y los usos de las clases y funciones. Esta documentación es esencial para que otros desarrolladores (o el mismo autor en el futuro) comprendan el propósito y funcionamiento del código sin necesidad de leer cada línea en detalle.

- **Guías de Usuario**: Están dirigidas a los usuarios finales y proporcionan instrucciones sobre cómo utilizar el sistema o la aplicación. Incluyen capturas de pantalla, ejemplos de casos de uso, y descripciones detalladas de las funcionalidades.

- **Manuales Técnicos**: Proporcionan información técnica sobre la arquitectura, la configuración y los componentes del sistema. Son utilizados por los administradores del sistema o los desarrolladores que necesiten modificar o mantener el software. Estos manuales incluyen detalles sobre la infraestructura, el entorno de ejecución y la instalación.

- **Documentación de la API**: Describe los endpoints, métodos, parámetros y respuestas de una API. Es crucial para que los desarrolladores externos puedan interactuar con la aplicación a través de interfaces programáticas. Herramientas como Swagger o Postman pueden generar automáticamente este tipo de documentación.

• **Especificaciones de Requisitos**: Son documentos que detallan lo que el software debe hacer. Incluyen los requisitos funcionales y no funcionales, así como las restricciones o consideraciones especiales del proyecto. Estas especificaciones guían el proceso de desarrollo y pruebas.

10.4.2. Buenas Prácticas en Documentación

La documentación solo es efectiva si sigue ciertos principios clave:

• **Claridad y Concisión**: Debe ser fácil de leer y comprender. Utilizar un lenguaje simple y directo es crucial, evitando jerga técnica innecesaria. Los ejemplos prácticos y las descripciones detalladas, pero al mismo tiempo concisas, ayudan a los lectores a comprender rápidamente la funcionalidad.

• **Mantener la Documentación Actualizada**: Es común que la documentación se vuelva obsoleta a medida que el software evoluciona. Mantener la documentación sincronizada con el código y las nuevas funcionalidades es crucial para evitar confusiones y errores. Integrar la actualización de la documentación en el flujo de trabajo (como parte de cada commit o pull request) puede ayudar a mantenerla al día.

• **Automatización de la Documentación**: Las herramientas como Javadoc, Doxygen o Sphinx permiten generar automáticamente documentación a partir de comentarios en el código, lo que asegura que la documentación esté siempre alineada con el código fuente. Además, herramientas como Markdown o LaTeX se utilizan para crear documentos más extensos y formateados con facilidad.

• **Consistencia en el Formato**: Seguir un formato estándar a lo largo de toda la documentación garantiza que sea coherente y fácil de navegar. La estructura debe incluir títulos claros, secciones bien definidas y un índice que permita a los usuarios encontrar rápidamente la información que necesitan.

• **Incluir Ejemplos y Casos de Uso**: Los ejemplos prácticos son una de las maneras más efectivas de explicar conceptos complejos. Mostrar cómo interactuar con un sistema o cómo utilizar una API en un caso real facilita la comprensión y reduce la curva de aprendizaje.

- **Versión de la Documentación**: Para proyectos con múltiples versiones, es importante mantener una versión separada de la documentación para cada una. Esto asegura que los usuarios puedan acceder a la documentación correspondiente a la versión del software que están utilizando.

10.4.3. Beneficios de una Documentación Efectiva

Una documentación bien elaborada ofrece muchos beneficios para el equipo de desarrollo y para los usuarios:

- **Facilita el Mantenimiento del Software**: La documentación completa y precisa ayuda a los desarrolladores a comprender rápidamente cómo está estructurado el sistema, lo que facilita la identificación y corrección de errores, así como la implementación de nuevas características sin afectar negativamente las funcionalidades existentes.

- **Reduce la Curva de Aprendizaje**: Para nuevos miembros del equipo, una documentación clara reduce el tiempo necesario para comprender el código base y las prácticas del proyecto, permitiéndoles comenzar a contribuir más rápido.

- **Aumenta la Productividad**: Al reducir la necesidad de explicaciones y búsquedas dentro del código, la documentación adecuada libera tiempo valioso para que los desarrolladores se concentren en escribir nuevo código en lugar de tratar de entender el existente.

- **Mejora la Experiencia del Usuario Final**: Las guías de usuario y los manuales técnicos aseguran que los usuarios puedan aprovechar al máximo las funcionalidades del software, lo que mejora la satisfacción del usuario y reduce la cantidad de consultas al soporte técnico.

- **Sirve como Fuente de Verdad**: En proyectos colaborativos, la documentación actúa como la fuente de verdad donde todos los involucrados pueden obtener una comprensión compartida de los objetivos, requisitos y funcionalidades del sistema.

10.4.4. Desafíos en la Documentación y Cómo Superarlos

Aunque la documentación efectiva es esencial, no siempre es fácil de implementar. Algunos desafíos comunes incluyen:

- **Falta de Tiempo**: En muchos proyectos, la creación de documentación puede verse como una tarea de menor prioridad en comparación con el desarrollo de nuevas características. Sin embargo, esto puede llevar a problemas mayores más adelante. Una estrategia para superar este desafío es integrar la creación de documentación en el ciclo de desarrollo desde el principio, haciendo que sea una parte natural del proceso.

- **Documentación Obsoleta**: La documentación que no se actualiza regularmente se vuelve inútil o incluso perjudicial. Para evitar esto, se pueden utilizar herramientas de generación automática de documentación basadas en el código, junto con políticas claras que requieran actualizaciones documentales como parte del proceso de desarrollo.

- **Demasiada o Muy Poca Documentación**: Es importante encontrar un equilibrio. Demasiada documentación puede ser abrumadora y difícil de mantener, mientras que muy poca puede no ser suficiente para entender el sistema. Definir con claridad qué aspectos requieren una documentación exhaustiva y cuáles pueden tener solo un resumen puede ayudar a gestionar este equilibrio.

10.4.5. Conclusión

La **Documentación Efectiva** es uno de los pilares para el éxito de un proyecto de software a largo plazo. No solo mejora la productividad del equipo, sino que también facilita la escalabilidad, el mantenimiento y la adopción del software por parte de nuevos desarrolladores y usuarios. Invertir en documentación de calidad, clara y bien estructurada, es una de las mejores prácticas que un equipo puede adoptar para asegurar el éxito y la sostenibilidad del proyecto.

10.5. SIX SIGMA Y CALIDAD DE SOFTWARE

Six Sigma es una metodología centrada en la mejora continua y en la reducción de defectos y variabilidad en los procesos. Aunque tradicionalmente ha sido utilizada en manufactura y otros sectores, sus principios se han adaptado con éxito al ámbito del desarrollo de software, donde se busca mejorar la calidad y eficiencia de los procesos, así como reducir los errores y fallos en los productos.

10.5.1. Aplicación en el Desarrollo de Software

En el contexto del desarrollo de software, Six Sigma se enfoca en la calidad del proceso, buscando eliminar errores y reducir la variabilidad en las distintas etapas de desarrollo. Su objetivo es garantizar que el software se entregue con la menor cantidad de defectos posible, cumpliendo o superando las expectativas del cliente y mejorando la eficiencia del equipo de desarrollo.

- **Mejora de la Calidad del Producto**: Six Sigma se puede utilizar para analizar las fases del ciclo de vida del software (planificación, diseño, codificación, pruebas, implementación, mantenimiento) y detectar áreas en las que se presenten más defectos o errores. Mediante la aplicación de sus herramientas y principios, es posible mejorar estos procesos para minimizar fallos en el producto final.

- **Prevención de Defectos**: Uno de los objetivos clave de Six Sigma es evitar los problemas antes de que ocurran. Esto se logra implementando controles estrictos y estándares de calidad en cada fase del desarrollo, lo que reduce el riesgo de defectos y minimiza la necesidad de correcciones posteriores que pueden ser costosas.

- **Optimización de Procesos**: Six Sigma permite identificar ineficiencias en el ciclo de desarrollo, como demoras en las revisiones de código, redundancias en las pruebas, o fallos en la comunicación entre equipos.

Al implementar mejoras en estos procesos, se puede aumentar la velocidad de desarrollo y la productividad general.

10.5.2. DMAIC en Desarrollo de Software

El ciclo **DMAIC** es un enfoque estructurado dentro de Six Sigma que permite resolver problemas y mejorar los procesos. En el desarrollo de software, este ciclo se puede aplicar de la siguiente manera:

• **Define (Definir)**: En esta etapa, se definen claramente los problemas o áreas de mejora en el proceso de desarrollo de software. Puede incluir la identificación de defectos frecuentes, tiempos de entrega no cumplidos o problemas de calidad. También se determinan los objetivos y se establecen los requisitos de los clientes o stakeholders.

• **Measure (Medir)**: En esta fase se recopilan datos relevantes sobre el proceso actual. Esto podría incluir métricas sobre el número de bugs encontrados durante las pruebas, el tiempo promedio de desarrollo por funcionalidad, o la tasa de fallos en producción. La medición permite cuantificar el problema y establece una línea base sobre la cual se medirán las mejoras.

• **Analyze (Analizar)**: Aquí se examinan los datos recogidos para identificar las causas raíz de los problemas. Por ejemplo, puede descubrirse que la alta tasa de errores en la fase de pruebas se debe a una mala comunicación de los requisitos, o que los retrasos en el lanzamiento están relacionados con la falta de automatización en el proceso de pruebas. El análisis profundo ayuda a encontrar las áreas más críticas donde intervenir.

• **Improve (Mejorar)**: Una vez identificados los problemas, se aplican soluciones para mejorar el proceso. Esto puede implicar la implementación de mejores prácticas de desarrollo, como la automatización de pruebas, la adopción de integración continua, o la optimización de las revisiones de código. El objetivo es mejorar la eficiencia, reducir los defectos y acortar los ciclos de desarrollo.

• **Control (Controlar)**: En la fase final, se establecen controles y monitoreos para asegurar que las mejoras implementadas se mantengan en el tiempo. Esto incluye la creación de indicadores clave de desempeño (KPIs) que ayuden a monitorear la calidad del software y la eficiencia del proceso de desarrollo. Los controles garantizan que los problemas no vuelvan a aparecer y que el equipo pueda seguir mejorando de manera continua.

10.5.3. Beneficios de Implementar Six Sigma en el Desarrollo de Software

Implementar los principios de Six Sigma en el desarrollo de software proporciona varios beneficios clave:

• **Reducción de Defectos**: Al aplicar el enfoque riguroso de Six Sigma, los equipos pueden detectar y corregir defectos en las primeras fases del desarrollo, reduciendo el número de errores que llegan a producción. Esto lleva a una mayor estabilidad y confiabilidad del software.

• **Mejor Entendimiento de los Requisitos del Cliente**: Six Sigma pone un fuerte énfasis en la satisfacción del cliente. Al tener claros los objetivos y las expectativas del cliente desde el principio, el software que se desarrolla tiende a alinearse mejor con lo que realmente se necesita, minimizando el retrabajo o las correcciones a posteriori.

• **Aumento en la Eficiencia del Proceso**: La metodología permite optimizar el ciclo de desarrollo, eliminando cuellos de botella e ineficiencias. Esto resulta en un proceso más rápido, con tiempos de entrega más predecibles y una menor dependencia de correcciones de última hora.

• **Mejora Continua**: Una de las características distintivas de Six Sigma es su enfoque en la mejora continua. A través del ciclo DMAIC, el proceso de desarrollo se perfecciona constantemente, lo que garantiza que el equipo pueda seguir mejorando la calidad del software a largo plazo.

• **Minimización de Costos**: La detección temprana de defectos y la mejora de la eficiencia de los procesos contribuyen directamente a una reducción en los costos. El retrabajo, las correcciones en producción y las interrupciones del sistema son costosas, y al minimizarlas, Six Sigma ayuda a reducir el gasto general en el desarrollo de software.

10.5.4. Herramientas de Six Sigma en el Desarrollo de Software

• **Diagramas de Flujo**: Ayudan a visualizar el flujo de trabajo dentro del ciclo de desarrollo y a identificar áreas problemáticas.

• **Diagrama de Ishikawa (Causa-Efecto)**: Se utiliza para identificar y analizar las causas raíz de los problemas de calidad en el software.

- **Control Estadístico de Procesos (SPC)**: Permite monitorear la variabilidad en los procesos de desarrollo y pruebas, asegurando que se mantengan dentro de los límites aceptables.

- **Mapas de Procesos**: Se utilizan para describir de manera detallada cada etapa del desarrollo, ayudando a identificar redundancias o pasos ineficientes.

10.5.5. Conclusión

La implementación de **Six Sigma en el desarrollo de software** puede transformar la manera en que los equipos trabajan, mejorando tanto la calidad del producto final como la eficiencia del proceso de desarrollo. Al aplicar el ciclo **DMAIC** y utilizar herramientas específicas, los equipos pueden identificar, analizar y resolver problemas de manera sistemática, asegurando la satisfacción del cliente y reduciendo los costos. La adopción de esta metodología fomenta la **mejora continua**, lo que es crucial en un entorno de desarrollo ágil y competitivo.

10.6. MODELOS Y ESTÁNDARES DE CALIDAD DE SOFTWARE

Los **modelos y estándares de calidad de software** son fundamentales para garantizar que el software desarrollado cumpla con los requisitos de calidad esperados, tanto desde una perspectiva técnica como de usuario. Estos marcos proporcionan guías estructuradas sobre cómo gestionar y mejorar los procesos de desarrollo de software, minimizando defectos y maximizando el valor del producto final. A continuación, se detallan algunos de los modelos y estándares más relevantes en la industria del software.

10.6.1. ISO/IEC 25010: Evaluación de la Calidad del Software

El estándar **ISO/IEC 25010** es parte de la familia ISO/IEC 25000, también conocida como **SQuaRE (System and Software Quality Requirements and Evaluation)**, que define un marco integral para evaluar la calidad de los productos de software. Este estándar clasifica la calidad del software en dos dimensiones clave: la calidad del producto y la calidad en el uso. Estas dimensiones se desglosan en una serie de características y subcaracterísticas que permiten evaluar de forma exhaustiva los atributos de calidad de un sistema.

1. Calidad del Producto:

• **Funcionalidad**: Capacidad del software para cumplir con los requisitos funcionales.

• **Mantenibilidad**: Facilidad con la que el software puede ser modificado para corregir errores, mejorar el rendimiento o adaptarlo a nuevos requisitos.

• **Usabilidad**: Facilidad de uso del software desde la perspectiva del usuario final.

- **Confiabilidad**: Capacidad del software para funcionar sin fallos bajo condiciones específicas.

- **Rendimiento y Eficiencia**: Uso eficaz de los recursos del sistema, como el tiempo de respuesta y la utilización de memoria.

- **Seguridad**: Protección contra accesos no autorizados y la protección de los datos manejados por el software.

- **Portabilidad**: Facilidad con la que el software puede ser transferido de un entorno a otro.

2. Calidad en el Uso:

- **Efectividad**: Capacidad del software para ayudar a los usuarios a cumplir sus objetivos.

- **Productividad**: Eficiencia del usuario al interactuar con el software.

- **Seguridad**: Capacidad de evitar consecuencias adversas, como errores humanos o fallos en el sistema.

- **Satisfacción del Usuario**: Grado de satisfacción de los usuarios finales con el software.

La adopción del **ISO/IEC 25010** permite a las organizaciones medir y mejorar la calidad de su software de manera sistemática, asegurando que cumpla tanto con los requisitos técnicos como con las expectativas de los usuarios.

10.6.2. CMMI (Capability Maturity Model Integration)

El **CMMI (Capability Maturity Model Integration)** es un modelo que guía a las organizaciones en la mejora de sus procesos de desarrollo de software, con el objetivo de asegurar la calidad y la eficiencia en la entrega de productos. **CMMI** está compuesto por cinco niveles de madurez, que evalúan la capacidad de una organización para desarrollar software de manera consistente y controlada:

1. **Nivel 1: Inicial**: Los procesos son impredecibles y reactivos. El éxito depende de individuos y no de un proceso organizado.
2. **Nivel 2: Gestionado**: Los proyectos siguen procesos planificados, pero las prácticas son a menudo reactivas.

3. **Nivel 3: Definido**: Los procesos están bien documentados y son estandarizados en toda la organización.

4. **Nivel 4: Gestionado Cuantitativamente**: La organización utiliza métricas para gestionar procesos, lo que permite predecir la calidad y el rendimiento del software.

5. **Nivel 5: Optimización**: El enfoque está en la mejora continua de los procesos mediante la retroalimentación y la innovación.

El **CMMI** es especialmente útil para grandes organizaciones que buscan escalar sus prácticas de desarrollo y mejorar la calidad a través de la madurez organizacional. Al seguir los niveles de madurez, las empresas pueden asegurar que sus procesos de desarrollo de software sean más predecibles y que los productos finales cumplan con altos estándares de calidad.

10.6.3. IEEE 730: Estándar para el Aseguramiento de la Calidad del Software

El **IEEE 730** es un estándar desarrollado por el **Institute of Electrical and Electronics Engineers (IEEE)** que establece directrices para la creación de planes de aseguramiento de la calidad del software (Software Quality Assurance, SQA). Este estándar describe los procesos y prácticas que deben implementarse para garantizar que el software cumpla con los requisitos de calidad a lo largo de su ciclo de vida.

• **Requisitos del Plan de SQA**: El estándar **IEEE 730** establece que el plan de SQA debe incluir una descripción detallada de las actividades de aseguramiento de la calidad, las responsabilidades de los equipos, los recursos requeridos, los cronogramas y los procedimientos de evaluación. Además, se deben definir los criterios de aceptación del software y las métricas para evaluar su calidad.

• **Verificación y Validación**: El estándar promueve la verificación y validación (V&V) como elementos clave en el aseguramiento de la calidad. La verificación asegura que el software cumple con los requisitos especificados, mientras que la validación garantiza que el software satisface las necesidades del usuario final.

• **Auditorías de Calidad**: El **IEEE 730** también recomienda realizar auditorías de calidad para revisar y evaluar de manera independiente si las actividades de desarrollo y los productos intermedios cumplen con los estándares de calidad definidos.

Implementar el estándar **IEEE 730** en el desarrollo de software ayuda a las organizaciones a formalizar sus procesos de aseguramiento de la calidad, asegurando que se sigan las mejores prácticas y se mantenga la calidad durante todas las fases del ciclo de vida del software.

10.6.4. Otros Modelos y Estándares Relevantes

- **ISO/IEC 12207**: Este estándar establece los procesos, actividades y tareas a lo largo del ciclo de vida del software, incluyendo el desarrollo, la operación y el mantenimiento. Es un marco de referencia ampliamente utilizado para la gestión del ciclo de vida del software.

- **ISO/IEC 27001**: Aunque centrado en la seguridad de la información, este estándar también se aplica a la calidad del software, ya que garantiza que los procesos de desarrollo cumplan con altos estándares de seguridad.

- **ISO/IEC 9001**: Un estándar más general para la gestión de la calidad que también se aplica al desarrollo de software. Se centra en la satisfacción del cliente, la mejora continua y la gestión eficiente de los procesos.

10.6.5. Beneficios de Adoptar Modelos y Estándares de Calidad

La adopción de modelos y estándares de calidad de software ofrece una serie de beneficios clave:

- **Consistencia y Estabilidad**: Los estándares proporcionan un marco común para las actividades de desarrollo, asegurando que todos los miembros del equipo sigan prácticas consistentes, lo que reduce la variabilidad y mejora la estabilidad del software.

- **Mejora Continua**: Modelos como **CMMI** y **Six Sigma** se enfocan en la mejora continua de los procesos, lo que permite que las organizaciones optimicen sus flujos de trabajo y mejoren la calidad de sus productos a lo largo del tiempo.

- **Cumplimiento de Normativas**: En muchos sectores, como el financiero o el sanitario, cumplir con estándares de calidad es una obligación legal. La adopción de estándares como **ISO/IEC 25010** o **IEEE 730** asegura que el software cumpla con las regulaciones vigentes.

- **Mejor Comunicación y Colaboración**: La documentación estructurada y las guías de los estándares facilitan la comunicación entre los equipos de desarrollo, pruebas y operaciones, promoviendo una colaboración más efectiva.

- **Satisfacción del Cliente**: Al seguir modelos y estándares reconocidos, las organizaciones pueden entregar software de mayor calidad, lo que mejora la satisfacción del cliente y refuerza la confianza en los productos entregados.

10.6.6. Conclusión

La adopción de **modelos y estándares de calidad de software** es esencial para asegurar que el software desarrollado cumpla con los más altos estándares de calidad. Estos marcos ayudan a las organizaciones a mejorar sus procesos de desarrollo, garantizar la estabilidad del software, y asegurar que los productos cumplan con las expectativas tanto de los usuarios como de los clientes.

10.7. GESTIÓN DE CONOCIMIENTO EN EQUIPOS DE DESARROLLO

La **gestión del conocimiento** en equipos de desarrollo de software es un pilar esencial para mantener la **productividad**, la **eficiencia**, y asegurar la **continuidad** de los proyectos. El conocimiento, en este contexto, no solo se refiere a habilidades técnicas, sino también a experiencias, buenas prácticas y procesos que se acumulan con el tiempo dentro de un equipo. Una gestión efectiva del conocimiento asegura que estos activos sean accesibles, compartidos y reutilizados por todo el equipo, evitando la pérdida de información crucial y permitiendo una transición fluida de tareas entre los miembros del equipo.

10.7.1. Documentación de Conocimiento

La **documentación de conocimiento** es el proceso de capturar y organizar la información relevante en un formato accesible y comprensible para todos los miembros del equipo. Esto incluye:

1. **Guías Técnicas**: Documentos que detallan el funcionamiento de componentes críticos del sistema, patrones de diseño utilizados, o estrategias específicas de implementación.
2. **Manual de Procedimientos**: Instrucciones claras sobre cómo llevar a cabo tareas recurrentes, como la gestión del ciclo de vida de la versión (release management), las pruebas automatizadas, la integración continua, y los procesos de despliegue.
3. **Base de Conocimiento**: Un repositorio centralizado que recopila artículos, tutoriales, documentación técnica, y

preguntas frecuentes (FAQs) sobre el proyecto. Herramientas como **Confluence**, **Notion**, o **GitHub Wikis** se utilizan comúnmente para este propósito.

4. **Documentación de Código**: El uso de comentarios claros y precisos en el código es crucial. Al generar automáticamente documentación mediante herramientas como **Javadoc**, **Sphinx**, o **Doxygen**, se facilita que cualquier desarrollador pueda entender rápidamente la lógica detrás de una función o módulo.

Una **buena documentación** no solo debe centrarse en "cómo" funciona algo, sino también en el "por qué" detrás de decisiones importantes, lo que ayuda a futuros desarrolladores a entender el contexto histórico del proyecto.

10.7.2. Transferencia de Conocimiento

La **transferencia de conocimiento** es un aspecto clave en la gestión del conocimiento dentro de un equipo de desarrollo. Sin un flujo constante de información entre los miembros del equipo, los proyectos corren el riesgo de depender de unos pocos individuos clave que poseen conocimiento crítico. Algunas de las mejores prácticas incluyen:

1. **Talleres Internos**: Sesiones donde los desarrolladores comparten su experiencia sobre temas específicos, como nuevas tecnologías, enfoques de diseño o soluciones a problemas complejos del proyecto. Los talleres permiten una formación constante y colectiva.

2. **Lunch & Learn**: Estas sesiones informales consisten en compartir conocimientos durante la hora de la comida. Un desarrollador o experto presenta un tema breve mientras el equipo se reúne de manera relajada. Este enfoque fomenta un ambiente abierto al aprendizaje continuo.

3. **Mentoría**: Asignar un mentor a los nuevos miembros del equipo facilita una integración más rápida y asegura que las buenas prácticas y el conocimiento se transmitan eficazmente. Los mentores también pueden guiar en el uso de herramientas, metodología ágil, o arquitectura del sistema.

4. **Pair Programming**: Esta práctica permite que el conocimiento se transfiera en tiempo real mientras dos desarrolladores trabajan

juntos en una sola tarea. Uno escribe el código y el otro lo revisa en tiempo real, lo que facilita la comprensión de las decisiones de diseño y la mejora de la calidad del código.

5. **Rotación de Tareas**: Fomentar la rotación entre los diferentes componentes del proyecto asegura que todos los miembros del equipo comprendan múltiples áreas del sistema. Esto evita la creación de "silos de conocimiento" y facilita la colaboración en caso de que un miembro del equipo no esté disponible.

10.7.3. Herramientas para la Gestión del Conocimiento

Existen varias herramientas que facilitan la captura y transferencia del conocimiento en equipos de desarrollo. Algunas de las más utilizadas son:

• **Wikis**: Plataformas como **GitHub Wiki**, **Confluence**, o **MediaWiki** permiten a los equipos almacenar y organizar documentación en un formato accesible y colaborativo.

• **Sistemas de Gestión de Proyectos**: Herramientas como **Jira**, **Trello** o **Asana** ayudan a documentar decisiones de gestión de proyectos, asignaciones de tareas, y el progreso general del equipo.

• **Sistemas de Control de Versiones**: Repositorios como **Git** o **Subversion (SVN)** permiten a los desarrolladores mantener un historial detallado de cambios en el código, facilitando la revisión de cómo ha evolucionado el software con el tiempo.

• **Plataformas de Comunicación**: Herramientas como **Slack** o **Microsoft Teams** permiten una comunicación rápida entre los miembros del equipo y la creación de canales específicos para discutir temas técnicos o preguntas frecuentes.

10.7.4. Beneficios de una Buena Gestión del Conocimiento

Una adecuada gestión del conocimiento trae múltiples beneficios a un equipo de desarrollo:

1. **Reducción de Dependencias Críticas**: Al tener una base de conocimiento accesible, el equipo no depende de un único miembro para ciertas áreas del proyecto, lo que reduce el riesgo de inactividad en caso de que alguien esté ausente o deje el equipo.

2. **Productividad**: Cuando la información está organizada y accesible, los desarrolladores pueden encontrar rápidamente respuestas a sus dudas, lo que mejora la velocidad de desarrollo y reduce los tiempos muertos por falta de conocimiento.

3. **Facilita la Escalabilidad**: A medida que los equipos crecen, la gestión del conocimiento asegura que los nuevos miembros puedan integrarse rápidamente, comprendiendo los flujos de trabajo y las tecnologías utilizadas en el proyecto.

4. **Fomenta la Innovación**: Compartir conocimiento y experiencias dentro del equipo promueve nuevas ideas y enfoques que pueden mejorar la eficiencia y calidad del software.

5. **Mejora la Continuidad del Proyecto**: A medida que los proyectos evolucionan, la documentación y transferencia de conocimiento aseguran que los cambios en el personal o en los requisitos no afecten la continuidad y calidad del desarrollo.

10.7.5. Conclusión

La **gestión del conocimiento en equipos de desarrollo** es fundamental para mantener la productividad, la continuidad del proyecto, y garantizar que todos los miembros del equipo puedan colaborar de manera eficiente. A través de la **documentación clara**, la **transferencia continua de conocimientos**, y el uso de **herramientas adecuadas**, los equipos pueden asegurarse de que el conocimiento no solo se capture, sino que también se comparta de manera efectiva, mejorando la calidad y velocidad del desarrollo del software.

10.8. IMPLEMENTACIÓN DE DEVSECOPS

DevSecOps es una evolución del enfoque DevOps, que integra la **seguridad** en todas las etapas del ciclo de desarrollo de software, desde la planificación inicial hasta el despliegue y operación. Al incorporar la seguridad en los flujos de trabajo existentes, DevSecOps garantiza que las aplicaciones y sistemas sean seguros sin sacrificar la velocidad y agilidad del desarrollo. Este enfoque promueve la automatización, la colaboración entre equipos y una mentalidad de "seguridad desde el principio".

10.8.1. Automatización de la Seguridad

La **automatización** es un pilar fundamental de DevSecOps. El objetivo es integrar la seguridad en los pipelines de CI/CD (Integración Continua/Despliegue Continuo), automatizando las tareas repetitivas de revisión de código, pruebas de seguridad y monitoreo en tiempo real. Algunas prácticas y herramientas clave incluyen:

1. **Análisis Estático de Seguridad del Código (SAST)**: Herramientas como **SonarQube**, **Checkmarx**, y **Veracode** realizan análisis del código fuente para detectar posibles vulnerabilidades de seguridad en etapas tempranas del desarrollo, evitando que problemas críticos lleguen a producción.

2. **Análisis Dinámico de Seguridad (DAST)**: Estas herramientas, como **OWASP ZAP** y **Burp Suite**, evalúan las aplicaciones en ejecución, probando vulnerabilidades comunes como inyecciones SQL, Cross-Site Scripting (XSS), y otras amenazas que puedan surgir en el entorno en vivo.

3. **Pruebas de Penetración Automatizadas**: Herramientas como **Metasploit** o **Nessus** permiten ejecutar simulaciones de ataques contra el sistema de manera automatizada, ayudando a identificar

posibles puntos débiles antes de que sean explotados por atacantes reales.

4. **Monitoreo de Seguridad y Respuesta a Incidentes**: Sistemas como **ELK Stack**, **Splunk**, y **AWS GuardDuty** supervisan el entorno de producción en tiempo real, buscando patrones de comportamiento anómalos que puedan indicar intentos de intrusión o vulnerabilidades emergentes.

5. **Escaneo de Dependencias**: Con el aumento del uso de bibliotecas de terceros, herramientas como **OWASP Dependency-Check** o **Snyk** permiten verificar las dependencias del proyecto y alertar sobre posibles vulnerabilidades conocidas en paquetes externos.

La **automatización** de estas actividades permite que las pruebas y la validación de seguridad se realicen de manera continua y sin interrupciones en el flujo de desarrollo, lo que garantiza que se detecten y solucionen problemas de seguridad lo antes posible.

10.8.2. Seguridad como Cultura

Más allá de las herramientas y la automatización, el éxito de DevSecOps depende de fomentar una **cultura de seguridad** en todo el equipo de desarrollo, operaciones y seguridad. Esto significa que todos los involucrados en el ciclo de vida del software, desde los programadores hasta los ingenieros de DevOps, deben tener una mentalidad de "seguridad primero". Algunas estrategias clave para lograrlo incluyen:

1. **Formación y Concienciación**: Es fundamental que los desarrolladores reciban capacitación en seguridad, no solo en el uso de herramientas, sino en buenas prácticas de codificación segura (como la prevención de inyecciones SQL, manejo de autenticación y autorización, etc.). Organizar talleres internos, sesiones de "captura la bandera" y compartir actualizaciones de seguridad ayuda a mantener el equipo informado y consciente de las últimas amenazas.

2. **Integración Temprana de la Seguridad**: A través de prácticas como **Shift Left**, se promueve que las discusiones sobre seguridad comiencen en las primeras fases del diseño y planificación del proyecto. Los equipos deben tener en cuenta los requisitos de seguridad desde la concepción del software, lo que

ayuda a identificar riesgos potenciales y mitigarlos antes de que se conviertan en problemas.

3. **Revisión de Código Seguro**: Fomentar que la seguridad sea parte integral de las revisiones de código. Durante los **Code Reviews**, los desarrolladores no solo revisan la calidad del código, sino también la implementación de medidas de seguridad, asegurando que el código esté protegido contra amenazas comunes.

4. **Políticas de Gestión de Acceso**: Implementar estrictos controles de acceso basados en el principio de **menor privilegio**. Esto asegura que los usuarios solo tengan acceso a los recursos que realmente necesitan y minimiza el riesgo de una brecha de seguridad si una cuenta es comprometida.

5. **Infraestructura como Código (IaC) Segura**: Dado que la infraestructura también se gestiona y despliega como código en DevOps, las configuraciones de seguridad deben estar integradas desde el principio. Herramientas como **Terraform** y **Ansible** permiten definir políticas de seguridad desde el momento en que se aprovisionan los recursos, evitando configuraciones inseguras por defecto.

6. **Colaboración entre Equipos**: En un entorno DevSecOps, los equipos de seguridad, desarrollo y operaciones deben colaborar estrechamente. Utilizar plataformas colaborativas y establecer ciclos de feedback continuo asegura que cualquier problema de seguridad sea detectado y abordado rápidamente. Herramientas como **Slack**, **Microsoft Teams** y **Jira** facilitan la comunicación entre equipos.

10.8.3. Beneficios de Adoptar DevSecOps

Implementar DevSecOps aporta beneficios significativos para la seguridad y la eficiencia del desarrollo de software:

1. **Reducción de Vulnerabilidades**: Al integrar la seguridad desde el inicio y de forma continua, las vulnerabilidades son identificadas y resueltas en fases tempranas, lo que reduce la cantidad de defectos de seguridad que llegan a producción.

2. **Aceleración del Tiempo de Entrega**: Al automatizar las pruebas de seguridad y otros procesos relacionados, los equipos pueden

mantener el ritmo de entrega ágil de DevOps sin comprometer la seguridad.

3. **Mejora de la Respuesta ante Incidentes**: Con un monitoreo continuo y herramientas que alertan en tiempo real sobre posibles amenazas, los equipos pueden detectar y responder más rápidamente ante ataques o incidentes de seguridad.

4. **Cumplimiento Normativo**: DevSecOps facilita la implementación de controles de seguridad y la generación de reportes que aseguren el cumplimiento de normativas como **GDPR**, **HIPAA**, o **PCI DSS**, reduciendo el riesgo de sanciones legales.

5. **Cultura de Responsabilidad Compartida**: Con DevSecOps, la seguridad deja de ser solo responsabilidad del equipo de seguridad y se convierte en una responsabilidad compartida por todos, mejorando la cohesión del equipo y fomentando un enfoque proactivo hacia la seguridad.

10.8.4. Conclusión

Adoptar **DevSecOps** es un paso esencial para asegurar que la **seguridad** no sea un añadido de último momento, sino un componente integral de todo el ciclo de desarrollo de software. Al automatizar las tareas de seguridad y promover una **cultura de seguridad compartida**, las organizaciones pueden desarrollar aplicaciones de manera ágil y eficiente sin comprometer la protección contra amenazas.

10.9. CONCLUSIONES DEL CAPÍTULO

Las buenas prácticas en el desarrollo de software son fundamentales para la creación de aplicaciones robustas, mantenibles y de alta calidad. La aplicación de principios como SOLID, la adopción de metodologías como TDD, y el enfoque en la colaboración a través de revisiones de código y documentación efectiva, permiten a los equipos de desarrollo mejorar la calidad y la eficiencia de sus proyectos. Además, el uso de estándares y metodologías de calidad como Six Sigma, combinado con la implementación de DevSecOps, asegura un enfoque integral para la entrega de software seguro y confiable. Estas prácticas son la base para el desarrollo exitoso y la entrega de software de calidad a los usuarios finales.

CAPÍTULO 11

Gestión de proyectos de software

CAPÍTULO 11 GESTIÓN DE PROYECTOS DE SOFTWARE

La gestión de equipos de desarrollo es un componente crítico del éxito en la entrega de proyectos de software. Involucra la coordinación y el liderazgo de profesionales con diversas habilidades, garantizando que el equipo esté alineado con los objetivos del proyecto y que se mantenga un ambiente de trabajo productivo y colaborativo. A continuación, se detallan algunos aspectos clave de la gestión de equipos de desarrollo:

11.1. FORMACIÓN Y DESARROLLO DE TALENTO

El desarrollo continuo de las habilidades y competencias del equipo es esencial para mantener la competitividad y la calidad del software. Algunas estrategias efectivas para la formación y desarrollo del talento incluyen:

• **Programas de Capacitación**: Implementar programas de formación regulares que aborden tanto habilidades técnicas (como nuevos lenguajes de programación, frameworks y herramientas) como habilidades blandas (como gestión del tiempo, trabajo en equipo y liderazgo). Esto puede incluir talleres, cursos en línea y conferencias.

• **Mentoría y Coaching**: Fomentar un ambiente donde los desarrolladores más experimentados puedan guiar a los nuevos miembros del equipo. La mentoría no solo ayuda a transferir conocimientos, sino que también crea un sentido de pertenencia y apoyo.

• **Evaluaciones de Desempeño**: Realizar evaluaciones periódicas del desempeño para identificar áreas de mejora y establecer objetivos claros. Estas evaluaciones pueden incluir autoevaluaciones, revisiones entre pares y retroalimentación de los gerentes.

• **Fomento de la Innovación**: Animar a los desarrolladores a explorar nuevas tecnologías y técnicas mediante hackathons, proyectos de innovación o tiempo dedicado a proyectos personales. Esto no solo fomenta la creatividad, sino que también puede resultar en mejoras significativas para el producto final.

• **Cultura de Aprendizaje Continuo**: Promover una mentalidad de aprendizaje continuo donde todos los miembros del equipo se sientan motivados para adquirir nuevos conocimientos y habilidades. Esto puede incluir la creación de bibliotecas de recursos, compartir artículos y publicaciones de interés, y la participación en comunidades de desarrollo.

11.1.1. Dinámicas de Trabajo Remoto y Distribuido

Con el aumento del trabajo remoto y los equipos distribuidos, es vital implementar buenas prácticas para gestionar eficazmente estas dinámicas:

• **Herramientas de Colaboración**: Utilizar plataformas de colaboración y comunicación como **Slack**, **Microsoft Teams** y **Trello** para mantener a todos los miembros del equipo conectados. Estas herramientas facilitan la comunicación en tiempo real, la gestión de tareas y la organización de proyectos.

• **Horarios de Trabajo Flexibles**: Permitir horarios de trabajo flexibles que se adapten a las diferentes zonas horarias y estilos de vida de los miembros del equipo. Esto puede mejorar la satisfacción laboral y la productividad.

• **Reuniones Virtuales Efectivas**: Organizar reuniones regulares y bien estructuradas para mantener a todos informados y alineados. Es recomendable establecer agendas claras y límites de tiempo para asegurar que las reuniones sean productivas y evitar la fatiga por reuniones.

• **Actividades de Team Building Virtual**: Fomentar la cohesión del equipo a través de actividades de team building virtual. Esto puede incluir juegos en línea, concursos, o incluso encuentros informales donde los miembros del equipo puedan interactuar y conocerse mejor.

• **Definición Clara de Roles y Responsabilidades**: Asegurar que todos los miembros del equipo comprendan sus roles y responsabilidades, así como los objetivos del proyecto. Esto ayuda a prevenir confusiones y garantiza que cada miembro esté contribuyendo de manera efectiva.

11.1.2. Comunicación Efectiva en Equipos Multidisciplinarios

La comunicación es clave en equipos multidisciplinarios, donde interactúan personas de diferentes especialidades, como desarrolladores, diseñadores y stakeholders. Algunas estrategias para fomentar una comunicación efectiva incluyen:

- **Reuniones de Sincronización**: Organizar reuniones periódicas de sincronización donde todos los miembros del equipo puedan compartir actualizaciones sobre su trabajo y discutir cualquier desafío que enfrenten. Estas reuniones ayudan a mantener a todos informados y alineados con los objetivos del proyecto.

- **Documentación Compartida**: Utilizar documentación accesible y actualizada que sirva como referencia para todos los miembros del equipo. Esto puede incluir **wikis**, **documentos en la nube** y **tableros Kanban** que resuman el progreso del proyecto.

- **Espacios de Discusión Abiertos**: Fomentar la creación de espacios para discusiones abiertas y brainstorming. Esto puede ayudar a generar nuevas ideas y a resolver problemas de manera colaborativa, fortaleciendo la creatividad y la innovación en el equipo.

- **Feedback Constructivo**: Establecer una cultura de feedback constructivo, donde los miembros del equipo se sientan cómodos dando y recibiendo retroalimentación. Esto no solo mejora la calidad del trabajo, sino que también promueve el crecimiento personal y profesional.

- **Celebración de Éxitos**: Reconocer y celebrar los logros del equipo, tanto grandes como pequeños. Esto puede fortalecer el espíritu de equipo y motivar a los miembros a seguir contribuyendo con entusiasmo.

11.1.3. Conclusión

La gestión efectiva de equipos de desarrollo implica una combinación de formación continua, prácticas de trabajo remoto efectivas y comunicación colaborativa. Al enfocarse en el desarrollo de talento, las dinámicas de trabajo y la comunicación, los líderes de proyecto pueden crear un entorno en el que los equipos de desarrollo puedan prosperar y entregar software de alta calidad.

11.2. HERRAMIENTAS DE GESTIÓN DE PROYECTOS: JIRA, TRELLO, ETC.

Las herramientas de gestión de proyectos son esenciales para planificar, organizar y supervisar el progreso de los equipos de desarrollo de software. Estas herramientas ayudan a mantener la transparencia, mejorar la colaboración y asegurar que todos los miembros del equipo estén alineados con los objetivos del proyecto. A continuación, se detallan algunas de las herramientas más utilizadas y sus características.

11.2.1. Personalización de Flujos de Trabajo en Jira

Jira es una herramienta poderosa para la gestión de proyectos, especialmente en entornos ágiles. La personalización de flujos de trabajo es crucial para adaptarse a diferentes tipos de proyectos y equipos. Algunas consideraciones incluyen:

• **Definición de Estados**: Configurar los estados que representen las etapas del proceso de desarrollo, como "Por Hacer", "En Progreso", "En Revisión" y "Hecho". Es importante que estos estados reflejen el flujo de trabajo real del equipo.

• **Transiciones**: Establecer transiciones claras entre los estados para facilitar el movimiento de tareas a través del flujo de trabajo. Las transiciones pueden incluir condiciones y validaciones que garanticen que las tareas cumplan con ciertos criterios antes de avanzar.

• **Campos Personalizados**: Añadir campos personalizados para capturar información específica que sea relevante para el proyecto o el equipo. Esto puede incluir campos como "Prioridad", "Complejidad", o "Asignado a".

- **Roles y Permisos**: Definir roles de usuario y permisos para controlar quién puede realizar cambios en el flujo de trabajo, asignar tareas o modificar estados. Esto ayuda a mantener la integridad del proyecto y asegura que solo los usuarios autorizados tengan acceso a funciones críticas.

- **Plantillas de Proyectos**: Utilizar plantillas de proyectos predefinidas para agilizar la configuración de nuevos proyectos. Jira ofrece plantillas para diferentes metodologías, como Scrum y Kanban, que pueden ser adaptadas según las necesidades del equipo.

- **Informes y Paneles**: Crear paneles personalizados para visualizar el estado del proyecto y los progresos del equipo. Estos paneles pueden incluir gráficos de burndown, tableros de tareas y otros informes que faciliten la toma de decisiones informadas.

11.2.2. Gestión de Tareas y Sprints con Trello

Trello es una herramienta intuitiva basada en tableros que permite a los equipos organizar y priorizar tareas de manera visual. Aquí hay algunas recomendaciones para maximizar su uso:

- **Tableros y Listas**: Crear tableros dedicados a proyectos específicos y listas que representen diferentes fases del trabajo, como "Backlog", "Por Hacer", "En Progreso" y "Hecho". Esto permite a los equipos visualizar el flujo de trabajo de un vistazo.

- **Tarjetas de Tareas**: Utilizar tarjetas para cada tarea, incluyendo detalles como descripciones, asignaciones, fechas de vencimiento y checklist. Esto asegura que toda la información relevante esté accesible en un solo lugar.

- **Etiquetas y Prioridades**: Implementar un sistema de etiquetas para clasificar tareas por categorías, como "Urgente", "Importante", o "Bajo Prioridad". Esto facilita la identificación de tareas críticas y ayuda a priorizar el trabajo.

- **Sprints y Planificación**: Utilizar Trello para gestionar sprints, creando listas específicas para cada sprint y moviendo las tarjetas de tareas a lo largo del tiempo. Esto permite a los equipos enfocarse en tareas específicas durante ciclos de desarrollo cortos.

• **Integraciones**: Aprovechar integraciones con otras herramientas como Slack, Google Drive y herramientas de desarrollo para mejorar la colaboración y mantener a todos informados sobre actualizaciones importantes.

• **Automatización**: Utilizar la función de automatización de Trello (Butler) para crear reglas que automaticen tareas repetitivas, como mover tarjetas entre listas o enviar recordatorios, lo que ahorra tiempo y reduce la carga administrativa.

11.2.3. Integración de Herramientas de Gestión con CI/CD

Integrar herramientas de gestión de proyectos con pipelines de integración continua (CI) y entrega continua (CD) es fundamental para mejorar la eficiencia y la colaboración entre equipos. Algunas formas de lograr esto incluyen:

• **Conexión de Repositorios**: Configurar conexiones entre la herramienta de gestión de proyectos y los repositorios de código (como GitHub o Bitbucket). Esto permite vincular tareas y commits, facilitando la trazabilidad entre el trabajo y el código.

• **Automatización de Actualizaciones**: Utilizar webhooks y APIs para automatizar la actualización del estado de las tareas en la herramienta de gestión según el progreso en el pipeline de CI/CD. Por ejemplo, cambiar automáticamente el estado de una tarea a "En Progreso" cuando se inicia una construcción en el CI.

• **Notificaciones en Tiempo Real**: Configurar notificaciones que alerten al equipo sobre eventos importantes en el pipeline, como la finalización de pruebas o fallos en la construcción. Esto ayuda a mantener a todos informados y a reaccionar rápidamente a los problemas.

• **Dashboards de Proyectos**: Crear dashboards que integren métricas de desarrollo, como el número de tareas completadas, el tiempo promedio de finalización de tareas y la tasa de fallos en pruebas. Esto proporciona una visión completa del estado del proyecto y ayuda en la toma de decisiones.

• **Revisión de Código**: Integrar herramientas de gestión con sistemas de revisión de código para facilitar la creación de pull requests y su seguimiento. Esto asegura que el proceso de revisión sea fluido y esté alineado con las tareas en curso.

- **Evaluaciones Post-Implementación**: Realizar evaluaciones post-implementación para analizar el rendimiento del proyecto, revisando cómo la integración de herramientas de gestión con CI/CD ha impactado en el flujo de trabajo y la calidad del software.

11.2.4. Conclusión

Las herramientas de gestión de proyectos como Jira y Trello, junto con su integración en pipelines de CI/CD, son esenciales para el éxito en el desarrollo de software. Personalizar flujos de trabajo, gestionar tareas de manera efectiva y conectar estas herramientas con los procesos de integración y entrega continua no solo mejora la productividad, sino que también fomenta la colaboración y asegura la calidad del producto final.

11.3. MEDICIÓN Y SEGUIMIENTO DE PROYECTOS: KPI Y MÉTRICAS

La medición y seguimiento de proyectos son elementos clave para garantizar el éxito en el desarrollo de software. Utilizar indicadores clave de rendimiento (KPI) y métricas permite a los equipos evaluar su progreso, identificar áreas de mejora y tomar decisiones informadas. A continuación, se exploran varias métricas y métodos de evaluación relevantes para equipos de desarrollo de software.

11.3.1. Métricas de Productividad para Equipos de Desarrollo

La productividad de los equipos de desarrollo se puede medir a través de diversas métricas que ayudan a evaluar su velocidad, eficiencia y desempeño. Algunas de las métricas clave incluyen:

- **Velocidad**: Se refiere a la cantidad de trabajo completado en un período determinado, a menudo medida en puntos de historia en un entorno ágil. La velocidad promedio por sprint proporciona una idea clara de cuánto trabajo puede completar el equipo en el futuro, facilitando la planificación.

- **Tasa de Entrega**: Mide la cantidad de tareas o características entregadas en un período específico. Esta métrica permite identificar cuán rápido el equipo puede mover tareas del backlog a "hecho", lo que ayuda a evaluar la efectividad del flujo de trabajo.

- **Cycle Time (Tiempo de Ciclo)**: Se refiere al tiempo que toma completar una tarea desde que se inicia hasta que se entrega. Una reducción en el tiempo de ciclo indica mejoras en la eficiencia del equipo y en su capacidad para responder a los cambios.

- **Lead Time (Tiempo de Espera)**: Mide el tiempo total desde que se solicita una característica hasta que se entrega. A diferencia del tiempo de ciclo, el lead time incluye el tiempo que una tarea pasa en el backlog antes de comenzar. Esta métrica es crucial para entender la eficiencia total del proceso.

- **Tasa de Fallos**: Evalúa cuántas tareas o características entregadas fallan en las pruebas o generan errores en producción. Una alta tasa de fallos puede indicar problemas en el proceso de desarrollo o en la calidad del código.

- **Revisión de Código**: Medir el tiempo promedio que toma revisar el código puede proporcionar información sobre la colaboración del equipo y la calidad de las revisiones. Un tiempo excesivo puede indicar problemas en la comunicación o falta de claridad en los requisitos.

11.3.2. Indicadores de Calidad de Software

La calidad del software es fundamental para garantizar que el producto final cumpla con los estándares y expectativas. Algunas métricas útiles para evaluar la calidad incluyen:

- **Cobertura de Pruebas**: Indica el porcentaje de código que ha sido cubierto por pruebas automatizadas. Una alta cobertura de pruebas sugiere que el software ha sido evaluado de manera más completa, lo que ayuda a reducir la probabilidad de errores en producción.

- **Número de Errores**: Mide la cantidad de errores detectados durante las pruebas y en producción. Seguir el número de errores a lo largo del tiempo puede ayudar a identificar patrones y áreas donde se necesita mejorar la calidad del código.

- **Tiempo de Resolución de Errores**: Evalúa cuánto tiempo toma resolver errores desde que se reportan hasta que se corrigen. Un tiempo de resolución bajo es deseable, ya que indica un equipo ágil y efectivo en la gestión de problemas.

- **Complejidad del Código**: Utilizar métricas como el índice de complejidad ciclomática para evaluar la complejidad del código puede ayudar a identificar secciones que son propensas a errores o que pueden ser difíciles de mantener.

- **Estabilidad del Software**: Mide el tiempo que el software puede funcionar sin fallos. Esta métrica es especialmente importante para aplicaciones críticas donde la disponibilidad es esencial.

- **Revisiones de Calidad**: Realizar auditorías regulares del código y revisiones de calidad puede proporcionar información valiosa sobre la conformidad con las mejores prácticas y estándares de codificación.

11.3.3. Métricas de Satisfacción del Cliente

La satisfacción del cliente es un indicador crucial del éxito de un proyecto de software. Evaluar la satisfacción del usuario final puede lograrse a través de diversas técnicas:

- **Encuestas de Satisfacción del Cliente**: Realizar encuestas regulares a los usuarios finales para recoger su feedback sobre el producto. Las preguntas pueden abarcar aspectos como la usabilidad, la funcionalidad y el rendimiento del software.

- **Net Promoter Score (NPS)**: Este indicador mide la lealtad del cliente y su disposición a recomendar el producto a otros. Un NPS alto sugiere una buena satisfacción del cliente, mientras que un NPS bajo puede indicar problemas que deben abordarse.

- **Análisis de Comentarios y Reseñas**: Evaluar los comentarios y reseñas de los usuarios en diversas plataformas puede proporcionar información valiosa sobre la experiencia del usuario. Esto incluye tanto el feedback positivo como las críticas constructivas.

- **Tasa de Retención de Clientes**: Mide la proporción de clientes que continúan utilizando el software a lo largo del tiempo. Una alta tasa de retención indica que los usuarios están satisfechos y ven valor en el producto.

- **Tiempo de Respuesta al Soporte**: Medir cuánto tiempo tarda el equipo de soporte en responder y resolver consultas o problemas de los clientes puede impactar directamente en la satisfacción del usuario. Un tiempo de respuesta rápido es clave para mantener la confianza del cliente.

- **Análisis de Uso**: Implementar herramientas de análisis que rastreen cómo los usuarios interactúan con el software puede proporcionar información sobre qué características son más utilizadas y dónde pueden existir problemas de usabilidad.

11.3.4. Conclusión

La medición y el seguimiento de proyectos mediante KPI y métricas son fundamentales para el éxito en el desarrollo de software. Al centrarse en métricas de productividad, indicadores de calidad y la satisfacción del cliente, los equipos pueden identificar áreas de mejora y garantizar que el software entregado cumpla con los estándares esperados. Una estrategia sólida de medición no solo ayuda a optimizar el rendimiento del equipo, sino que también contribuye a la creación de productos de alta calidad que satisfacen las necesidades de los usuarios finales.

11.4. GESTIÓN DE RIESGOS Y PLANIFICACIÓN

La gestión de riesgos es un componente crítico en la planificación de proyectos de software. Implica identificar, evaluar y mitigar riesgos que podrían afectar el éxito del proyecto. Una gestión de riesgos efectiva no solo ayuda a prevenir problemas, sino que también permite al equipo estar preparado para enfrentar desafíos inesperados. A continuación se detallan las principales áreas de enfoque en la gestión de riesgos y planificación.

11.4.1. Identificación y Análisis de Riesgos

La identificación y análisis de riesgos es el primer paso en la gestión de riesgos. Incluye la identificación de posibles eventos que puedan amenazar el éxito del proyecto y la evaluación de su probabilidad e impacto.

- Métodos de Identificación de Riesgos:

• **Sesiones de Lluvia de Ideas**: Reunir al equipo de desarrollo, stakeholders y otros interesados para discutir y documentar posibles riesgos en un entorno colaborativo.

• **Análisis SWOT (FODA)**: Evaluar las Fortalezas, Oportunidades, Debilidades y Amenazas del proyecto para identificar riesgos potenciales.

• **Revisión de Proyectos Anteriores**: Analizar lecciones aprendidas de proyectos anteriores puede ayudar a identificar riesgos comunes que podrían repetirse en el nuevo proyecto.

• **Entrevistas y Cuestionarios**: Realizar entrevistas a expertos y miembros del equipo para obtener perspectivas sobre posibles riesgos basados en sus experiencias.

- Análisis de Riesgos:

• **Evaluación Cualitativa**: Clasificar los riesgos en función de su probabilidad de ocurrencia y el impacto que tendrían si se materializan. Esto ayuda a priorizar los riesgos y enfocar los esfuerzos de mitigación en aquellos más críticos.

• **Evaluación Cuantitativa**: Utilizar técnicas más avanzadas, como la simulación de Monte Carlo, para modelar el impacto financiero o de tiempo de los riesgos identificados, proporcionando una comprensión más clara de las posibles variaciones en los resultados del proyecto.

11.4.2. Planificación de Contingencias y Planes de Respuesta

Una vez que se han identificado y analizado los riesgos, el siguiente paso es desarrollar un plan de contingencia y estrategias de respuesta adecuadas.

- Desarrollo de Planes de Respuesta:

• **Evitar el Riesgo**: Modificar el plan del proyecto para eliminar el riesgo o su impacto. Esto puede incluir cambios en el diseño, cronograma o alcance.

• **Mitigación**: Implementar acciones para reducir la probabilidad de ocurrencia del riesgo o su impacto. Esto puede incluir la implementación de mejores prácticas, capacitación del equipo o el uso de tecnología adecuada.

• **Transferencia**: Desplazar la responsabilidad del riesgo a un tercero, como la compra de seguros o la externalización de ciertas actividades a proveedores especializados.

• **Aceptación**: Reconocer que el riesgo puede ocurrir y establecer planes de contingencia para gestionar sus consecuencias si se materializa. Esto es adecuado para riesgos de bajo impacto que no justifican esfuerzos significativos de mitigación.

- Planificación de Contingencias:

• Definir pasos claros y específicos que se seguirán si un riesgo se materializa. Esto incluye quién será responsable de implementar las acciones de respuesta y cómo se comunicará al equipo.

• Establecer recursos y presupuesto para implementar los planes de contingencia si es necesario, garantizando que haya un enfoque claro para manejar los problemas inesperados.

11.4.3. Revisión y Monitoreo de Riesgos

La gestión de riesgos no se detiene una vez que se ha establecido un plan. Es crucial revisar y monitorear continuamente los riesgos a lo largo del ciclo de vida del proyecto.

- Herramientas y Técnicas para Evaluar Riesgos:

• **Revisiones Periódicas**: Realizar reuniones regulares para revisar el estado de los riesgos identificados, evaluar la efectividad de los planes de respuesta y actualizar el registro de riesgos según sea necesario.

• **Indicadores de Riesgo**: Establecer KPIs específicos para medir la exposición a riesgos, como la cantidad de riesgos en estado crítico o el tiempo promedio para resolver riesgos.

• **Software de Gestión de Proyectos**: Utilizar herramientas de gestión de proyectos que integren la gestión de riesgos, permitiendo un seguimiento más eficaz y la posibilidad de actualizar riesgos en tiempo real.

- Actualización del Registro de Riesgos:

• Mantener un registro de riesgos que incluya detalles sobre la identificación, análisis, planes de respuesta y estado actual de cada riesgo. Esto debe ser un documento vivo que se actualice continuamente a medida que el proyecto avanza y se identifican nuevos riesgos.

11.4.4. Conclusión

La gestión de riesgos y planificación son aspectos esenciales para el éxito de cualquier proyecto de software. Al identificar y analizar riesgos de manera proactiva, planificar contingencias efectivas y realizar revisiones continuas, los equipos pueden minimizar la probabilidad de problemas y asegurar que el proyecto avance de manera fluida. Una gestión de riesgos bien implementada no solo protege el proyecto, sino que también fomenta la confianza entre los miembros del equipo y los stakeholders, creando un ambiente más colaborativo y resiliente.

11.5. METODOLOGÍAS ÁGILES EN LA GESTIÓN DE PROYECTOS

Las metodologías ágiles son enfoques iterativos e incrementales para la gestión de proyectos que promueven la flexibilidad, la colaboración y la adaptabilidad en el desarrollo de software. Estas metodologías permiten a los equipos responder rápidamente a los cambios y centrarse en la entrega continua de valor al cliente. A continuación, se detallan las principales metodologías ágiles y su implementación en la gestión de proyectos.

11.5.1. Scrum y su Implementación en Equipos de Software

Scrum es una de las metodologías ágiles más populares y está diseñada para facilitar el trabajo en equipo en entornos complejos y cambiantes. Se centra en la entrega incremental de productos a través de ciclos cortos llamados sprints.

- Roles en Scrum:

• **Product Owner**: Es responsable de definir y priorizar los requisitos del producto. Actúa como el enlace entre el equipo de desarrollo y los stakeholders, asegurando que se entregue el máximo valor en cada sprint.

• **Scrum Master**: Facilita el proceso Scrum, ayudando al equipo a seguir las prácticas ágiles y eliminando obstáculos que puedan impedir el progreso. También se encarga de fomentar la colaboración y la comunicación dentro del equipo.

• **Equipo de Desarrollo**: Un grupo autoorganizado de profesionales que trabaja en la implementación de los requisitos del producto. Cada miembro del equipo tiene habilidades diversas que contribuyen al logro de los objetivos del sprint.

- Eventos en Scrum:

• **Sprint**: Un período fijo (generalmente de 2 a 4 semanas) en el que se completa una parte del trabajo y se entrega un incremento del producto.

• **Sprint Planning**: Reunión al inicio de cada sprint donde se definen los objetivos y se seleccionan las historias de usuario del backlog que se abordarán durante el sprint.

• **Daily Scrum**: Reunión breve diaria donde el equipo comparte avances, obstáculos y planes para el día. Esto fomenta la transparencia y la colaboración.

• **Sprint Review**: Al final del sprint, el equipo presenta el trabajo completado a los stakeholders, obteniendo retroalimentación que se puede incorporar en futuros sprints.

• **Sprint Retrospective**: Reunión posterior a la revisión donde el equipo reflexiona sobre el sprint, discute lo que funcionó, lo que no funcionó y cómo pueden mejorar en el próximo sprint.

- Artefactos en Scrum:

• **Product Backlog**: Lista priorizada de requisitos del producto que se actualiza de forma continua. Contiene historias de usuario y otros elementos necesarios para el desarrollo.

• **Sprint Backlog**: Conjunto de elementos seleccionados del Product Backlog que el equipo se compromete a completar durante un sprint.

• **Incremento**: La suma de todos los elementos del Product Backlog completados durante un sprint y los anteriores, que debe estar en condiciones de ser entregado.

11.5.2. Kanban para la Gestión Visual del Trabajo

Kanban es una metodología ágil que se centra en la visualización del trabajo y la gestión del flujo. Utiliza un tablero visual para mostrar el estado de las tareas y facilitar la identificación de cuellos de botella en el proceso.

- Principios de Kanban:

• **Visualización del Trabajo**: Utilizar un tablero Kanban para representar visualmente las tareas en diferentes etapas del flujo de trabajo. Esto ayuda a los equipos a ver el estado actual del trabajo y a identificar bloqueos o tareas retrasadas.

• **Limitación del Trabajo en Progreso (WIP)**: Establecer límites en la cantidad de tareas que pueden estar en progreso en cada etapa del flujo. Esto evita la sobrecarga del equipo y mejora la eficiencia al permitir que se completen las tareas antes de comenzar nuevas.

• **Gestión del Flujo**: Monitorear y optimizar el flujo de trabajo para maximizar la eficiencia y reducir el tiempo de entrega. Se utilizan métricas como el tiempo de ciclo y el tiempo de entrega para evaluar el rendimiento del equipo.

- Uso del Tablero Kanban:

• Dividir el tablero en columnas que representen las diferentes etapas del flujo de trabajo (por ejemplo, "Por Hacer", "En Progreso", "Hecho").

• Colocar tarjetas (cada una representando una tarea) en las columnas correspondientes, moviéndolas a medida que avanzan en el proceso.

• Realizar reuniones periódicas para revisar el tablero y discutir el progreso, bloqueos y prioridades.

11.5.3. Comparativa entre Scrum, Kanban y Métodos Híbridos

Al elegir la metodología ágil adecuada, es importante considerar las características del proyecto y las necesidades del equipo. A continuación se presentan las ventajas y desventajas de Scrum, Kanban y enfoques híbridos:

- Scrum:

• Ventajas:

• Estructura clara y roles definidos que fomentan la responsabilidad y la colaboración.

• Progreso medido a través de sprints, lo que permite la entrega frecuente de incrementos de producto.

• Fomenta la retroalimentación continua y la mejora a través de revisiones y retrospectivas.

• Desventajas:

• Requiere un compromiso significativo en la planificación y las reuniones, lo que puede ser un desafío en equipos más pequeños o con menos recursos.

• La rigidez en la duración de los sprints puede no ser adecuada para proyectos con requisitos altamente cambiantes.

- Kanban:

• Ventajas:

• Flexibilidad en la gestión del flujo de trabajo, lo que permite adaptarse rápidamente a los cambios.

• Visualización clara del trabajo, lo que ayuda a identificar bloqueos y optimizar el flujo.

• No requiere planificación formal como en Scrum, lo que puede ser ventajoso para equipos con cargas de trabajo variables.

• Desventajas:

• Falta de estructura formal puede llevar a la ambigüedad en roles y responsabilidades.

• Puede ser más difícil de escalar en proyectos grandes sin una clara gestión del trabajo y prioridades.

- Métodos Híbridos:

• Ventajas:

• Combinan elementos de Scrum y Kanban para adaptarse a las necesidades específicas del equipo y del proyecto.

• Pueden aprovechar la planificación estructurada de Scrum y la flexibilidad de Kanban.

• Desventajas:

• La complejidad de gestionar un enfoque híbrido puede causar confusión si no se comunica adecuadamente al equipo.

• Puede requerir una mayor capacitación para que los miembros del equipo comprendan cómo integrar diferentes prácticas.

11.5.4. Conclusión

Las metodologías ágiles como Scrum y Kanban ofrecen enfoques valiosos para la gestión de proyectos de software, cada una con sus propias ventajas y desventajas. La elección de la metodología adecuada debe basarse en las características del equipo, la naturaleza del proyecto y los objetivos específicos. Al implementar prácticas ágiles, los equipos pueden mejorar la colaboración, aumentar la adaptabilidad y optimizar la entrega de valor a los clientes, lo que resulta en proyectos más exitosos y eficientes.

11.6. GESTIÓN DEL ALCANCE Y REQUISITOS DEL PROYECTO

La gestión del alcance y los requisitos es fundamental para el éxito de cualquier proyecto de software. Asegura que el equipo se mantenga enfocado en los objetivos establecidos y que se entreguen las funcionalidades esperadas dentro del tiempo y el presupuesto asignados. Esta sección explora las técnicas y prácticas para definir, controlar y gestionar el alcance y los requisitos a lo largo del ciclo de vida del proyecto.

11.6.1. Definición y Control del Alcance

La definición clara del alcance es esencial para establecer los límites del proyecto y evitar la expansión no controlada del mismo, conocida como *scope creep*.

- Definición del Alcance:

- **Documentación de Requisitos**: Elaborar un documento que detalle todos los requisitos funcionales y no funcionales del proyecto. Esto incluye características del producto, restricciones y expectativas de rendimiento.

- **Work Breakdown Structure (WBS)**: Crear una estructura de desglose del trabajo que divida el proyecto en tareas más pequeñas y manejables. Esto ayuda a identificar todas las actividades necesarias para completar el proyecto y facilita la planificación y asignación de recursos.

- **Aprobación del Alcance**: Obtener la validación del alcance por parte de los stakeholders y asegurar que todos tengan una comprensión compartida de los objetivos del proyecto.

- Control del Alcance:

• **Monitoreo Continuo**: Implementar revisiones periódicas del progreso del proyecto para asegurar que se mantenga dentro del alcance definido. Esto incluye la verificación de que las entregas cumplan con los requisitos establecidos.

• **Gestión de Cambios**: Establecer un proceso formal para manejar las solicitudes de cambio en el alcance. Esto implica evaluar el impacto de los cambios propuestos en el presupuesto, el cronograma y los recursos antes de su aprobación.

• **Registro de Cambios**: Mantener un registro de todas las modificaciones al alcance, junto con la justificación y el impacto en el proyecto. Esto proporciona una referencia clara y ayuda a evitar malentendidos.

11.6.2. Gestión de Cambios en los Requisitos

Los cambios en los requisitos son inevitables en la mayoría de los proyectos de software, y manejarlos de manera efectiva es crucial para el éxito del proyecto.

- Evaluación de Solicitudes de Cambio:

• **Análisis de Impacto**: Evaluar cómo un cambio propuesto afectará a los requisitos existentes, los plazos, los costos y los recursos. Involucrar a todas las partes interesadas en este análisis para obtener una visión completa.

• **Criterios de Aceptación**: Definir criterios claros que determinen cuándo un cambio debe ser aprobado o rechazado. Esto puede incluir la alineación con los objetivos del proyecto y el impacto en la calidad del producto.

- Proceso de Aprobación:

• **Comité de Cambios**: Formar un comité que se encargue de revisar y aprobar cambios en los requisitos. Este grupo debe incluir representantes clave de todas las partes interesadas relevantes.

• **Comunicación Clara**: Asegurarse de que todas las partes interesadas estén informadas sobre los cambios aprobados y sus implicaciones. Esto incluye la actualización de la documentación del proyecto y la comunicación de cualquier ajuste en los plazos.

- Gestión de la Resistencia al Cambio:

• **Fomentar la Aceptación**: Involucrar a los stakeholders en el proceso de toma de decisiones para que se sientan parte del proyecto y se minimice la resistencia al cambio.

• **Formación y Apoyo**: Proporcionar formación y recursos para ayudar a los miembros del equipo a adaptarse a los cambios en los requisitos y asegurar que comprendan la razón detrás de los mismos.

11.6.3. Priorización de Funcionalidades

La priorización de funcionalidades es crucial para asegurar que el equipo de desarrollo se enfoque en las tareas que aportan el mayor valor al proyecto. Existen varias técnicas para ayudar en este proceso.

- Método MoSCoW:

• **Definición**: Este método clasifica las funcionalidades en cuatro categorías:

• **Must Have (Debe Tener)**: Funcionalidades esenciales que deben incluirse en la entrega.

• **Should Have (Debería Tener)**: Funcionalidades importantes, pero no críticas para el lanzamiento.

• **Could Have (Podría Tener)**: Funcionalidades deseables que se pueden incluir si hay tiempo y recursos disponibles.

• **Won't Have (No Tendrá)**: Funcionalidades que no se implementarán en esta entrega, pero que se consideran para futuras versiones.

• **Beneficios**: Este enfoque ayuda a gestionar las expectativas de los stakeholders y a centrar los esfuerzos del equipo en lo que realmente importa.

- Matrices de Prioridad:

• **Definición**: Se utilizan matrices para evaluar y priorizar funcionalidades en función de criterios como el valor para el cliente, el costo de implementación y el riesgo asociado.

• **Evaluación**: Cada funcionalidad se clasifica en función de estos criterios, permitiendo al equipo tomar decisiones informadas sobre qué funcionalidades deben implementarse primero.

- **Visualización**: La matriz de prioridad se puede representar gráficamente para facilitar la comunicación de decisiones y la alineación de expectativas entre los stakeholders.

- Feedback Continuo:

- **Revisiones Regulares**: Realizar sesiones de revisión periódicas con los stakeholders para discutir la priorización de funcionalidades y ajustar las prioridades según sea necesario.

- **Iteración**: La priorización debe ser un proceso continuo que se adapte a los cambios en el contexto del proyecto y en las necesidades de los clientes.

11.6.4. Conclusión

La gestión del alcance y los requisitos es una parte crítica de la gestión de proyectos de software. Al definir claramente el alcance, gestionar eficazmente los cambios y priorizar las funcionalidades de manera adecuada, los equipos pueden asegurar que sus proyectos se mantengan alineados con los objetivos y expectativas de los stakeholders. Estas prácticas no solo contribuyen a la entrega de productos de alta calidad, sino que también fomentan la satisfacción del cliente y el éxito a largo plazo del proyecto.

11.7. ESTIMACIÓN DE TIEMPOS Y RECURSOS

La estimación de tiempos y recursos es un aspecto crítico en la gestión de proyectos de software. Permite a los equipos planificar, asignar tareas y garantizar que los proyectos se completen a tiempo y dentro del presupuesto. Esta sección aborda las técnicas de estimación, la planificación de recursos y la optimización de cronogramas.

11.7.1. Técnicas de Estimación: Puntos de Historia, T-Shirt Sizing

La precisión en la estimación del esfuerzo de desarrollo es fundamental para el éxito del proyecto. Existen varias técnicas que pueden ser utilizadas para facilitar este proceso.

- Puntos de Historia:

• **Definición**: Esta técnica se basa en la evaluación del esfuerzo requerido para completar una historia de usuario en función de su complejidad, riesgo y tamaño.

• **Escala de Puntos**: Generalmente, se utiliza una escala de Fibonacci (1, 2, 3, 5, 8, 13, 21) para asignar puntos a las historias de usuario. Esto ayuda a los equipos a ser más precisos en sus estimaciones al evitar la tendencia a subestimar tareas más complejas.

• **Ventajas**: Facilita la discusión dentro del equipo sobre la complejidad de las tareas y permite que todos los miembros del equipo contribuyan a la estimación. Además, al utilizar puntos en lugar de horas, se minimiza la presión por ser demasiado precisos en las estimaciones de tiempo.

- T-Shirt Sizing:

• **Definición**: Esta técnica utiliza tallas de camisetas (XS, S, M, L, XL) para categorizar la complejidad y el esfuerzo de desarrollo de las historias de usuario o funcionalidades.

- **Categorías**: Las categorías permiten que los equipos realicen estimaciones más rápidamente, ya que pueden asignar una talla sin necesidad de entrar en detalles específicos. Se pueden definir criterios claros para cada tamaño, lo que ayuda a estandarizar las estimaciones.

- **Beneficios**: Es útil en las fases iniciales de planificación cuando la información sobre requisitos es limitada. Esta técnica ayuda a los equipos a crear una visión general del esfuerzo requerido y facilita la comunicación con los stakeholders.

11.7.2. Planificación de Recursos Humanos y Técnicos

La planificación de recursos es esencial para asegurar que los equipos tengan los conocimientos y las herramientas necesarias para cumplir con los objetivos del proyecto.

- Asignación de Recursos Humanos:

- **Evaluación de Habilidades**: Analizar las habilidades y la experiencia de cada miembro del equipo para asignar tareas adecuadamente. Es importante considerar no solo las habilidades técnicas, sino también las habilidades interpersonales y de gestión.

- **Cargas de Trabajo**: Monitorear la carga de trabajo de cada miembro del equipo para evitar el agotamiento y garantizar una distribución equitativa de las tareas. Herramientas como gráficos de carga de trabajo pueden ser útiles en este sentido.

- **Formación y Desarrollo**: Identificar las necesidades de capacitación y proporcionar oportunidades de desarrollo para mejorar las habilidades del equipo. Esto puede incluir formación en nuevas tecnologías o metodologías de trabajo.

- Planificación de Recursos Técnicos:

- **Herramientas y Tecnologías**: Seleccionar las herramientas y tecnologías adecuadas que el equipo necesitará para llevar a cabo el proyecto. Esto incluye desde entornos de desarrollo hasta herramientas de gestión de proyectos.

- **Infraestructura**: Asegurar que la infraestructura técnica, como servidores y redes, esté disponible y sea escalable según las necesidades del proyecto. Esto puede implicar la consideración de soluciones en la nube o servicios de terceros.

- **Pruebas y Entorno de Desarrollo**: Configurar entornos de prueba y desarrollo que permitan al equipo trabajar de manera eficiente y minimizar la interferencia en la producción.

11.7.3. Optimización de Cronogramas de Proyecto

La optimización del cronograma es vital para garantizar que los proyectos se completen a tiempo y dentro del presupuesto. Dos herramientas clave en este proceso son los diagramas de Gantt y la técnica PERT.

- Diagramas de Gantt:

- **Definición**: Un diagrama de Gantt es una representación gráfica del cronograma de un proyecto, que muestra las tareas, su duración y las dependencias entre ellas.

- **Uso**: Permite a los equipos visualizar el progreso del proyecto en tiempo real, facilitando la identificación de retrasos y permitiendo ajustes proactivos. Los diagramas de Gantt también son útiles para la comunicación con los stakeholders, ya que proporcionan una visión clara del estado del proyecto.

- **Beneficios**: Ayuda a establecer expectativas realistas y a mantener a todos los miembros del equipo informados sobre los plazos y la progresión del trabajo.

- Técnica PERT (Program Evaluation Review Technique):

- **Definición**: PERT es una técnica que se utiliza para analizar las tareas involucradas en la finalización de un proyecto, identificando las dependencias y calculando el tiempo necesario para completar cada tarea.

- **Estimaciones PERT**: Implica estimar tres tiempos diferentes para cada tarea: el tiempo optimista (O), el tiempo pesimista (P) y el tiempo más probable (M). A partir de estas estimaciones, se puede calcular el tiempo esperado (TE) utilizando la fórmula:

- **Ventajas**: Esta técnica permite a los equipos identificar el camino crítico del proyecto, es decir, las tareas que determinarán la duración total del proyecto. Esto ayuda a priorizar esfuerzos y a gestionar los plazos de manera más efectiva.

11.7.4. Conclusión

La estimación de tiempos y recursos es un proceso integral que requiere la utilización de diversas técnicas y herramientas. Al aplicar técnicas de estimación como los puntos de historia y T-shirt sizing, planificar adecuadamente los recursos humanos y técnicos, y optimizar cronogramas a través de herramientas como los diagramas de Gantt y la técnica PERT, los equipos pueden mejorar la precisión de sus estimaciones y aumentar la probabilidad de éxito del proyecto. Una gestión adecuada de estos aspectos contribuye a la entrega de software de alta calidad en los plazos y presupuestos establecidos.

11.8. GESTIÓN DE LA CALIDAD EN PROYECTOS DE SOFTWARE

La gestión de la calidad en proyectos de software es esencial para garantizar que el producto final cumpla con los requisitos y expectativas del cliente. Implica establecer estándares, realizar auditorías y fomentar una cultura de mejora continua. Esta sección aborda los componentes clave de la gestión de calidad y cómo implementarlos efectivamente en el desarrollo de software.

11.8.1. Planificación de la Calidad en Proyectos

La planificación de la calidad es el primer paso hacia la creación de un producto de software de alta calidad. Implica definir los estándares de calidad y las métricas que se utilizarán para evaluar el desempeño del proyecto.

- Definición de Estándares de Calidad:

• **Estándares Internos y Externos**: Establecer criterios claros que se alineen con las expectativas del cliente y los estándares de la industria, como ISO/IEC 25010 o CMMI. Estos estándares pueden incluir requisitos de funcionalidad, rendimiento, seguridad y mantenibilidad.

• **Documentación de Requisitos**: Crear un documento de requisitos que especifique los criterios de aceptación y las características que el software debe cumplir. Esto ayuda a establecer un entendimiento compartido entre todas las partes interesadas.

- Definición de Métricas de Calidad:

• **Métricas Cuantitativas**: Incluir métricas como la tasa de defectos, la cobertura de pruebas, el tiempo de respuesta y la satisfacción del usuario. Estas métricas proporcionan datos objetivos que pueden ser analizados para evaluar la calidad del software.

- **Métricas Cualitativas**: Recoger feedback de los usuarios sobre la usabilidad y la experiencia general del software. Realizar encuestas y entrevistas puede proporcionar información valiosa que las métricas cuantitativas no capturan.

- Incorporación de la Calidad en el Ciclo de Vida del Proyecto:

- Integrar la planificación de la calidad en todas las fases del proyecto, desde la definición de requisitos hasta las pruebas finales. Esto asegura que la calidad se considere en cada etapa y que no se aborde solo al final del ciclo de desarrollo.

11.8.2. Auditorías y Revisiones de Proyectos

Las auditorías y revisiones son herramientas clave para asegurar que se cumplan los estándares de calidad establecidos durante la planificación.

- Tipos de Auditorías:

- **Auditorías de Proceso**: Evaluar los procesos utilizados en el desarrollo para asegurarse de que se sigan las prácticas recomendadas y los estándares establecidos. Esto puede incluir la revisión de la documentación, el cumplimiento de los procedimientos de desarrollo y la gestión de riesgos.

- **Auditorías de Producto**: Revisar el producto final para verificar que cumpla con los requisitos especificados y que no haya defectos críticos. Las auditorías de producto pueden incluir pruebas de aceptación y revisiones de código.

- Revisiones de Proyecto:

- **Revisiones de Código**: Implementar prácticas de revisión de código donde otros miembros del equipo analicen el código escrito por sus colegas. Esto no solo ayuda a identificar problemas potenciales, sino que también fomenta el aprendizaje y la colaboración entre los desarrolladores.

- **Revisiones de Progreso**: Realizar reuniones periódicas para evaluar el avance del proyecto en relación con los estándares de calidad. Esto permite identificar desviaciones a tiempo y realizar ajustes necesarios.

11.8.3. Mejora Continua a través de la Retroalimentación

La mejora continua es un componente esencial de la gestión de calidad, y la retroalimentación juega un papel crucial en este proceso.

- Establecimiento de Canales de Retroalimentación:

• **Encuestas y Cuestionarios**: Utilizar encuestas periódicas para obtener retroalimentación de los usuarios sobre la experiencia del software. Esto puede incluir preguntas sobre la funcionalidad, la usabilidad y el rendimiento.

• **Sesiones de Revisión Post-Mortem**: Después de completar un proyecto, realizar sesiones de revisión para discutir lo que funcionó bien y lo que no. Esto proporciona una oportunidad para aprender de la experiencia y hacer mejoras para proyectos futuros.

- Análisis de Retroalimentación:

• **Identificación de Patrones**: Analizar la retroalimentación para identificar patrones y tendencias que indiquen áreas de mejora. Esto puede ayudar a priorizar las acciones correctivas y a enfocar los esfuerzos en áreas críticas.

• **Implementación de Cambios**: Utilizar la retroalimentación para realizar ajustes en los procesos, herramientas y prácticas de desarrollo. Esto puede incluir la modificación de procedimientos, la mejora de la capacitación o la adopción de nuevas tecnologías.

- Fomento de una Cultura de Mejora Continua:

• **Involucrar al Equipo**: Promover una cultura donde todos los miembros del equipo se sientan responsables de la calidad. Esto implica empoderar a los desarrolladores para que propongan mejoras y participen activamente en el proceso de retroalimentación.

• **Celebración de Éxitos y Aprendizajes**: Reconocer y celebrar los logros en la mejora de la calidad. Esto no solo motiva al equipo, sino que también refuerza la importancia de la gestión de calidad en la cultura organizacional.

11.8.4. Conclusión

La gestión de la calidad en proyectos de software es un proceso integral que abarca la planificación, auditorías y revisiones, así como la mejora continua a través de la retroalimentación. Al establecer estándares claros desde el inicio, llevar a cabo auditorías regulares y fomentar una cultura de mejora continua, los equipos pueden asegurar que el software cumpla con las expectativas del cliente y alcance altos niveles de calidad. La implementación efectiva de estos principios no solo mejora el producto final, sino que también contribuye a la satisfacción del cliente y al éxito a largo plazo de la organización.

11.9. CIERRE DE PROYECTOS Y EVALUACIÓN POST-MORTEM

El cierre de proyectos es una fase crítica que garantiza que todas las actividades se completen, se evalúen y se documenten adecuadamente. Esta etapa no solo marca la conclusión del trabajo, sino que también proporciona una oportunidad invaluable para reflexionar sobre el proyecto y aplicar lecciones aprendidas a futuros emprendimientos. A continuación, se presentan los componentes clave del cierre de proyectos y su evaluación post-mortem.

11.9.1. Documentación de Lecciones Aprendidas

La captura de lecciones aprendidas es fundamental para el crecimiento y la mejora continua dentro de un equipo o una organización. Esta documentación permite que los conocimientos adquiridos durante el proyecto se compartan y utilicen en futuros proyectos.

- Identificación de Lecciones Aprendidas:

• **Reuniones de Retroalimentación**: Organizar sesiones con el equipo de proyecto para discutir qué funcionó bien y qué no. Es crucial crear un ambiente seguro donde todos se sientan cómodos para compartir sus experiencias y perspectivas.

• **Revisión de Documentación**: Analizar la documentación del proyecto, incluyendo planes, cronogramas y reportes de progreso, para identificar áreas donde se pudo haber mejorado la planificación o la ejecución.

- Registro y Almacenamiento:

- **Plantillas de Lecciones Aprendidas**: Utilizar formatos estandarizados para registrar lecciones aprendidas, lo que facilita su comprensión y acceso. Esto puede incluir detalles sobre el contexto, la acción tomada, el resultado y recomendaciones para el futuro.

- **Base de Datos de Lecciones Aprendidas**: Crear un repositorio central donde se almacenen todas las lecciones aprendidas de proyectos pasados. Esto puede ser una herramienta valiosa para los nuevos equipos y proyectos, proporcionando una referencia rápida a situaciones similares.

- Comunicación y Compartición:

- **Distribución de Información**: Asegurarse de que las lecciones aprendidas sean accesibles para todos los miembros de la organización, no solo para el equipo del proyecto. Esto puede incluir presentaciones, seminarios web o un boletín informativo interno.

- **Integración en la Cultura Organizacional**: Fomentar una cultura que valore el aprendizaje y la mejora continua, animando a los equipos a revisar y utilizar la base de datos de lecciones aprendidas en la planificación de nuevos proyectos.

11.9.2. Evaluación del Desempeño del Proyecto

La evaluación del desempeño del proyecto es esencial para medir el éxito en función de los objetivos iniciales y los indicadores de rendimiento establecidos.

- Definición de Criterios de Éxito:

- **Revisión de Objetivos**: Comparar los resultados del proyecto con los objetivos y metas establecidos al inicio. Esto incluye la evaluación de factores como el alcance, el presupuesto, el tiempo y la calidad.

- **Establecimiento de KPIs**: Utilizar indicadores clave de rendimiento (KPIs) para evaluar el éxito del proyecto. Esto puede incluir métricas como el retorno de inversión (ROI), la satisfacción del cliente y la tasa de defectos en el producto final.

- Métodos de Evaluación:

- **Encuestas de Satisfacción**: Recoger feedback del cliente y los stakeholders sobre su satisfacción con el producto y el proceso. Las encuestas pueden proporcionar información valiosa sobre áreas de mejora.

• **Análisis Comparativo**: Evaluar el desempeño del proyecto en comparación con proyectos similares en la organización o en la industria. Esto puede ayudar a identificar tendencias y mejores prácticas.

- Documentación de Resultados:

• **Informes de Cierre**: Elaborar un informe de cierre que resuma los resultados del proyecto, incluyendo el cumplimiento de los objetivos, las lecciones aprendidas y las recomendaciones para futuros proyectos. Este informe debe ser compartido con todos los stakeholders y archivado para referencia futura.

11.9.3. Estrategias de Entrega y Transición de Proyectos

La entrega del proyecto es el proceso final en el ciclo de vida del proyecto, donde se proporciona el producto final al cliente o se transfiere al equipo de soporte.

- Preparación para la Entrega:

• **Revisión Final**: Realizar una revisión final del producto para asegurarse de que cumple con los requisitos y los estándares de calidad. Esto puede incluir pruebas finales, documentación de usuario y validación del cliente.

• **Capacitación del Usuario**: Proporcionar formación y soporte a los usuarios finales sobre cómo utilizar el producto. Esto puede incluir sesiones de capacitación, manuales de usuario y recursos en línea.

- Proceso de Entrega:

• **Transición Formal**: Llevar a cabo una reunión de entrega formal con el cliente y los stakeholders, presentando el producto final y discutiendo los resultados del proyecto. Esto establece un cierre adecuado y asegura que todas las partes estén alineadas.

• **Documentación de la Transición**: Proporcionar toda la documentación necesaria, incluyendo manuales de usuario, guías técnicas y cualquier información relevante sobre el soporte y mantenimiento del producto.

- Soporte Post-Entrega:

- **Definición de Planes de Soporte**: Establecer un plan para el soporte post-entrega, incluyendo la asignación de recursos y un calendario para la asistencia técnica. Esto ayuda a garantizar que cualquier problema o inquietud se aborde de manera oportuna.

- **Monitoreo y Feedback Continuo**: Recoger retroalimentación de los usuarios después de la entrega para identificar cualquier problema que pueda surgir y realizar mejoras según sea necesario. Esto también puede incluir el seguimiento de métricas de uso y rendimiento.

11.9.4. Conclusión

El cierre de proyectos y la evaluación post-mortem son componentes vitales de la gestión de proyectos de software. Al documentar lecciones aprendidas, evaluar el desempeño del proyecto y establecer estrategias de entrega, los equipos pueden asegurar que cada proyecto contribuya al aprendizaje organizacional y al desarrollo de mejores prácticas. Este enfoque no solo mejora la calidad de futuros proyectos, sino que también promueve una cultura de mejora continua y adaptación en el entorno de desarrollo de software.

11.10. CONCLUSIONES DEL CAPÍTULO

La gestión de proyectos de software es una disciplina crítica que abarca una variedad de metodologías, herramientas y enfoques diseñados para garantizar la entrega exitosa de productos de software. A lo largo de este capítulo, hemos explorado los aspectos esenciales de la gestión de proyectos, que incluyen la planificación, ejecución, seguimiento y cierre de proyectos, así como la implementación de prácticas de mejora continua.

Se trata de un campo dinámico y en constante evolución que requiere un enfoque proactivo y adaptable. Al adoptar prácticas efectivas de gestión, priorizar la comunicación y fomentar un entorno de colaboración, los equipos pueden mejorar su capacidad para entregar productos de alta calidad que satisfagan las necesidades de los clientes. Al final del día, el éxito en la gestión de proyectos de software no solo se mide por la entrega puntual y dentro del presupuesto, sino también por la satisfacción del cliente y la capacidad del equipo para aprender y crecer a partir de cada experiencia.

CAPÍTULO 12

Aspectos éticos y legales

CAPÍTULO 12 ASPECTOS ÉTICOS Y LEGALES

En el desarrollo de software, los aspectos éticos y legales son fundamentales para garantizar que los productos creados no solo sean funcionales y eficientes, sino también responsables y justos. Este capítulo aborda la intersección entre la ética y la ley en el contexto del desarrollo de software, destacando la importancia de la responsabilidad social y profesional de los desarrolladores.

Se explorarán conceptos clave como la propiedad intelectual, incluyendo derechos de autor, patentes y el uso de licencias de software, que son esenciales para proteger tanto las innovaciones de los desarrolladores como los derechos de los usuarios. Además, se discutirán los dilemas éticos que pueden surgir en el proceso de desarrollo, como la privacidad de los datos, la automatización y los sesgos inherentes en la inteligencia artificial.

A medida que la tecnología avanza y se convierte en una parte integral de la sociedad, los desarrolladores deben estar equipados con el conocimiento y las herramientas necesarias para navegar por estos aspectos éticos y legales, asegurando así un impacto positivo en el mundo que los rodea.

12.1. INTRODUCCIÓN A LA ÉTICA EN EL DESARROLLO DE SOFTWARE

La ética en el desarrollo de software es un campo cada vez más relevante a medida que la tecnología se integra más profundamente en todos los aspectos de la vida diaria. Los desarrolladores de software no solo crean herramientas y aplicaciones, sino que también modelan comportamientos, influyen en la cultura y pueden impactar la vida de las personas de manera significativa. Este capítulo aborda la responsabilidad ética de los desarrolladores, los dilemas que enfrentan y la importancia de un código de conducta claro en su profesión.

12.1.1. Responsabilidad Social y Profesional del Desarrollador

Los desarrolladores de software tienen una responsabilidad tanto social como profesional que va más allá de la mera creación de código funcional. Esta responsabilidad implica considerar el impacto que su trabajo tiene en la sociedad en general. Por ejemplo, al desarrollar aplicaciones que procesan datos personales, es crucial garantizar la privacidad y la seguridad de esos datos, así como ser transparente sobre cómo se utilizan.

Los desarrolladores deben tener en cuenta el principio de **"primero, no hacer daño"**, asegurándose de que sus aplicaciones no contribuyan a prácticas nocivas, como la discriminación o la desinformación. Esto es especialmente pertinente en un entorno en el que tecnologías como la inteligencia artificial (IA) y el aprendizaje automático pueden perpetuar sesgos existentes si no se manejan de manera adecuada. Al adoptar una postura ética, los desarrolladores pueden contribuir a un entorno tecnológico más justo y responsable.

12.1.2. Dilemas Éticos en el Desarrollo de Software

Los dilemas éticos son comunes en el desarrollo de software, y enfrentarlos requiere un análisis cuidadoso y una toma de decisiones informada. Algunos ejemplos incluyen:

• **Privacidad de Datos**: Los desarrolladores deben equilibrar la necesidad de recopilar datos para mejorar los servicios con la obligación de proteger la privacidad de los usuarios. La recopilación excesiva de datos o la falta de transparencia sobre el uso de estos puede llevar a violaciones de la privacidad.

• **Automatización**: La automatización y el uso de algoritmos pueden aumentar la eficiencia, pero también plantean preguntas sobre la pérdida de empleos y la deshumanización de los procesos. Los desarrolladores deben considerar cómo sus decisiones afectan a las personas y si la automatización podría perpetuar desigualdades.

• **Sesgos en la Inteligencia Artificial**: Los sistemas de IA pueden reflejar sesgos presentes en los datos con los que fueron entrenados. Esto puede llevar a decisiones injustas en ámbitos críticos, como la contratación, el crédito y la justicia penal. Los desarrolladores deben estar atentos a estos sesgos y trabajar activamente para mitigarlos.

El análisis de estos dilemas a través de casos de estudio ayuda a los desarrolladores a reconocer la complejidad de las decisiones que toman y a desarrollar un enfoque más reflexivo y ético en su trabajo.

12.1.3. Código de Conducta para Desarrolladores

Un código de conducta proporciona un marco ético para los desarrolladores y establece normas y principios que guían su comportamiento profesional. Este código puede incluir:

• **Integridad**: Fomentar la honestidad en el desarrollo y la gestión de proyectos, evitando prácticas engañosas o poco éticas.

• **Respeto por el Usuario**: Priorizar la experiencia del usuario y garantizar que las aplicaciones sean accesibles y no discriminatorias.

• **Colaboración y Transparencia**: Promover un ambiente de trabajo colaborativo donde la comunicación abierta y la retroalimentación sean valoradas.

• **Responsabilidad Profesional**: Asumir la responsabilidad por el trabajo realizado, incluyendo la calidad del código y el cumplimiento de las normativas legales y éticas.

Al adherirse a un código de conducta, los desarrolladores no solo refuerzan su compromiso con la ética, sino que también contribuyen a elevar la profesión y a generar confianza tanto en su trabajo como en la industria del software en general. Esto es fundamental en un momento en que la tecnología juega un papel crucial en la vida cotidiana y en la configuración de la sociedad.

12.2. PRINCIPIOS BÁSICOS DE LA PROPIEDAD INTELECTUAL

La propiedad intelectual es un conjunto de derechos legales que protegen las creaciones de la mente, incluidas las obras literarias, artísticas y los inventos. En el contexto del desarrollo de software, es esencial comprender estos principios para proteger adecuadamente el trabajo realizado y respetar el de otros. A continuación, se detallan los conceptos clave relacionados con la propiedad intelectual en el desarrollo de software.

12.2.1. Derechos de Autor y Software

Los derechos de autor son un tipo de propiedad intelectual que protege las obras originales de autoría, incluidos los programas de software. Al registrar el código fuente de un software bajo derechos de autor, el autor obtiene el derecho exclusivo de reproducir, distribuir y realizar obras derivadas. Esto significa que nadie puede usar, modificar o distribuir el software sin el permiso del titular de los derechos.

Es crucial que los desarrolladores comprendan la importancia de utilizar licencias que especifican cómo se puede utilizar su software. Existen varias licencias, cada una con diferentes condiciones sobre la redistribución y modificación del código. Al elegir una licencia adecuada, los desarrolladores pueden proteger su trabajo y establecer las reglas para su uso por parte de otros, promoviendo así una cultura de respeto y cumplimiento en la comunidad del software.

12.2.2. Patentes de Software

Las patentes son un tipo de protección que se concede a las invenciones, incluidas algunas innovaciones en software. Una patente otorga al inventor derechos exclusivos para fabricar, usar y vender su invención durante un período determinado, generalmente 20 años desde la fecha de presentación.

Para obtener una patente de software, es necesario presentar una solicitud ante la oficina de patentes correspondiente, describiendo la invención de manera clara y detallada. La invención debe ser nueva, útil y no obvia para alguien con conocimientos en el campo.

Patentar un software es adecuado en situaciones donde se ha desarrollado una tecnología innovadora que puede proporcionar una ventaja competitiva y se desea protegerla de la copia por parte de competidores. Sin embargo, el proceso de obtención de patentes puede ser costoso y prolongado, por lo que es fundamental evaluar cuidadosamente si es la opción correcta para cada caso particular.

12.2.3. Uso de Software de Código Abierto y Licencias

El software de código abierto permite a los desarrolladores acceder y modificar el código fuente. Sin embargo, es importante entender los diferentes tipos de licencias asociadas con el software de código abierto, ya que dictan cómo se puede usar, modificar y redistribuir el software.

Algunas de las licencias más comunes incluyen:

• **Licencia MIT**: Permite a los usuarios hacer prácticamente cualquier cosa con el software, siempre que se incluya una copia de la licencia en cualquier distribución.

• **Licencia GPL (General Public License)**: Requiere que cualquier software derivado también se distribuya bajo la misma licencia, promoviendo la libre distribución y modificación.

• **Licencia Apache**: Permite a los usuarios utilizar el software de manera similar a la MIT, pero también incluye disposiciones de patentes que protegen a los usuarios de reclamos de patentes por parte de los contribuyentes.

Elegir la licencia adecuada para un proyecto de software es fundamental, ya que afecta cómo se comparte y utiliza el software, así como la protección legal del trabajo realizado. Los desarrolladores deben considerar sus objetivos y el contexto en el que se utilizará el software al seleccionar la licencia más apropiada.

12.2.4. Consideraciones sobre Copyright y Uso Justo

El copyright es la protección legal que se aplica automáticamente a las obras originales de autoría, incluido el software. Es importante entender las diferencias entre el uso justo y la infracción de derechos de autor en el contexto del software.

• **Uso Justo**: Es un principio legal que permite el uso limitado de obras protegidas sin tener que obtener permiso del titular de los derechos. Ejemplos de uso justo incluyen la crítica, la enseñanza, y la investigación. Sin embargo, el uso justo no está claramente definido y puede variar según el contexto.

• **Infracción de Derechos de Autor**: Ocurre cuando se utiliza software sin el permiso adecuado del titular de los derechos. Esto incluye la copia, distribución o modificación del software sin una licencia válida.

Los desarrolladores deben ser conscientes de estas distinciones para evitar acciones legales y promover una cultura de respeto por la propiedad intelectual. Comprender las reglas que rigen el uso y la distribución de software ayuda a proteger tanto su trabajo como el de otros en la comunidad de desarrollo de software.

12.3. REGULACIONES Y CUMPLIMIENTO EN TÉRMINOS SENCILLOS

Las regulaciones y el cumplimiento son aspectos críticos en el desarrollo de software, especialmente en un mundo donde la privacidad y la seguridad de los datos son cada vez más relevantes. Esta sección se centra en los marcos normativos que los desarrolladores y las organizaciones deben considerar para garantizar que su software sea legal y ético. A continuación, se amplían los temas clave en este ámbito.

12.3.1. Regulaciones de Privacidad de Datos (GDPR, CCPA, etc.)

Las regulaciones de privacidad de datos, como el Reglamento General de Protección de Datos (GDPR) de la Unión Europea y la Ley de Privacidad del Consumidor de California (CCPA), establecen requisitos específicos sobre cómo las empresas deben manejar la información personal. Es fundamental que los desarrolladores comprendan las obligaciones que estas regulaciones imponen, que incluyen:

• **Consentimiento**: Asegurarse de que se obtenga el consentimiento explícito de los usuarios antes de recopilar y procesar sus datos.

• **Transparencia**: Informar a los usuarios sobre cómo se utilizarán sus datos, quién tiene acceso a ellos y durante cuánto tiempo se almacenarán.

• **Derechos de los usuarios**: Facilitar el acceso de los usuarios a sus datos, permitiéndoles corregir o eliminar información según lo deseen.

Cumplir con estas regulaciones no solo evita sanciones legales, sino que también genera confianza entre los usuarios.

12.3.2. Leyes de Protección de Datos Personales

Cada país tiene sus propias leyes de protección de datos personales que los desarrolladores deben tener en cuenta. Por ejemplo, en México, la Ley Federal de Protección de Datos Personales en Posesión de los Particulares establece principios para el manejo de datos personales. Asegurar que las aplicaciones cumplan con estas leyes implica:

• **Evaluaciones de Impacto**: Realizar análisis para identificar cómo se gestionan los datos y los riesgos asociados.

• **Implementación de Medidas de Seguridad**: Adoptar protocolos que garanticen la seguridad de los datos, como cifrado y controles de acceso.

• **Capacitación del Personal**: Educar a los equipos sobre la importancia de la protección de datos y cómo manejar la información sensible.

12.3.3. Cumplimiento de Normativas de Accesibilidad

La accesibilidad es un aspecto crucial en el desarrollo de software, garantizando que todas las personas, incluidas aquellas con discapacidades, puedan utilizar la aplicación. Las normativas como la Web Content Accessibility Guidelines (WCAG) establecen pautas que ayudan a los desarrolladores a crear software inclusivo. Para cumplir con estas normativas, se deben considerar:

• **Diseño Inclusivo**: Implementar características como texto alternativo para imágenes y navegabilidad mediante teclado.

• **Pruebas de Usabilidad**: Realizar pruebas con usuarios con diversas discapacidades para identificar y corregir barreras de accesibilidad.

• **Formación Continua**: Mantenerse actualizado sobre las mejores prácticas y nuevas regulaciones en accesibilidad.

12.3.4. Normativas sobre Seguridad de la Información (ISO/IEC 27001, NIST)

La seguridad de la información es un componente esencial en el desarrollo de software. Normativas como la ISO/IEC 27001 y las directrices del Instituto Nacional de Estándares y Tecnología (NIST) proporcionan un marco para gestionar la seguridad de la información. Las áreas clave incluyen:

• **Gestión de Riesgos**: Evaluar y mitigar riesgos potenciales que pueden afectar la confidencialidad, integridad y disponibilidad de los datos.

- **Controles de Seguridad**: Implementar medidas adecuadas, como autenticación de usuarios, cifrado y monitoreo de seguridad.

- **Auditorías y Revisión**: Realizar auditorías periódicas para asegurar que las políticas de seguridad se cumplan y se actualicen según sea necesario.

El cumplimiento de estas normativas no solo protege la información sensible, sino que también mejora la reputación de la organización y fomenta la confianza de los usuarios.

12.4. ÉTICA EN LA INTELIGENCIA ARTIFICIAL Y EL MACHINE LEARNING

La ética en la inteligencia artificial (IA) y el machine learning (ML) se ha convertido en un tema crítico en el desarrollo de tecnologías que impactan profundamente la vida cotidiana y la sociedad en general. Con el aumento del uso de algoritmos y sistemas automatizados en diversas áreas, es fundamental abordar las implicaciones éticas relacionadas con su diseño, implementación y uso.

12.4.1. Consideraciones Éticas en el Uso de Datos para AI

La recolección y el uso de datos son fundamentales para el desarrollo de sistemas de IA y ML, pero también plantean importantes cuestiones éticas:

- **Transparencia**: Es esencial que los usuarios comprendan cómo se utilizan sus datos. Las organizaciones deben ser transparentes sobre las prácticas de recolección de datos, incluyendo qué datos se recogen, cómo se utilizan y con quién se comparten. La falta de transparencia puede erosionar la confianza de los usuarios y llevar a un rechazo de la tecnología.

- **Consentimiento**: Obtener el consentimiento informado de los usuarios es un principio ético clave. Esto implica que los usuarios deben ser plenamente conscientes de las implicaciones del uso de sus datos y tener la opción de aceptarlo o rechazarlo. Las prácticas de recolección de datos deben ser claras y accesibles para los usuarios.

- **Privacidad**: La protección de la privacidad es fundamental en el uso de datos para IA. Las organizaciones deben implementar medidas adecuadas para garantizar que los datos se manejen de manera segura y que se cumplan las normativas de protección de datos, como el GDPR. Esto incluye el uso de técnicas de anonimización y encriptación.

12.4.2. Mitigación de Sesgos en Modelos de Machine Learning

Los sesgos en los modelos de machine learning pueden conducir a resultados injustos y discriminatorios, lo que plantea importantes desafíos éticos:

• **Fuentes de Sesgo**: Los sesgos pueden introducirse en el proceso de entrenamiento de los modelos debido a datos desiguales, representaciones inadecuadas o errores humanos en la recolección de datos. Es crucial identificar y abordar estas fuentes de sesgo para asegurar que los modelos reflejen una representación equitativa de todas las poblaciones.

• **Pruebas y Validación**: Las organizaciones deben implementar procesos de pruebas y validación rigurosos para evaluar el rendimiento de los modelos en diferentes grupos demográficos. Esto implica usar conjuntos de datos diversos y representativos durante el entrenamiento y la evaluación de los modelos.

• **Desarrollo Inclusivo**: Fomentar un enfoque inclusivo en el desarrollo de modelos de machine learning implica involucrar a equipos diversos y multidisciplinarios en el proceso de diseño y evaluación. Esto puede ayudar a identificar y mitigar sesgos que de otro modo podrían pasarse por alto.

12.4.3. Responsabilidad en la Automatización y Decisiones Algorítmicas

A medida que las organizaciones adoptan sistemas automatizados para la toma de decisiones, surge la necesidad de abordar las implicaciones éticas de esta delegación de responsabilidad:

• **Transparencia en la Toma de Decisiones**: Los sistemas de IA deben ser transparentes en cómo se toman las decisiones. Los usuarios y las partes interesadas deben tener acceso a información sobre los criterios utilizados en el proceso de decisión y los datos subyacentes. Esto no solo fomenta la confianza, sino que también permite a las personas cuestionar o apelar decisiones que consideren injustas.

- **Implicaciones de Responsabilidad**: Determinar quién es responsable en caso de que un sistema automatizado cometa un error es una cuestión ética y legal compleja. Las organizaciones deben establecer políticas claras sobre la responsabilidad en la toma de decisiones automatizadas, asegurando que haya mecanismos para abordar las quejas y las repercusiones de las decisiones erróneas.

- **Impacto Social**: Las decisiones algorítmicas pueden tener un impacto profundo en la vida de las personas, afectando áreas como la contratación, el crédito y la justicia penal. Es fundamental que las organizaciones evalúen las repercusiones sociales de sus sistemas de IA y trabajen para garantizar que los beneficios se distribuyan equitativamente.

En resumen, la ética en la inteligencia artificial y el machine learning es un componente esencial en el desarrollo y la implementación de tecnologías responsables. Abordar las consideraciones éticas en el uso de datos, mitigar sesgos en los modelos y asumir la responsabilidad en las decisiones automatizadas son pasos cruciales para construir sistemas de IA que sean justos, transparentes y respetuosos con los derechos de los usuarios.

12.5. PRÁCTICAS DE CIBERSEGURIDAD Y ASPECTOS LEGALES

La ciberseguridad es una preocupación crítica en el desarrollo de software, ya que el aumento de las amenazas digitales requiere que los desarrolladores no solo protejan sus aplicaciones, sino que también cumplan con las normativas legales vigentes. Esta sección aborda las normativas relevantes, la protección legal ante brechas de seguridad y la ética en el hacking, proporcionando un marco integral sobre cómo las leyes y las prácticas de ciberseguridad están interrelacionadas.

12.5.1. Normativas sobre la Ciberseguridad en Aplicaciones

A medida que el número de ciberataques sigue en aumento, se han implementado diversas leyes y regulaciones a nivel global para proteger las aplicaciones y los datos de los usuarios. Algunas de las normativas más relevantes incluyen:

• **Reglamento General de Protección de Datos (GDPR)**: Este reglamento de la Unión Europea establece estrictas pautas sobre el manejo de datos personales, obligando a las organizaciones a implementar medidas de seguridad adecuadas para proteger la información de los usuarios. La falta de cumplimiento puede resultar en multas significativas.

• **Ley de Protección de la Información Personal y la Ley de Protección de la Privacidad de los Niños en Internet (COPPA)**: Estas leyes en Estados Unidos establecen directrices sobre cómo las organizaciones deben proteger la información personal, especialmente la de los menores. Esto incluye la implementación de prácticas de seguridad robustas para prevenir el acceso no autorizado a datos sensibles.

• **Normativa ISO/IEC 27001**: Esta norma internacional proporciona un marco para la gestión de la seguridad de la información, ayudando a las organizaciones a proteger su información de manera sistemática y continua. La certificación ISO/IEC 27001 demuestra que una organización cumple con los estándares de ciberseguridad reconocidos a nivel mundial.

El cumplimiento de estas normativas no solo protege a las organizaciones de sanciones legales, sino que también construye confianza entre los usuarios y mejora la reputación de la marca.

12.5.2. Protección Legal ante Vulnerabilidades y Brechas de Seguridad

Los desarrolladores y las organizaciones tienen derechos y obligaciones legales en caso de vulnerabilidades de seguridad y brechas de datos. Es fundamental comprender el marco legal que rodea estas situaciones:

- **Responsabilidad del Desarrollador**: Los desarrolladores son responsables de implementar medidas de seguridad adecuadas para proteger las aplicaciones de posibles ciberataques. Esto incluye la realización de pruebas de seguridad regulares y la corrección de vulnerabilidades conocidas. Si se produce una brecha de seguridad debido a negligencia, pueden enfrentarse a acciones legales y multas.

- **Notificación de Brechas**: Muchas leyes requieren que las organizaciones notifiquen a los usuarios y a las autoridades competentes en caso de una brecha de seguridad que comprometa datos personales. La falta de notificación o una notificación tardía puede resultar en sanciones severas.

- **Derechos de los Usuarios**: Los usuarios tienen derecho a conocer cómo se manejan sus datos y a recibir información sobre las medidas que se han tomado para proteger su información. Además, tienen el derecho a demandar a las organizaciones por daños si sus datos han sido comprometidos debido a la falta de medidas de seguridad adecuadas.

El establecimiento de políticas claras sobre la gestión de vulnerabilidades y brechas de seguridad ayuda a las organizaciones a proteger sus activos y a mantener la confianza de los usuarios.

12.5.3. Ciberseguridad y Ética en el Hacking

La ética en el hacking es un tema relevante en el campo de la ciberseguridad, especialmente en un contexto donde los hackers pueden ser tanto amenazas como aliados en la lucha contra ciberataques:

- **Hacking Ético**: El hacking ético implica la práctica de realizar pruebas de penetración y evaluaciones de seguridad de sistemas con el permiso del propietario. Los hackers éticos utilizan sus habilidades para identificar y corregir vulnerabilidades, ayudando a las organizaciones a mejorar su postura de seguridad. Este enfoque es esencial en la ciberseguridad proactiva.

- **Diferencia entre Hacking Ético y Hacking Malicioso**: La principal diferencia entre el hacking ético y el hacking malicioso radica en la intención y el permiso. Mientras que el hacking ético se realiza con la autorización y con el objetivo de mejorar la seguridad, el hacking malicioso busca explotar vulnerabilidades para obtener beneficios personales o causar daño. Las leyes de ciberseguridad en muchos países establecen penas severas para el hacking malicioso.

- **Código de Ética Profesional**: Los profesionales de la ciberseguridad y los hackers éticos deben adherirse a un código de ética que promueva la integridad, la responsabilidad y el respeto por la privacidad de los usuarios. Este código guía su comportamiento y asegura que las acciones tomadas en el ámbito de la ciberseguridad sean en beneficio de la sociedad.

Comprender las implicaciones éticas del hacking y la ciberseguridad es esencial para los desarrolladores y los profesionales de TI, ya que sus decisiones pueden tener un impacto significativo en la seguridad de los datos y en la confianza del usuario.

12.6. IMPLICACIONES LEGALES DEL USO DE SOFTWARE EN DIFERENTES SECTORES

El uso de software varía significativamente entre diferentes sectores, y cada uno enfrenta sus propias implicaciones legales y regulatorias. Entender estas normativas es esencial para garantizar que las aplicaciones cumplan con los requisitos legales y protejan tanto a las empresas como a los consumidores.

12.6.1. Software en el Sector Financiero y la Regulatoria (Fintech)

El sector financiero, especialmente en el contexto de las fintech, está sujeto a una serie de normativas específicas que buscan garantizar la seguridad, la transparencia y la protección del consumidor:

- **Regulación de Servicios Financieros**: Las fintech deben cumplir con normativas como la Ley de Secreto Bancario (BSA) y la Ley PATRIOTA en los Estados Unidos, que exigen la implementación de medidas de prevención de lavado de dinero (AML) y la debida diligencia en la identificación de clientes (KYC). Esto incluye la recolección de información personal y financiera, así como la monitorización de transacciones sospechosas.

- **Protección de Datos y Privacidad**: Las regulaciones como el GDPR en Europa y la CCPA en California establecen estrictos requisitos sobre cómo las empresas manejan y protegen los datos de los usuarios. Las fintech deben garantizar que la recopilación, el almacenamiento y el procesamiento de datos personales se realicen de manera legal y ética, obteniendo el consentimiento explícito de los usuarios.

- **Regulación de Criptomonedas y Activos Digitales**: Con el crecimiento de las criptomonedas y otros activos digitales, los marcos regulatorios han comenzado a adaptarse. Las empresas fintech que operan en este espacio deben estar al tanto de las regulaciones específicas que se aplican a las criptomonedas, como la clasificación de activos, la obligación de registrarse como proveedores de servicios de activos virtuales y la regulación de las ofertas iniciales de monedas (ICO).

12.6.2. Regulaciones para Software en el Ámbito Sanitario

El desarrollo de software para el sector sanitario enfrenta un conjunto único de regulaciones diseñadas para proteger la salud y la privacidad de los pacientes:

- **Regulación de Dispositivos Médicos**: En muchos países, el software que se utiliza como parte de un dispositivo médico o que tiene un impacto significativo en el tratamiento de los pacientes se clasifica como un dispositivo médico en sí mismo. Esto significa que debe cumplir con normativas estrictas de la FDA en los Estados Unidos o la CE en Europa, que requieren pruebas rigurosas y documentación antes de su aprobación.

- **Protección de la Información de Salud**: La Ley de Portabilidad y Responsabilidad de Seguro de Salud (HIPAA) en EE.UU. establece normas para la privacidad y la seguridad de la información de salud personal (PHI). Las aplicaciones de salud deben implementar medidas de seguridad robustas para proteger los datos de los pacientes y asegurar que la información se maneje de manera confidencial.

- **Normativas sobre Telemedicina**: Con el aumento de la telemedicina, las regulaciones sobre la prestación de servicios de salud a distancia se han vuelto más relevantes. Esto incluye la necesidad de licencias para los proveedores de servicios de salud y el cumplimiento de las normativas sobre la práctica médica a distancia.

12.6.3. Normativas para Software de Comercio Electrónico

El comercio electrónico está sujeto a diversas regulaciones que buscan proteger tanto a los consumidores como a las empresas:

- **Legislación sobre Protección del Consumidor**: Las leyes de protección del consumidor exigen que los comerciantes en línea proporcionen información clara y precisa sobre los productos, incluidas las políticas de devolución, el envío y los costos asociados. También deben asegurar que los consumidores tengan acceso a canales de queja y resolución de disputas.

• **Privacidad y Seguridad de Pagos**: Normativas como el Estándar de Seguridad de Datos para la Industria de Tarjetas de Pago (PCI DSS) establecen requisitos para la gestión segura de la información de tarjetas de crédito. Las empresas de comercio electrónico deben cumplir con estos estándares para proteger los datos de pago de los clientes y evitar violaciones de seguridad.

• **Regulación de Publicidad y Marketing Digital**: Las prácticas de publicidad en línea deben cumplir con las normativas de publicidad veraz y justa. Las leyes como la Ley CAN-SPAM en EE.UU. y la GDPR en Europa regulan cómo las empresas pueden comunicarse con los consumidores a través de correos electrónicos y publicidad dirigida.

En resumen, las implicaciones legales del uso de software en diferentes sectores son complejas y variadas. Las organizaciones deben ser conscientes de las normativas específicas que afectan a su sector y asegurarse de que sus aplicaciones cumplan con los requisitos legales para proteger a los usuarios y mitigar riesgos legales. Esto no solo es esencial para la conformidad, sino que también ayuda a construir confianza y credibilidad en el mercado.

12.7. CONCLUSIONES DEL CAPÍTULO

La ética en el desarrollo de software no es solo una cuestión de responsabilidad profesional, sino un imperativo social. Los desarrolladores deben ser conscientes del impacto de sus decisiones técnicas en la vida de los usuarios y en la sociedad en general. Desde la recolección de datos hasta la automatización de decisiones, la ética debe ser un principio guía que asegure que el software beneficie a la comunidad y no perpetúe desigualdades ni discriminaciones.

En conclusión, abordar los aspectos éticos y legales en el desarrollo de software es esencial para construir un ecosistema tecnológico más justo, seguro y responsable. Los desarrolladores y las organizaciones deben asumir un compromiso proactivo con la ética, la legalidad y la responsabilidad social, reconociendo que su trabajo no solo impacta a los usuarios individuales, sino también a la sociedad en su conjunto. Al hacerlo, se fomentará un entorno que no solo prioriza la innovación, sino que también respeta y protege los derechos de todos los involucrados.

CAPÍTULO 13

*Tendencias actuales y futuras
en la ingeniería de software*

CAPÍTULO 13
TENDENCIAS ACTUALES Y FUTURAS EN LA INGENIERÍA DE SOFTWARE

El mundo de la ingeniería de software está en constante evolución, impulsado por nuevas tecnologías y enfoques que transforman la forma en que desarrollamos, desplegamos y mantenemos aplicaciones. Este capítulo analiza las tendencias más relevantes y su impacto en la industria, explorando desde la inteligencia artificial hasta el auge de aplicaciones en realidad aumentada y virtual.

13.1. INTELIGENCIA ARTIFICIAL EN EL DESARROLLO DE SOFTWARE

La inteligencia artificial (IA) ha transformado el panorama del desarrollo de software, no solo facilitando la creación de aplicaciones, sino también permitiendo a los equipos de desarrollo automatizar tareas complejas y optimizar procesos de manera significativa. A medida que la tecnología avanza, la IA se convierte en una herramienta esencial que permite a los desarrolladores abordar desafíos cada vez más sofisticados y ofrecer productos de alta calidad en menos tiempo.

13.1.1. Asistentes de Programación

Las herramientas de asistente de programación, como GitHub Copilot y ChatGPT, han revolucionado la forma en que los desarrolladores escriben código. Estas plataformas utilizan modelos de lenguaje avanzado y aprendizaje profundo para sugerir fragmentos de código, autocompletar funciones y ofrecer soluciones a problemas comunes en tiempo real. Al reducir la cantidad de tiempo que los desarrolladores pasan escribiendo código manualmente, estos asistentes no solo aumentan la eficiencia, sino que también ayudan a minimizar errores, promoviendo así mejores prácticas de codificación. Además, al proporcionar ejemplos y sugerencias contextualizadas, estas herramientas también sirven como recursos de aprendizaje, ayudando a los desarrolladores, especialmente a los novatos, a mejorar sus habilidades.

13.1.2. Machine Learning y Deep Learning

El machine learning (ML) y el deep learning (DL) han abierto nuevas posibilidades en el desarrollo de software al permitir la creación de modelos predictivos que analizan grandes volúmenes de datos. Estas tecnologías se utilizan en una variedad de aplicaciones, desde sistemas de recomendación hasta detección de fraudes y análisis de sentimiento. Por ejemplo, en el contexto del desarrollo de software, ML puede utilizarse para predecir fallos en sistemas antes de que ocurran, analizando patrones en los datos históricos. Esto no solo mejora la fiabilidad del software, sino que también permite a los equipos de desarrollo anticipar y resolver problemas antes de que afecten a los usuarios finales, optimizando así la experiencia del cliente.

13.1.3. Optimización de Procesos

La IA también desempeña un papel crucial en la optimización de procesos dentro del ciclo de vida del desarrollo de software. Mediante la automatización de pruebas de software, las herramientas impulsadas por IA pueden identificar y corregir errores de manera más rápida y eficiente que los métodos tradicionales. Esto reduce el tiempo de desarrollo y mejora la calidad del producto final. Además, la IA puede ayudar a mejorar la gestión de incidencias al clasificar automáticamente los problemas reportados, priorizar su resolución según la gravedad y asignar tareas a los desarrolladores adecuados. Esta capacidad de análisis y optimización permite a los equipos ser más ágiles y responder rápidamente a los cambios en las necesidades del mercado o en los requisitos del cliente.

13.1.4. Impacto en la Colaboración y la Innovación

Además de mejorar la eficiencia y la calidad del desarrollo de software, la inteligencia artificial también promueve una mayor colaboración entre los equipos. Con la automatización de tareas rutinarias, los desarrolladores pueden dedicar más tiempo a actividades creativas y estratégicas, como el diseño de soluciones innovadoras y la planificación de arquitecturas de software. Este enfoque en la innovación es fundamental para mantener la competitividad en un mercado tecnológico en rápida evolución.

13.1.5. Consideraciones Éticas y Desafíos

Sin embargo, la implementación de la IA en el desarrollo de software no está exenta de desafíos y consideraciones éticas. La dependencia excesiva de sistemas automatizados puede dar lugar a problemas de sesgo, seguridad y privacidad. Es fundamental que los desarrolladores comprendan las implicaciones éticas de utilizar IA y aseguren que sus modelos sean justos, transparentes y responsables. La formación continua en ética de la IA y en el uso de tecnologías emergentes se vuelve crucial para los profesionales del software.

En resumen, la inteligencia artificial está redefiniendo el desarrollo de software al proporcionar herramientas poderosas que optimizan procesos, mejoran la calidad y fomentan la innovación. A medida que estas tecnologías continúan evolucionando, su integración en el flujo de trabajo de desarrollo se volverá cada vez más prevalente, haciendo que la formación en IA y su aplicación práctica sean esenciales para el futuro de la ingeniería de software.

13.2. DEVOPS Y CI/CD

La integración de DevOps y la automatización de CI/CD (Integración Continua y Despliegue Continuo) han revolucionado la forma en que se entrega el software, permitiendo ciclos de desarrollo más cortos, una mejor colaboración entre equipos y un enfoque en la calidad continua del producto. Este enfoque holístico no solo mejora la eficiencia, sino que también permite a las organizaciones adaptarse rápidamente a los cambios del mercado y a las necesidades de los usuarios finales.

13.2.1. Cultura de DevOps

La cultura de DevOps es fundamental para el éxito de la entrega continua de software. Implica la integración de los equipos de desarrollo y operaciones en un solo flujo de trabajo colaborativo. Esta colaboración fluida promueve la comunicación constante y el entendimiento mutuo, lo que reduce las fricciones entre los equipos que tradicionalmente han operado de manera aislada. Fomentar una cultura de DevOps implica romper silos organizativos, fomentar la responsabilidad compartida y adoptar una mentalidad de mejora continua.

Los principios de DevOps también incluyen la experimentación y la retroalimentación constante, lo que permite a los equipos aprender de sus errores y optimizar sus procesos. Esto no solo se traduce en una entrega más rápida de software, sino que también mejora la calidad del producto final, ya que los equipos están en una posición más fuerte para abordar problemas antes de que lleguen a producción.

13.2.2. Automatización de Despliegues

La automatización de los procesos de integración y despliegue es uno de los componentes clave de DevOps. Herramientas como Jenkins, GitLab CI/CD y GitHub Actions permiten a los equipos automatizar tareas repetitivas, como la construcción de código, la ejecución de pruebas y el despliegue a entornos de producción. Esta automatización no solo acelera el proceso de entrega, sino que también reduce el riesgo de errores humanos, que son comunes en los despliegues manuales.

La implementación de pipelines de CI/CD permite a los desarrolladores realizar cambios en el código con mayor frecuencia, probando automáticamente cada cambio en un entorno controlado antes de su lanzamiento. Esto asegura que cualquier problema se identifique y resuelva de inmediato, mejorando la estabilidad y la calidad del software.

13.2.3. Infraestructura como Código (IaC)

La Infraestructura como Código (IaC) es otro aspecto crucial que complementa la práctica de DevOps. Con herramientas como Terraform y Ansible, los equipos pueden gestionar la infraestructura de TI utilizando configuraciones codificadas, lo que permite tratar la infraestructura de la misma manera que se trata el software. Esto proporciona consistencia y reproducibilidad en los entornos de desarrollo, pruebas y producción.

IaC permite a los equipos provisionar y configurar entornos rápidamente, lo que es especialmente útil en entornos de desarrollo ágil donde las demandas pueden cambiar rápidamente. Además, la capacidad de versionar la infraestructura junto con el código significa que cualquier cambio en la configuración puede rastrearse y revertirse de manera efectiva, lo que minimiza el riesgo de errores en el entorno de producción.

13.2.4. Monitoreo y Retroalimentación Continua

Un aspecto esencial de DevOps y CI/CD es el monitoreo continuo y la retroalimentación. A medida que el software se despliega, es vital monitorear su rendimiento en tiempo real para identificar problemas y áreas de mejora. Herramientas como Prometheus, Grafana y ELK Stack permiten a los equipos recolectar y analizar datos sobre el rendimiento del software, la experiencia del usuario y otros métricas clave.

Este enfoque de retroalimentación continua permite a los equipos realizar ajustes rápidos y efectivos, mejorando la calidad del software y asegurando que se satisfagan las necesidades de los usuarios finales. La información obtenida a través del monitoreo también alimenta la planificación de futuras iteraciones del producto, lo que garantiza que el desarrollo esté siempre alineado con las expectativas del cliente.

13.2.5. Conclusión

La integración de DevOps y CI/CD no solo ha optimizado los procesos de desarrollo de software, sino que también ha transformado la cultura organizativa al fomentar la colaboración y la comunicación. Al automatizar tareas repetitivas, gestionar la infraestructura como código y adoptar un enfoque de monitoreo continuo, las organizaciones pueden entregar software de calidad de manera más rápida y eficiente. Este enfoque permite a los equipos adaptarse a los cambios del mercado y a las necesidades de los usuarios, asegurando así una ventaja competitiva en un entorno tecnológico en constante evolución.

13.3. CLOUD COMPUTING Y DESARROLLO DE APLICACIONES NATIVAS DE LA NUBE

El cloud computing ha transformado radicalmente la manera en que se desarrollan, despliegan y gestionan aplicaciones, proporcionando un entorno flexible y escalable que se adapta rápidamente a las necesidades cambiantes de los negocios. Esta evolución ha permitido a las empresas reducir costos operativos y de infraestructura, al mismo tiempo que optimizan el rendimiento y la disponibilidad de sus aplicaciones.

13.3.1. Servicios de Nube

Los proveedores de servicios en la nube como Amazon Web Services (AWS), Google Cloud Platform (GCP) y Microsoft Azure han establecido una amplia gama de servicios gestionados que permiten a las organizaciones centrarse en el desarrollo de sus aplicaciones sin tener que preocuparse por la infraestructura subyacente. Estos servicios incluyen:

- **Almacenamiento**: Soluciones como Amazon S3 y Google Cloud Storage permiten a los usuarios almacenar grandes volúmenes de datos de forma segura y escalable, con opciones de recuperación de datos y respaldo automatizado.

- **Cómputo**: Instancias de máquinas virtuales, como Amazon EC2 y Google Compute Engine, ofrecen la capacidad de escalar los recursos de cómputo bajo demanda, lo que permite a las empresas ejecutar aplicaciones con picos de carga sin inversión inicial en hardware.

• **Gestión de datos**: Servicios como Amazon RDS y Google Cloud SQL proporcionan bases de datos gestionadas que permiten a los desarrolladores crear, administrar y escalar bases de datos sin la necesidad de un amplio conocimiento en administración de bases de datos.

13.3.2. Microservicios y Contenedores

La adopción de arquitecturas de microservicios ha cambiado la forma en que se diseñan y despliegan las aplicaciones en la nube. Esta metodología promueve la creación de aplicaciones a partir de pequeños servicios independientes que pueden ser desarrollados, desplegados y escalados de forma individual. Algunas características clave de esta arquitectura son:

• **Modularidad**: Los microservicios permiten dividir las aplicaciones en componentes más pequeños y manejables, facilitando la implementación de nuevas características y la corrección de errores sin afectar al sistema en su conjunto.

• **Escalabilidad**: Con herramientas como Docker y Kubernetes, los desarrolladores pueden empaquetar microservicios en contenedores que se pueden escalar horizontalmente. Esto significa que, si una parte de la aplicación requiere más recursos, se pueden desplegar múltiples instancias de ese microservicio de manera rápida y eficiente.

• **Despliegue continuo**: La naturaleza de los microservicios facilita la implementación continua y la entrega continua (CI/CD), lo que permite a los equipos de desarrollo lanzar nuevas funcionalidades y actualizaciones de manera frecuente y confiable.

13.3.3. Desarrollo Serverless

El desarrollo serverless es otra tendencia emergente dentro del cloud computing que permite a los desarrolladores concentrarse en la escritura del código sin tener que gestionar la infraestructura del servidor. Con plataformas como AWS Lambda, Azure Functions y Google Cloud Functions, los desarrolladores pueden ejecutar fragmentos de código en respuesta a eventos específicos, como peticiones HTTP o cargas de datos. Algunas ventajas de este enfoque son:

- **Costo-efectividad:** En lugar de pagar por instancias de servidores en funcionamiento todo el tiempo, el modelo serverless cobra a las organizaciones solo por el tiempo que se ejecuta el código. Esto puede resultar en una reducción significativa de costos operativos, especialmente para aplicaciones con cargas de trabajo variables.

- **Escalabilidad automática:** Las plataformas serverless se escalan automáticamente según la demanda, lo que significa que las aplicaciones pueden manejar un gran volumen de tráfico sin necesidad de intervención manual.

- **Desarrollo ágil:** Al eliminar la carga de gestionar servidores y recursos de infraestructura, los equipos de desarrollo pueden iterar más rápidamente y enfocarse en la creación de valor para el cliente a través de nuevas funcionalidades y mejoras.

13.3.4. Conclusión

El cloud computing ha redefinido el desarrollo de aplicaciones, ofreciendo una amplia gama de herramientas y servicios que mejoran la flexibilidad, la escalabilidad y la eficiencia operativa. La adopción de arquitecturas de microservicios y el desarrollo serverless son tendencias que continúan moldeando el futuro del desarrollo de software, permitiendo a las organizaciones responder de manera más efectiva a las demandas del mercado y las expectativas de los usuarios. A medida que la tecnología avanza, el cloud computing seguirá desempeñando un papel fundamental en la innovación y la competitividad de las empresas en un mundo digital en constante evolución.

13.4. FUTURO DE LA INGENIERÍA DE SOFTWARE: LOW-CODE Y NO-CODE

Las plataformas de desarrollo low-code y no-code están revolucionando la forma en que se crea software, facilitando la participación de usuarios no técnicos en el proceso de desarrollo y democratizando el acceso a la tecnología. Estas herramientas permiten a individuos y equipos de diversas disciplinas crear aplicaciones y soluciones sin la necesidad de un profundo conocimiento en programación, lo que está llevando a un cambio significativo en la forma en que se concibe y se lleva a cabo el desarrollo de software.

13.4.1. Aceleración del Desarrollo

Las plataformas como OutSystems, Bubble y Mendix han sido diseñadas para permitir a los usuarios desarrollar aplicaciones de manera rápida y eficiente. Algunas de las características clave que contribuyen a la aceleración del desarrollo son:

- **Interfaz Visual**: Las interfaces de arrastrar y soltar permiten a los usuarios crear aplicaciones a través de componentes visuales en lugar de escribir código. Esto facilita la comprensión del diseño y funcionalidad de la aplicación, lo que permite a los usuarios iterar rápidamente en sus ideas.

- **Integración Simplificada**: Muchas plataformas low-code y no-code ofrecen integraciones preconstruidas con diversas APIs y servicios de terceros, lo que permite a los usuarios conectar fácilmente sus aplicaciones con bases de datos, sistemas externos y servicios en la nube sin complicadas configuraciones.

• **Plantillas y Componentes Reutilizables**: Estas herramientas suelen incluir bibliotecas de plantillas y componentes que se pueden utilizar para acelerar el desarrollo de aplicaciones comunes, lo que ahorra tiempo y esfuerzo en la creación de funcionalidades desde cero.

13.4.2. Prototipado Rápido

La capacidad de crear prototipos rápidamente es uno de los mayores beneficios de las plataformas low-code y no-code, especialmente para startups y equipos de innovación que necesitan validar ideas de manera eficiente. Algunas ventajas de esta característica son:

• **Iteración Ágil**: Los equipos pueden desarrollar prototipos en cuestión de días, probar conceptos y recopilar retroalimentación de los usuarios finales. Esto permite realizar ajustes rápidamente y mejorar el producto antes de un lanzamiento a gran escala.

• **Reducción de Riesgos**: Al validar ideas mediante prototipos funcionales, las organizaciones pueden identificar problemas y realizar cambios necesarios en etapas tempranas del proceso, reduciendo el riesgo de fallos en el mercado.

• **Involucramiento de Stakeholders**: Los usuarios de negocio pueden participar más activamente en el proceso de desarrollo al tener herramientas que les permiten expresar sus ideas y colaborar en el diseño de soluciones, lo que resulta en productos que se alinean mejor con las necesidades del usuario.

13.4.3. Limitaciones y Desafíos

A pesar de las numerosas ventajas, el uso de plataformas low-code y no-code también presenta ciertas limitaciones y desafíos que deben ser considerados:

• **Escalabilidad**: Las aplicaciones desarrolladas en plataformas low-code pueden enfrentar desafíos a medida que crecen en usuarios y funcionalidades. Algunas de estas herramientas pueden no estar diseñadas para manejar cargas de trabajo masivas, lo que puede resultar en problemas de rendimiento.

• **Personalización**: Aunque las plataformas ofrecen herramientas de personalización, a menudo están limitadas por las capacidades de la herramienta. Cuando las necesidades de la aplicación son muy específicas o requieren lógica compleja, puede ser necesario involucrar a desarrolladores expertos que puedan integrar código personalizado o realizar ajustes más profundos.

- **Dependencia del Proveedor**: Las organizaciones que optan por plataformas low-code y no-code pueden volverse dependientes de un proveedor específico, lo que puede resultar en desafíos si el proveedor cambia sus políticas, precios o incluso cierra sus operaciones.

13.4.4. Conclusión

El futuro de la ingeniería de software está siendo transformado por las plataformas low-code y no-code, que están abriendo las puertas a la creación de software para una audiencia más amplia. Si bien estas herramientas ofrecen la promesa de acelerar el desarrollo y democratizar el acceso a la tecnología, es crucial que las organizaciones sean conscientes de sus limitaciones y desafíos. A medida que la demanda de soluciones rápidas y flexibles continúa creciendo, es probable que el uso de plataformas low-code y no-code se convierta en una parte integral del panorama del desarrollo de software, complementando el trabajo de desarrolladores expertos y permitiendo a las organizaciones innovar de manera más efectiva.

13.5. EDGE COMPUTING Y SU IMPACTO EN EL DESARROLLO

El edge computing está emergiendo como una solución clave para abordar los desafíos asociados con la creciente cantidad de datos generados por dispositivos conectados. Al permitir el procesamiento de datos más cerca de la fuente, se mejora la eficiencia y se optimizan los tiempos de respuesta, lo que resulta especialmente relevante para aplicaciones que requieren baja latencia y procesamiento inmediato. A continuación, se analizan en detalle los aspectos fundamentales del edge computing y su impacto en el desarrollo de software.

13.5.1. Procesamiento Local

El procesamiento local es uno de los pilares del edge computing. Al realizar cálculos y análisis en dispositivos locales, como sensores de Internet de las Cosas (IoT), smartphones y otros dispositivos móviles, se pueden obtener varios beneficios:

- **Reducción de Latencia**: Al evitar el envío de datos a servidores en la nube para su procesamiento, las aplicaciones pueden ofrecer respuestas casi instantáneas. Esto es fundamental en escenarios donde cada milisegundo cuenta, como en juegos en línea, sistemas de control industrial y aplicaciones de realidad aumentada.

- **Ahorro de Ancho de Banda**: Al procesar datos localmente, se reduce la necesidad de transmitir grandes volúmenes de información a la nube, lo que no solo disminuye los costos asociados al uso de ancho de banda, sino que también permite un uso más eficiente de la infraestructura de red.

- **Operaciones Sin Conexión**: Los dispositivos que operan con edge computing pueden seguir funcionando incluso en entornos con conectividad limitada. Esto es crucial en aplicaciones remotas, como la monitorización de cultivos o la gestión de flotas de vehículos, donde la conectividad a Internet puede ser intermitente.

13.5.2. Aplicaciones Críticas

El edge computing se ha convertido en un componente esencial en el desarrollo de aplicaciones críticas que requieren procesamiento en tiempo real. Algunas áreas donde su impacto es especialmente significativo incluyen:

• **Vehículos Autónomos**: Los vehículos autónomos generan y procesan grandes cantidades de datos en tiempo real para navegar y tomar decisiones. El procesamiento local permite a estos vehículos reaccionar instantáneamente a cambios en su entorno, mejorando la seguridad y la eficiencia en la conducción.

• **Dispositivos Médicos**: En el ámbito de la salud, el edge computing permite que dispositivos médicos como monitores de pacientes procesen datos localmente, lo que es vital para la supervisión continua y la intervención rápida en situaciones críticas, como arritmias o caídas.

• **Sistemas de Vigilancia**: Las cámaras de seguridad inteligentes pueden realizar análisis de video localmente para detectar movimientos sospechosos o reconocer caras, reduciendo la necesidad de enviar continuamente imágenes a la nube para su procesamiento. Esto no solo mejora la eficiencia, sino que también ayuda a mantener la privacidad al minimizar la cantidad de datos transmitidos.

13.5.3. Desafíos de Seguridad

A medida que el edge computing se adopta más ampliamente, también surgen desafíos significativos en términos de seguridad y gestión:

• **Protección de Datos**: Con la proliferación de dispositivos conectados, garantizar la seguridad de los datos procesados localmente es fundamental. Cada dispositivo en el borde puede convertirse en un potencial punto de vulnerabilidad que los atacantes podrían explotar, lo que requiere enfoques más robustos de ciberseguridad.

• **Gestión de Infraestructura Distribuida**: La infraestructura de edge computing es inherentemente más compleja que los sistemas centralizados. La gestión y monitorización de numerosos dispositivos dispersos requieren herramientas avanzadas de administración y orquestación para garantizar que funcionen de manera eficiente y segura.

• **Cumplimiento Normativo**: Las organizaciones deben cumplir con regulaciones relacionadas con la protección de datos, que pueden ser complicadas por la naturaleza distribuida del edge computing. Es necesario implementar políticas de seguridad que se alineen con las normativas vigentes, lo que puede requerir actualizaciones continuas a medida que evolucionan las leyes y regulaciones.

13.5.4. Conclusión

El edge computing está transformando el desarrollo de software al ofrecer soluciones para procesar datos de manera rápida y eficiente, lo que permite la creación de aplicaciones críticas en sectores como la automoción, la salud y la seguridad. Sin embargo, este enfoque también plantea nuevos desafíos en materia de seguridad y gestión que las organizaciones deben abordar. A medida que el edge computing continúa evolucionando, su integración en el panorama del desarrollo de software se convertirá en un elemento fundamental para crear aplicaciones innovadoras y efectivas en un mundo cada vez más conectado.

13.6. APLICACIONES EN REALIDAD AUMENTADA Y VIRTUAL

La realidad aumentada (AR) y la realidad virtual (VR) están revolucionando la forma en que interactuamos con el software y, en consecuencia, están transformando varios sectores, desde la educación y la medicina hasta el entretenimiento y el comercio. Estas tecnologías permiten experiencias más inmersivas y enriquecedoras, ampliando las posibilidades del desarrollo de software. A continuación, se examinan en profundidad las aplicaciones de AR y VR y su impacto en diferentes campos.

13.6.1. AR en Dispositivos Móviles

La realidad aumentada ha cobrado gran relevancia en los dispositivos móviles gracias a herramientas como ARKit de Apple y ARCore de Google. Estas plataformas facilitan a los desarrolladores la creación de aplicaciones de AR que integran elementos digitales en el mundo real.

• **Interacción Mejorada**: Las aplicaciones de AR en dispositivos móviles permiten a los usuarios interactuar con objetos digitales superpuestos en su entorno real. Esto se traduce en experiencias interactivas más atractivas, como la visualización de muebles en su hogar antes de comprarlos, o la creación de juegos que combinan la realidad física con elementos virtuales.

• **Educación Aumentada**: En el ámbito educativo, las aplicaciones de AR están revolucionando la forma en que los estudiantes aprenden. Por ejemplo, las aplicaciones pueden proyectar modelos 3D de estructuras anatómicas en la clase de biología, permitiendo a los estudiantes explorar detalles complejos de una manera interactiva y visual.

- **Marketing y Publicidad**: Las empresas están utilizando AR para crear campañas publicitarias innovadoras. Al escanear un código QR o una imagen, los consumidores pueden ver contenido adicional, como promociones interactivas o productos en 3D, lo que aumenta la participación y el interés del cliente.

13.6.2. Simulaciones y Entrenamiento

La realidad virtual se ha consolidado como una herramienta poderosa para crear simulaciones de entrenamiento en diversas industrias, especialmente en la medicina y la formación técnica.

- **Entrenamiento Médico**: En el sector de la salud, la VR permite a los profesionales practicar procedimientos médicos en un entorno seguro y controlado. Por ejemplo, los cirujanos pueden realizar simulaciones de operaciones complejas, lo que les permite perfeccionar sus habilidades antes de realizar procedimientos reales. Esto no solo mejora la competencia de los profesionales, sino que también aumenta la seguridad del paciente.

- **Simulaciones Industriales**: En el ámbito industrial, la VR se utiliza para entrenar a los empleados en operaciones de maquinaria, procesos de seguridad y manejo de situaciones de emergencia. Estas simulaciones permiten a los trabajadores familiarizarse con el equipo y las condiciones de trabajo sin el riesgo de lesiones.

- **Desarrollo de Habilidades Interpersonales**: La VR también se utiliza para entrenar habilidades interpersonales, como la atención al cliente o la negociación. Los empleados pueden practicar sus habilidades en escenarios virtuales, lo que les permite recibir retroalimentación y mejorar su desempeño.

13.6.3. Experiencias Inmersivas

La realidad virtual ofrece experiencias inmersivas que van más allá de las limitaciones de las pantallas tradicionales, creando entornos tridimensionales donde los usuarios pueden interactuar de manera significativa.

- **Videojuegos y Entretenimiento**: En la industria del entretenimiento, la VR ha transformado la forma en que jugamos y experimentamos los medios. Los videojuegos en VR permiten a los jugadores sumergirse completamente en mundos virtuales, interactuando con el entorno de una manera que antes era imposible. Esta inmersión aumenta la emoción y el compromiso del usuario, creando experiencias memorables.

• **Turismo Virtual**: Las aplicaciones de VR están comenzando a cambiar la forma en que exploramos el mundo. Las plataformas de turismo virtual permiten a los usuarios "visitar" destinos turísticos sin salir de casa, ofreciendo experiencias inmersivas de lugares icónicos, museos y maravillas naturales.

• **Arte y Cultura**: La realidad virtual también se está utilizando para crear experiencias artísticas y culturales interactivas. Las galerías de arte virtuales permiten a los visitantes explorar exposiciones de una manera nueva, mientras que las experiencias de narración inmersiva pueden llevar a los usuarios a historias y entornos únicos.

13.6.4. Desafíos y Futuro

A pesar de las oportunidades que ofrecen AR y VR, también hay desafíos que deben abordarse:

• **Accesibilidad**: A medida que estas tecnologías evolucionan, es fundamental garantizar que sean accesibles para todos, incluyendo personas con discapacidades. La creación de experiencias inclusivas debe ser una prioridad para los desarrolladores.

• **Costo de Implementación**: Las soluciones de AR y VR pueden ser costosas, lo que puede limitar su adopción en algunas industrias. A medida que la tecnología avanza, se espera que los costos disminuyan y la disponibilidad aumente.

• **Experiencias Usuario**: La creación de experiencias AR y VR efectivas requiere una cuidadosa atención a la usabilidad y la comodidad del usuario. Las experiencias mal diseñadas pueden causar incomodidad o desorientación, lo que puede limitar su aceptación.

13.6.5. Conclusión

Las aplicaciones de realidad aumentada y realidad virtual están transformando la forma en que interactuamos con el software y con el mundo que nos rodea. A medida que estas tecnologías continúan evolucionando, su integración en diversos sectores promete mejorar la educación, la formación profesional, el entretenimiento y más. A medida que se abordan los desafíos asociados, el futuro de AR y VR parece brillante, ofreciendo oportunidades emocionantes para innovar y enriquecer nuestras experiencias digitales.

13.7. CONCLUSIONES DEL CAPÍTULO

Las tendencias actuales y futuras en la ingeniería de software ofrecen un vasto potencial para transformar cómo se desarrolla y consume software. La integración de la inteligencia artificial, el auge de DevOps y CI/CD, y el avance hacia tecnologías como el edge computing y la realidad aumentada están redefiniendo las expectativas de los desarrolladores y usuarios. Al adoptar estas innovaciones, es crucial mantener un enfoque equilibrado que permita aprovechar las oportunidades sin perder de vista la calidad y la seguridad del software. Las empresas y los desarrolladores que se adapten a estas tendencias estarán mejor posicionados para enfrentar los desafíos del futuro y aprovechar el potencial de un mundo cada vez más digital.

CAPÍTULO 14

Conclusiones y próximos pasos

CAPÍTULO 14
CONCLUSIONES Y PRÓXIMOS PASOS

Este capítulo final cierra el recorrido por los fundamentos, prácticas y tendencias de la ingeniería de software, ofreciendo una visión resumida de los conceptos aprendidos, las habilidades necesarias para avanzar en el campo y sugerencias para seguir profundizando. También se incluyen agradecimientos a todos los que han apoyado este proyecto.

14.1. RECAPITULACIÓN DE LOS PRINCIPALES CONCEPTOS

A lo largo de este libro, hemos explorado una amplia variedad de temas esenciales que son fundamentales para el desarrollo de software de calidad y la gestión de proyectos tecnológicos. Estos conceptos no solo sirven como pilares del desarrollo de software, sino que también proporcionan un marco para la toma de decisiones informadas en un entorno tecnológico en constante evolución.

14.1.1. Fundamentos de Ingeniería de Software

Comenzamos nuestro viaje revisando los principios básicos que guían el diseño y la creación de software. Discutimos la importancia de comprender los requisitos del usuario, la arquitectura de software y los patrones de diseño, así como la necesidad de aplicar principios sólidos que aseguren un desarrollo eficiente y sostenible. La ingeniería de software no solo implica codificar, sino también entender el contexto en el que se desarrollan las aplicaciones y cómo estas impactan en la experiencia del usuario final.

14.1.2. Arquitectura y Codificación

En esta sección, profundizamos en cómo estructurar aplicaciones de manera eficiente. La arquitectura del software es crucial para determinar cómo interactúan los diferentes componentes y módulos, lo que afecta tanto al rendimiento como a la escalabilidad del sistema. También discutimos los principios de codificación limpia, que enfatizan la legibilidad, mantenibilidad y reutilización del código. La implementación de prácticas de codificación robustas ayuda a reducir errores y facilita la colaboración en equipos de desarrollo.

14.1.3. Pruebas de Software

La validación del software es un proceso fundamental para garantizar su calidad y fiabilidad. Analizamos diferentes tipos de pruebas, incluyendo pruebas unitarias, de integración, funcionales y de rendimiento. Cada tipo de prueba tiene su propia función en el ciclo de vida del desarrollo de software, y la implementación de un enfoque de pruebas sólido no solo mejora la calidad del producto final, sino que también reduce los costos y el tiempo de desarrollo al detectar problemas en etapas tempranas.

14.1.4. Gestión de Proyectos y DevOps

La gestión eficaz de proyectos es vital para el éxito en el desarrollo de software. Aprendimos sobre la importancia de coordinar equipos, manejar riesgos, utilizar herramientas de gestión adecuadas y aplicar principios de DevOps. Esta cultura de colaboración entre los equipos de desarrollo y operaciones facilita la entrega continua de software de calidad, permitiendo una respuesta ágil a las necesidades del mercado y de los usuarios. La implementación de metodologías ágiles y herramientas de automatización también contribuye a la mejora de la eficiencia en el ciclo de vida del software.

14.1.5. Tendencias Actuales

Finalmente, revisamos tecnologías emergentes y tendencias actuales que están dando forma al futuro del desarrollo de software. La inteligencia artificial, el cloud computing, el desarrollo de aplicaciones nativas de la nube, la realidad aumentada y virtual, y la proliferación de plataformas de desarrollo low-code y no-code están transformando la manera en que los desarrolladores crean y despliegan aplicaciones. Comprender y adaptarse a estas tendencias es crucial para mantenerse competitivo en un entorno tecnológico en constante cambio.

14.1.6. Conclusiones Finales

La recapitulación de estos conceptos resalta la complejidad y la interconexión de los diferentes aspectos del desarrollo de software y la gestión de proyectos. La capacidad para integrar estos principios y adaptarse a nuevas tecnologías es fundamental para cualquier profesional en el campo. A medida que continuamos navegando por el paisaje tecnológico en evolución, es esencial seguir aprendiendo y adaptándonos para enfrentar los desafíos y aprovechar las oportunidades que surgen.

14.2. HABILIDADES CLAVE PARA DESARROLLADORES DE SOFTWARE

Para aquellos que desean sobresalir en la industria del software, existen habilidades fundamentales que deben desarrollarse continuamente. Estas habilidades no solo son cruciales para la creación de software de calidad, sino que también son esenciales para una carrera exitosa en un campo que está en constante evolución.

14.2.1. Resolución de Problemas

La capacidad de analizar y encontrar soluciones a problemas complejos es crucial en el desarrollo de software. Los desarrolladores a menudo enfrentan desafíos inesperados que requieren pensamiento crítico y creativo. La resolución de problemas implica no solo identificar el problema, sino también investigar las causas raíz y proponer soluciones efectivas. Esto puede incluir desde depuración de código hasta la optimización de algoritmos y la mejora de la eficiencia del sistema. Cultivar habilidades analíticas y de pensamiento lógico ayuda a los desarrolladores a abordar estos desafíos de manera sistemática y eficiente.

14.2.2. Aprendizaje Continuo

La tecnología cambia rápidamente, por lo que estar al día con nuevas herramientas, lenguajes y metodologías es esencial. Los desarrolladores deben adoptar una mentalidad de aprendizaje continuo, ya sea a través de cursos formales, tutoriales en línea, conferencias o la lectura de literatura técnica. Esto no solo ayuda a los profesionales a mantenerse relevantes en un mercado laboral competitivo, sino que también les

permite adaptarse a las necesidades cambiantes de sus proyectos y
clientes. La curiosidad y la disposición para explorar nuevas tecnologías
son atributos valiosos en cualquier desarrollador.

14.2.3. Trabajo en Equipo y Colaboración

La comunicación efectiva y la colaboración con otros desarrolladores,
diseñadores y stakeholders son vitales para el éxito de los proyectos.
Los desarrolladores no trabajan en aislamiento; deben ser capaces de
interactuar y colaborar con diversas partes interesadas, desde gerentes
de proyecto hasta clientes. Esto incluye compartir ideas, recibir y dar
retroalimentación y gestionar conflictos. La habilidad para trabajar en
equipo fomenta un entorno de trabajo positivo y productivo, donde
todos los miembros del equipo pueden contribuir al éxito del proyecto.
Las herramientas de gestión de proyectos y comunicación, como Jira,
Slack y Trello, también son esenciales para facilitar la colaboración.

14.2.4. Orientación a la Calidad

Adoptar buenas prácticas como la escritura de código limpio, las
pruebas rigurosas y la documentación adecuada garantiza que el
software sea mantenible y confiable. La calidad del software no solo
se mide por su funcionalidad, sino también por su capacidad de ser
entendido y modificado en el futuro. Los desarrolladores deben estar
comprometidos con la calidad en cada etapa del desarrollo, desde
la planificación hasta la implementación y el mantenimiento. Esto
implica seguir estándares de codificación, realizar revisiones de código
y participar en actividades de prueba para detectar y corregir errores
antes de que el software se despliegue.

14.2.5. Mentalidad Ágil

Comprender y aplicar principios ágiles permite adaptarse rápidamente
a los cambios y mejorar continuamente los procesos de desarrollo.
La metodología ágil se centra en la flexibilidad, la iteración y la
colaboración, lo que permite a los equipos responder eficazmente a
las necesidades del cliente y los cambios en el entorno del proyecto.
Los desarrolladores que adoptan una mentalidad ágil son capaces
de trabajar de manera más efectiva en equipos multifuncionales,
priorizando tareas y adaptándose a nuevas direcciones. La familiaridad
con marcos ágiles como Scrum o Kanban puede ser un gran activo para
los desarrolladores en el mundo actual.

14.2.6. Conclusión

En resumen, las habilidades clave mencionadas son fundamentales para cualquier desarrollador de software que desee sobresalir en la industria. Al enfocarse en la resolución de problemas, el aprendizaje continuo, la colaboración, la orientación a la calidad y la mentalidad ágil, los desarrolladores no solo aumentarán su valor profesional, sino que también contribuirán a la creación de software más efectivo y de mayor calidad. El desarrollo de estas habilidades debe ser un esfuerzo constante a lo largo de la carrera, adaptándose a las nuevas tecnologías y desafíos que surgen en el campo del desarrollo de software.

14.3. RECURSOS RECOMENDADOS PARA PROFUNDIZAR

Para continuar el aprendizaje y profundizar en los temas discutidos, a continuación, se sugieren algunos recursos útiles que abarcan libros, cursos en línea, comunidades, foros, blogs y podcasts. Estos recursos están diseñados para ayudar a los desarrolladores a expandir sus conocimientos y mantenerse actualizados en el campo de la ingeniería de software.

14.3.1. Libros Clave

- **Clean Code** de Robert C. Martin: Este libro es fundamental para cualquier desarrollador que desee mejorar su habilidad en la escritura de código limpio y legible. A través de ejemplos prácticos, Martin explica principios de diseño y mejores prácticas que pueden ser aplicados en proyectos reales, ayudando a los desarrolladores a crear un código más mantenible y menos propenso a errores.

- **Design Patterns: Elements of Reusable Object-Oriented Software** de Erich Gamma, Richard Helm, Ralph Johnson y John Vlissides: Conocido como el "Gang of Four" (GoF), este libro es una referencia esencial sobre patrones de diseño en programación orientada a objetos. Los lectores aprenderán a reconocer y aplicar soluciones a problemas comunes en el desarrollo de software, lo que les permitirá construir sistemas más robustos y escalables.

- **Continuous Delivery** de Jez Humble y David Farley: Este libro proporciona una guía completa sobre la automatización de despliegues y la implementación de prácticas de CI/CD. A través de casos de estudio y ejemplos prácticos, los autores demuestran cómo las organizaciones pueden acelerar su capacidad para entregar software de alta calidad y reducir riesgos.

14.3.2. Cursos en Línea

• **Plataformas como Udemy, Coursera y Pluralsight**: Estas plataformas ofrecen una amplia variedad de cursos en áreas como inteligencia artificial, DevOps, arquitectura de software y metodologías ágiles. Los cursos suelen estar diseñados por expertos de la industria y son accesibles para diferentes niveles de habilidad, desde principiantes hasta avanzados.

• **Ingeniería de Software para Principiantes**: Este curso, diseñado por Santiago Guido, está orientado a aquellos que buscan una introducción sólida al desarrollo de software. Cubre los fundamentos de la ingeniería de software, así como prácticas recomendadas y herramientas esenciales.

14.3.3. Comunidades y Foros

• **Stack Overflow**: Este es uno de los foros más grandes y activos para desarrolladores. Aquí, los usuarios pueden hacer preguntas técnicas, encontrar soluciones a problemas específicos y aprender de la experiencia de otros. La comunidad es muy colaborativa y ofrece una rica base de conocimientos.

• **GitHub**: Una plataforma fundamental para el desarrollo de software en código abierto. GitHub no solo permite a los desarrolladores almacenar y gestionar sus proyectos, sino que también ofrece la oportunidad de colaborar con otros, explorar repositorios abiertos y contribuir a proyectos existentes. Aprender a navegar y utilizar GitHub es una habilidad esencial para cualquier desarrollador.

14.3.4. Blogs y Podcasts

• **Martin Fowler's Blog**: Este blog es un recurso inestimable para aquellos interesados en arquitectura de software, refactorización, diseño y prácticas ágiles. Martin Fowler es un referente en la comunidad de desarrollo y sus artículos ofrecen ideas profundas y relevantes sobre la evolución del software.

• **Podcasts como Software Engineering Daily y Coding Blocks**: Estos podcasts ofrecen discusiones informativas sobre temas actuales en la industria del software, entrevistas con expertos y análisis de tendencias emergentes. Son una excelente manera de mantenerse actualizado mientras se realizan otras actividades, como viajar o hacer ejercicio.

14.3.5. Conclusión

La educación continua y la interacción con la comunidad son fundamentales para el crecimiento profesional en el campo de la ingeniería de software. Estos recursos proporcionan una base sólida para profundizar en diversos temas, adquirir nuevas habilidades y mantenerse a la vanguardia en un entorno tecnológico en constante cambio. Al aprovechar estos libros, cursos, comunidades y podcasts, los desarrolladores pueden seguir expandiendo su conocimiento y contribuyendo al avance de la industria.

14.4. DESPEDIDA Y AGRADECIMIENTOS

Con este libro, he buscado proporcionar una guía comprensiva para quienes se inician en el mundo de la ingeniería de software o desean fortalecer sus conocimientos. Cada capítulo está pensado para ser un recurso útil que les permita enfrentar los desafíos del desarrollo de software moderno.

Quiero expresar mi más sincero agradecimiento a todos aquellos que me han acompañado y apoyado durante la creación de este libro: a mi familia, que me ha inspirado y motivado; a mis colegas, quienes me han brindado sus conocimientos y experiencias; y a los lectores, por confiar en este contenido como una herramienta para su desarrollo profesional.

Espero que los conceptos y prácticas compartidas aquí les sean de gran ayuda en su camino como desarrolladores, y que continúen explorando, aprendiendo y contribuyendo a la fascinante y siempre cambiante disciplina de la ingeniería de software. ¡Hasta la próxima aventura de código!

CAPÍTULO 15

ANEXOS

CAPÍTULO 15 ANEXOS

Este capítulo proporciona recursos adicionales que complementan el contenido del libro, ofreciendo herramientas, definiciones y referencias que pueden ser útiles para el lector en su proceso de aprendizaje y aplicación en el desarrollo de software.

15.1. GLOSARIO DE TÉRMINOS

Términos Relacionados con Ingeniería de Software

- **Algoritmo**: Conjunto de pasos o instrucciones definidos para resolver un problema específico o realizar una tarea.

- **API (Interfaz de Programación de Aplicaciones)**: Conjunto de reglas y protocolos que permiten que diferentes aplicaciones se comuniquen entre sí.

- **Código Limpio**: Concepto que se refiere a la escritura de código que es fácil de leer, mantener y comprender.

- **Framework**: Estructura de soporte que proporciona un conjunto de herramientas y bibliotecas para el desarrollo de aplicaciones.

- **Microservicio**: Enfoque arquitectónico que divide una aplicación en servicios pequeños y autónomos que se comunican entre sí.

- **Pruebas Unitarias**: Método de prueba en el que se verifica el funcionamiento de las unidades más pequeñas de código de manera aislada.

- **Integración Continua (CI)**: Práctica de desarrollo de software donde los cambios en el código se integran y prueban automáticamente en un entorno compartido.

- **Despliegue Continuo (CD)**: Extensión de la integración continua que permite a los desarrolladores desplegar automáticamente los cambios en producción después de pasar las pruebas.

- **Refactorización**: Proceso de modificar el código existente para mejorar su estructura y legibilidad sin cambiar su funcionalidad.

- **Versionado de Software**: Sistema de gestión de cambios en el código fuente que permite rastrear y manejar diferentes versiones de un software.

Términos Relacionados con Gestión de Proyectos

• **SCRUM**: Metodología ágil de gestión de proyectos que se centra en la entrega rápida de productos a través de iteraciones cortas llamadas sprints.

• **Stakeholders**: Personas o grupos que tienen interés o se ven afectados por el resultado de un proyecto.

• **Ciclo de Vida del Proyecto**: Fases que un proyecto atraviesa desde su inicio hasta su finalización, incluyendo planificación, ejecución y cierre.

• **Gestión de Riesgos**: Proceso de identificar, evaluar y mitigar riesgos potenciales que pueden afectar el éxito de un proyecto.

• **MVP (Producto Mínimo Viable)**: Versión inicial de un producto que incluye solo las características esenciales para ser funcional y obtener retroalimentación de los usuarios.

• **Backlog**: Lista priorizada de tareas, características y errores que deben abordarse en un proyecto.

• **Kanban**: Método ágil que utiliza un tablero visual para gestionar el flujo de trabajo y mejorar la eficiencia.

• **Gantt Chart**: Herramienta de planificación que representa gráficamente el cronograma de un proyecto y sus tareas.

Términos Relacionados con Ciberseguridad

• **Ciberseguridad**: Conjunto de prácticas y tecnologías que protegen sistemas, redes y datos de ataques maliciosos.

• **Vulnerabilidad**: Debilidad en un sistema que puede ser explotada por un atacante para obtener acceso no autorizado o causar daño.

• **Autenticación**: Proceso de verificar la identidad de un usuario o sistema.

• **Cifrado**: Método de codificación de información para que solo pueda ser leída por aquellos que tienen la clave de descifrado.

• **Malware**: Software malicioso diseñado para dañar, infiltrarse o acceder a sistemas sin autorización.

- **Phishing**: Técnica de fraude en línea que utiliza engaños para obtener información confidencial, como contraseñas o números de tarjetas de crédito.

- **Firewall**: Dispositivo o software que controla el acceso a una red, filtrando el tráfico entrante y saliente según reglas de seguridad.

Términos Relacionados con Inteligencia Artificial y Machine Learning

- **Inteligencia Artificial (IA)**: Rama de la informática que se ocupa de crear sistemas capaces de realizar tareas que requieren inteligencia humana, como el reconocimiento de voz y la toma de decisiones.

- **Machine Learning (Aprendizaje Automático)**: Subcampo de la IA que utiliza algoritmos para permitir que las computadoras aprendan de datos y realicen predicciones o decisiones sin ser programadas explícitamente.

- **Deep Learning (Aprendizaje Profundo)**: Técnica de machine learning que utiliza redes neuronales artificiales para modelar y resolver problemas complejos, como el reconocimiento de imágenes.

- **Datos No Estructurados**: Información que no sigue un formato predefinido, como correos electrónicos, imágenes o videos, y que requiere procesamiento adicional para ser analizada.

- **Modelo Predictivo**: Algoritmo diseñado para prever resultados futuros basándose en datos históricos.

15.2. PLANTILLAS DE DOCUMENTACIÓN

Una colección de plantillas que pueden ser utilizadas en diferentes etapas del desarrollo de software y la gestión de proyectos. Estas plantillas pueden incluir:

15.2.1. Plantilla de especificación de requisitos:

Especificación de Requisitos de Software (SRS)

-1. Introducción

-1.1 Propósito

Describir el propósito y la funcionalidad del sistema a desarrollar.

-1.2 Alcance

Definir el alcance del sistema, incluyendo sus objetivos principales y los límites del sistema.

-1.3 Definiciones, acrónimos y abreviaturas

Lista de términos técnicos, acrónimos o abreviaciones utilizados en este documento.

-1.4 Referencias

Documentos, normas, o especificaciones externas relacionadas con el sistema.

-1.5 Descripción general del documento

Resumen breve de las secciones contenidas en este documento.

-2. Descripción General

-2.1 Perspectiva del producto

Descripción del producto en su contexto, mencionando cómo interactúa con otros sistemas o productos.

-2.2 Funcionalidades del sistema

Lista de las funcionalidades más importantes del sistema.

-2.3 Características de los usuarios

Descripción de los diferentes tipos de usuarios que interactuarán con el sistema, junto con sus necesidades y nivel de experiencia.

-2.4 Limitaciones

Limitaciones conocidas que pueden impactar el desarrollo o el rendimiento del sistema (restricciones tecnológicas, de tiempo, de presupuesto, etc.).

-2.5 Suposiciones y dependencias

Listado de suposiciones realizadas para el desarrollo y entrega del proyecto, así como dependencias con otros sistemas o factores externos.

-3. Requisitos Específicos

-3.1 Requisitos Funcionales

Listado detallado de las funcionalidades que el sistema debe cumplir. Cada funcionalidad debe describir:

- ID del requisito: Un identificador único.
- Nombre del requisito: Breve descripción de la funcionalidad.
- Descripción: Explicación detallada de lo que implica la funcionalidad.
- Prioridad: Definir su prioridad (Alta, Media, Baja).
- Dependencias: Otras funcionalidades que puedan afectar o estar afectadas por este requisito.

Ejemplo:

- ID: RF001
- Nombre: Registro de usuarios
- Descripción: El sistema debe permitir a los usuarios

registrarse utilizando un correo electrónico y contraseña.

- Prioridad: Alta
- Dependencias: Ninguna

-3.2 Requisitos No Funcionales

Descripción de los atributos de calidad que el sistema debe cumplir, tales como:

- Rendimiento: Tiempo de respuesta, capacidad de carga.
- Seguridad: Autenticación, autorización, cifrado.
- Disponibilidad: Tasa de uptime, manejo de fallos.
- Usabilidad: Facilidad de uso, accesibilidad.
- Portabilidad: Compatibilidad con diferentes sistemas operativos o dispositivos.

Ejemplo:

- ID: RNF001
- Descripción: El sistema debe ser capaz de manejar 1,000 usuarios simultáneos sin afectar el rendimiento.
- Prioridad: Media

-4. Requisitos del Sistema

-4.1 Hardware

Especificar los requisitos de hardware necesarios para que el sistema funcione adecuadamente.

-4.2 Software

Listado de las plataformas, librerías, y frameworks que el sistema necesita para ejecutarse.

-4.3 Interfaces de usuario

Describir las interfaces gráficas y de usuario que el sistema presentará, si es aplicable.

-5. Anexos

Cualquier información adicional relevante, como diagramas de flujo, diagramas UML, o especificaciones técnicas detalladas.

15.2.2. Plantilla de plan de pruebas

Plan de Pruebas de Software

-1. Introducción

-1.1 Propósito

Describir los objetivos y el alcance del plan de pruebas, y cómo se garantizará que el software cumple con los requisitos especificados.

-1.2 Alcance

Definir qué módulos, funcionalidades y características del sistema serán probados, así como qué áreas están fuera del alcance de las pruebas.

-1.3 Objetivos de las pruebas

Definir los principales objetivos de las pruebas, tales como asegurar que el software funcione correctamente en diferentes entornos, verificar la usabilidad y asegurar el cumplimiento de los requisitos no funcionales.

-1.4 Referencias

Documentación relevante como especificaciones de requisitos, manuales de usuario, guías de diseño, etc.

-2. Estrategia de Pruebas

-2.1 Tipos de pruebas

Describir los tipos de pruebas que se llevarán a cabo y su propósito:

- Pruebas unitarias: Asegurarse de que cada unidad de código funcione correctamente.
- Pruebas de integración: Verificar que diferentes módulos o componentes trabajen juntos sin problemas.
- Pruebas funcionales: Validar que el software cumpla con todos los requisitos funcionales.

- Pruebas de regresión: Asegurar que nuevas actualizaciones o correcciones no introduzcan errores en funcionalidades previamente implementadas.

- Pruebas de rendimiento: Evaluar el comportamiento del sistema bajo cargas de trabajo específicas.

- Pruebas de seguridad: Garantizar que el sistema esté protegido contra amenazas o vulnerabilidades.

- Pruebas de usabilidad: Evaluar la facilidad de uso del software desde el punto de vista del usuario.

-2.2 Criterios de inicio y fin de las pruebas

Establecer los criterios para determinar cuándo comenzar las pruebas (criterios de entrada) y cuándo finalizarlas (criterios de salida).

- Criterios de inicio: Desarrollo completo, ambiente de pruebas configurado, requisitos aprobados, etc.

- Criterios de fin: Todas las pruebas planificadas ejecutadas, nivel aceptable de defectos, requisitos cumplidos, etc.

-3. Entregables

-3.1 Casos de prueba

Los casos de prueba específicos que se deben realizar, incluyendo los datos de entrada, las acciones a realizar y los resultados esperados.

Ejemplo de estructura de un caso de prueba:

- ID del caso de prueba: TC001

- Nombre del caso de prueba: Verificación de inicio de sesión

- Descripción: Probar que el sistema permita a los usuarios iniciar sesión con credenciales válidas.

- Pasos:

1. Navegar a la pantalla de inicio de sesión.
2. Ingresar nombre de usuario y contraseña válidos.
3. Presionar el botón de inicio de sesión.

- Resultado esperado: El usuario debe ser redirigido a su

panel de control.

- Resultado real: (Se completará durante la ejecución de las pruebas).
- Estado: Aprobado/Fallido

-3.2 Informe de errores (bugs)

Formato para reportar defectos encontrados durante las pruebas, incluyendo información clave como:

- ID del error: Un identificador único.
- Descripción: Explicación detallada del problema.
- Gravedad: Baja, Media, Alta, Crítica.
- Estado: Abierto, En revisión, Cerrado.
- Pasos para reproducir: Descripción detallada de cómo replicar el error.

-3.3 Informe de resumen de pruebas

Al final de las pruebas, un informe que resume los resultados obtenidos, los defectos encontrados, las pruebas aprobadas y fallidas, y cualquier otra observación relevante.

-4. Entorno de Pruebas

-4.1 Requisitos de hardware y software

Especificar los equipos y herramientas necesarios para llevar a cabo las pruebas (servidores, dispositivos, sistemas operativos, bases de datos, etc.).

-4.2 Herramientas de pruebas

Enumerar las herramientas que se utilizarán para la ejecución de pruebas, seguimiento de errores, automatización, etc.

Ejemplos:

- Herramienta de gestión de pruebas: JIRA, TestRail.
- Herramienta de automatización: Selenium, JUnit.
- Herramienta de pruebas de rendimiento: JMeter,

LoadRunner.

-5. Gestión de Riesgos

-5.1 Identificación de riesgos

Describir los riesgos que pueden afectar el proceso de pruebas o el desarrollo del software, tales como:

- Disponibilidad limitada de recursos de prueba.
- Retrasos en el desarrollo que impacten las pruebas.
- Incompatibilidad entre componentes o plataformas.

-5.2 Plan de mitigación

Proponer estrategias para reducir o mitigar los riesgos identificados.

-6. Cronograma de Pruebas

.6.1 Fases de pruebas

Incluir un cronograma que muestre las diferentes fases de las pruebas (planeación, diseño de casos, ejecución, reporte de resultados) y su duración estimada.

-6.2 Responsabilidades

Asignar responsabilidades a los diferentes roles involucrados en las pruebas (ingenieros de pruebas, desarrolladores, jefes de proyecto, etc.).

-7. Aprobaciones

-7.1 Revisión y aprobación

Registrar las firmas y aprobaciones de las partes interesadas en el plan de pruebas.

- Responsable del equipo de pruebas: Nombre y firma.
- Gerente del proyecto: Nombre y firma.
- Desarrollador principal: Nombre y firma.

15.2.3. Plantilla de plan de proyecto

-1. Introducción

-1.1 Propósito

Definir el propósito general del proyecto, sus objetivos y su impacto esperado.

-1.2 Alcance del Proyecto

Detallar el alcance del proyecto, especificando qué incluirá y qué está fuera del alcance.

-1.3 Objetivos del Proyecto

Identificar los objetivos clave que se desean alcanzar con la implementación del proyecto.

-1.4 Suposiciones y Limitaciones

Especificar las suposiciones realizadas para la ejecución del proyecto y las limitaciones que pueden afectarlo.

-2. Descripción del Proyecto

-2.1 Descripción General

Proporcionar una descripción general del proyecto, incluyendo las metas, el propósito y el enfoque.

-2.2 Entregables del Proyecto

Listar los productos finales o entregables que se producirán al finalizar el proyecto.

Ejemplos:

- Entregable 1: Producto o funcionalidad A.
- Entregable 2: Documentación del sistema.

-2.3 Criterios de Éxito

Definir los criterios específicos que se utilizarán para evaluar el éxito del proyecto.

-3. Plan de Gestión de Proyecto

3.1 Organización del Proyecto

Describir la estructura organizativa del equipo, incluyendo los roles y responsabilidades.

Ejemplo de roles:

- Gerente del Proyecto: Responsable de la planificación, ejecución y cierre del proyecto.
- Equipo de Desarrollo: Responsable del diseño, codificación y pruebas del software.
- Stakeholders: Interesados en el proyecto, quienes recibirán informes de progreso.

3.2 Plan de Comunicación

Establecer cómo se llevará a cabo la comunicación entre los miembros del equipo y los stakeholders.

- Reuniones de seguimiento: Semanalmente con el equipo.
- Informes de progreso: Enviados a los stakeholders cada mes.
- Canales de comunicación: Correo electrónico, herramientas de gestión de proyectos (Asana, Trello).

3.3 Plan de Gestión de Cambios

Definir cómo se manejarán los cambios en los requisitos, el alcance o el cronograma del proyecto.

- Solicitudes de cambio: Se deben presentar a través de un formulario de solicitud de cambio.
- Proceso de aprobación: El comité de cambios revisará y aprobará las solicitudes de cambio.

4. Cronograma y Planificación

4.1 Fases del Proyecto

Definir las fases clave del proyecto con sus fechas estimadas de inicio y fin.

- Fase 1: Planificación del proyecto (Fechas: dd/mm/aaaa -

dd/mm/aaaa)

- Fase 2: Diseño y especificación (Fechas: dd/mm/aaaa - dd/mm/aaaa)
- Fase 3: Desarrollo (Fechas: dd/mm/aaaa - dd/mm/aaaa)
- Fase 4: Pruebas e integración (Fechas: dd/mm/aaaa - dd/mm/aaaa)
- Fase 5: Implementación y cierre (Fechas: dd/mm/aaaa - dd/mm/aaaa)

-4.2 Cronograma Detallado

Crear un cronograma más detallado, como un Diagrama de Gantt, que muestre todas las actividades del proyecto, los plazos y las dependencias entre tareas.

-5. Gestión de Recursos

-5.1 Recursos Humanos

Identificar los roles y habilidades necesarios para completar el proyecto. Ejemplo:

- Desarrollador Backend: Programación en Python y bases de datos SQL.
- Especialista en Pruebas: Realización de pruebas de integración y regresión.

-5.2 Recursos Materiales

Definir los recursos materiales y tecnológicos requeridos para el proyecto.

- Hardware: Servidores, estaciones de trabajo.
- Software: Herramientas de desarrollo, software de gestión de pruebas, etc.

-5.3 Presupuesto

Especificar el presupuesto estimado del proyecto, desglosando los costos en categorías como personal, materiales, herramientas, etc.

6. Análisis de Riesgos

6.1 Identificación de Riesgos

Listar los posibles riesgos que podrían afectar el éxito del proyecto.

- Riesgo 1: Retraso en la entrega de componentes clave por proveedores externos.
- Riesgo 2: Falta de disponibilidad del equipo de desarrollo debido a otras tareas.

6.2 Plan de Mitigación de Riesgos

Proporcionar estrategias para mitigar o reducir los impactos de los riesgos identificados.

- Mitigación del Riesgo 1: Establecer acuerdos contractuales claros con los proveedores para minimizar retrasos.
- Mitigación del Riesgo 2: Asignar recursos adicionales o priorizar el proyecto dentro del equipo.

7. Plan de Calidad

7.1 Control de Calidad

Describir cómo se asegurará la calidad en cada fase del proyecto.

- Revisiones de código: Realizadas por pares antes de la integración.
- Pruebas automatizadas: Asegurar la cobertura del código crítico.

7.2 Garantía de Calidad

Definir los estándares que se seguirán para garantizar que los entregables cumplan con los requisitos establecidos.

8. Plan de Implementación

8.1 Estrategia de Implementación

Describir cómo se implementará el producto o servicio al final del proyecto, incluyendo el despliegue y la transición a los usuarios finales.

- Despliegue: Desplegar en el entorno de producción en un fin de semana para minimizar la interrupción de servicios.

- Capacitación: Ofrecer capacitación a los usuarios finales y administradores del sistema.

-8.2 Plan de Mantenimiento

Describir cómo se gestionarán el soporte y el mantenimiento después de la entrega del proyecto.

-9. Cierre del Proyecto

-9.1 Criterios de Aceptación

Definir los criterios que deberán cumplirse para que el proyecto se considere completado con éxito y se cierre formalmente.

-9.2 Lecciones Aprendidas

Recopilar y documentar las lecciones aprendidas a lo largo del proyecto, con el fin de mejorar la gestión de futuros proyectos.

-10. Aprobaciones

-10.1 Revisión y Aprobación

Incluir las firmas y aprobaciones de todas las partes interesadas clave.

- Gerente de Proyecto: Nombre y firma.
- Stakeholder Principal: Nombre y firma.

15.3. RECURSOS Y HERRAMIENTAS ÚTILES

Esta sección proporciona una lista de recursos adicionales y herramientas que pueden ayudar a desarrolladores y gerentes de proyectos a mejorar su eficiencia y eficacia en el trabajo. Las herramientas y recursos están organizados en categorías clave:

1. Herramientas de Gestión de Proyectos

Las herramientas de gestión de proyectos facilitan la planificación, seguimiento y colaboración en tareas y proyectos. Algunas opciones populares incluyen:

- **Trello**: Una herramienta visual basada en tableros que permite a los equipos organizar tareas utilizando tarjetas. Es ideal para gestionar proyectos ágiles y visualmente seguir el progreso.

- **Asana**: Plataforma que permite a los equipos crear tareas, asignar responsables y establecer plazos. Ofrece funciones de seguimiento de proyectos y colaboración en tiempo real.

- **Jira**: Utilizada comúnmente en equipos de desarrollo de software, Jira permite gestionar proyectos ágiles, registrar errores y realizar un seguimiento de las historias de usuario.

- **Monday.com**: Herramienta flexible que permite gestionar proyectos, tareas y flujos de trabajo. Se puede personalizar según las necesidades del equipo.

- **ClickUp**: Ofrece múltiples funciones de gestión de tareas, seguimiento del tiempo, y colaboración, lo que permite a los equipos manejar su trabajo en un solo lugar.

2. Entornos de Desarrollo Integrado (IDEs)

Los IDEs son esenciales para el desarrollo de software, ya que ofrecen herramientas para escribir, depurar y ejecutar código. Algunos de los IDEs más recomendados son:

• **Visual Studio**: IDE de Microsoft muy utilizado para el desarrollo en C#, C++, y .NET. Ofrece potentes herramientas de depuración y integración con Azure.

• **IntelliJ IDEA**: IDE popular entre los desarrolladores de Java. Proporciona características avanzadas como autocompletado de código y soporte para múltiples lenguajes.

• **Eclipse**: IDE de código abierto que es ampliamente utilizado para el desarrollo en Java, aunque también soporta otros lenguajes mediante complementos.

• **PyCharm**: IDE especializado en Python, que ofrece características como análisis de código, depuración y pruebas integradas.

• **Visual Studio Code**: Un editor de código ligero y altamente extensible que es popular entre los desarrolladores web y de múltiples lenguajes, gracias a su gran variedad de extensiones.

3. Frameworks y Bibliotecas Populares para el Desarrollo de Software

Los frameworks y bibliotecas proporcionan estructuras y funcionalidades que facilitan el desarrollo de software. Algunas opciones destacadas incluyen:

• **React**: Biblioteca de JavaScript para construir interfaces de usuario. Es ampliamente utilizada en el desarrollo de aplicaciones web modernas.

• **Angular**: Framework de desarrollo de aplicaciones web de Google que permite crear aplicaciones de una sola página (SPA) de manera estructurada y eficiente.

• **Django**: Framework web de alto nivel para Python que fomenta un desarrollo rápido y un diseño limpio. Es ideal para la creación de aplicaciones web y APIs.

• **Spring**: Framework para el desarrollo de aplicaciones Java que proporciona un enfoque integral para construir aplicaciones empresariales robustas.

• **Flask**: Microframework para Python que es fácil de aprender y utilizar, ideal para proyectos más pequeños y prototipos.

4. Plataformas de Formación y Certificación en Línea

Para aquellos que desean continuar su formación y adquirir nuevas habilidades, existen varias plataformas en línea que ofrecen cursos y certificaciones:

- **Coursera**: Ofrece cursos en colaboración con universidades y empresas líderes en temas de tecnología, desarrollo de software y gestión de proyectos.

- **Udemy**: Plataforma que permite a los instructores crear cursos sobre una amplia variedad de temas, incluidos muchos relacionados con la programación y el desarrollo de software.

- **edX**: Proporciona cursos en línea de universidades de renombre y opciones de certificación en áreas como inteligencia artificial, desarrollo web y más.

- **Pluralsight**: Plataforma de aprendizaje en línea que ofrece cursos técnicos y rutas de aprendizaje para desarrolladores, diseñadores y profesionales de TI.

- **LinkedIn Learning**: Ofrece una amplia variedad de cursos sobre habilidades técnicas y profesionales, incluyendo desarrollo de software y gestión de proyectos.

- **Codecademy**: Una plataforma interactiva que enseña a programar en varios lenguajes, ideal para principiantes y aquellos que buscan mejorar sus habilidades de programación.

15.4. BIBLIOGRAFÍA

• Beck, K. (2001). Extreme Programming Explained: Embrace Change (2nd ed.). Addison-Wesley.

• Boehm, B. W. (1988). *A Spiral Model of Software Development and Enhancement*. ACM SIGSOFT Software Engineering Notes, 11(4), 14-24. https://doi.org/10.1145/74334.74337

• Cohn, M. (2004). User Stories Applied for Agile Software Development. Addison-Wesley.

• Dingsøyr, T. D., & Moen, R. (2015). An empirical study of the effectiveness of agile methods. *Journal of Systems and Software, 108*, 1-16. https://doi.org/10.1016/j.jss.2015.04.022

• Fowler, M. (2018). Refactoring: Improving the Design of Existing Code (2nd ed.). Addison-Wesley.

• Gamma, E., Helm, R., Johnson, R., & Vlissides, J. (1994). Design Patterns: Elements of Reusable Object-Oriented Software. Addison-Wesley.

• Highsmith, J. (2004). Agile project management: Making it work. *IEEE Software, 21*(6), 12-14. https://doi.org/10.1109/MS.2004.148

• Humble, J., & Farley, D. (2010). Continuous Delivery: Reliable Software Releases through Build, Test, and Deployment Automation. Addison-Wesley.

• Hunt, A., & Thomas, D. (2000). The Pragmatic Programmer: Your Journey to Mastery. Addison-Wesley.

• Kim, G., Behr, K., & Spafford, G. (2018). The Phoenix Project: A Novel About IT, DevOps, and Helping Your Business Win. IT Revolution Press.

• Kitchenham, B., & Pfleeger, S. L. (2002). Principles of survey research: Part 1: Turning lemons into lemonade. *ACM SIGSOFT Software Engineering Notes, 27*(3), 20-24. https://

doi.org/10.1145/507078.507081

• Martin, R. C. (2008). Clean Code: A Handbook of Agile Software Craftsmanship. Prentice Hall.

• Mohan, R. K. P., Suresh, A. S., & Das, A. (2017). Exploring the relationship between agile practices and software quality. *Journal of Software: Evolution and Process, 29*(6), e1891. https://doi.org/10.1002/smr.1891

• Patton, J. (2014). User Story Mapping: Discover the Whole Story, Build the Right Product. O'Reilly Media.

• Poppendieck, M., & Poppendieck, T. (2003). *Lean Software Development: An Agile Toolkit*. Addison-Wesley.

• Pressman, R. S., & Maxim, B. R. (2014). Software Engineering: A Practitioner's Approach (9th ed.). McGraw-Hill.

• Ramesh, B., & Tiwana, A. (1999). The role of information systems in the support of agile software development. *Journal of Software Maintenance and Evolution: Research and Practice, 11*(3), 137-160. https://doi.org/10.1002/(SICI)1099-045X(199905/06)11:3<137::AID-SMR164>3.0.CO;2-3

• Sommerville, I. (2016). *Software Engineering* (10th ed.). Pearson.

• Sutherland, J., & Schwaber, K. (2017). The Scrum Guide: The Definitive Guide to Scrum: The Rules of the Game. Scrum.org.

• Teixeira, D. B. M., Barros, A. D., & Lemos, P. L. (2019). A survey of software engineering models. *Journal of Software Engineering and Applications, 12*(2), 49-67. https://doi.org/10.4236/jsea.2019.122004

ABOUT THE AUTHOR

Santiago Guido

Santiago Guido es un desarrollador de software, especializado en el desarrollo de aplicaciones móviles. Con más de 10 años de trayectoria en la industria tecnológica, ha trabajado en proyectos de desarrollo innovadores que abarcan una amplia gama de sectores. Su enfoque principal es la creación de soluciones móviles eficientes y escalables que mejoren la experiencia del usuario y optimicen los procesos empresariales. Además de su labor profesional, Santiago es apasionado por compartir su conocimiento a través de cursos y material educativo, ayudando a nuevas generaciones de desarrolladores a mejorar sus habilidades en el ámbito del desarrollo de software.

www.ingramcontent.com/pod-product-compliance
Lightning Source LLC
Chambersburg PA
CBHW081017240526
45471CB00017B/3156